張文治編

國學治要
第六編

詩詞治要

中華書局印行

詩詞治要卷一序

國學治要六

詩十五家

吾國詩總集今存者。三百篇外。首以玉臺新詠爲古。其後唐宋名人。頗有纂錄。下至清代。種類尤繁。其通行較便誦讀者。世多稱漁洋歸愚諸人所選。然案以今日學校生徒所求。論者尙病其未盡善焉。蓋前人選詩之蔽。約有二端。一曰標新。標新則好立門戶。故所錄必隘。二曰逞博。逞博則意在兼收。故每流於雜。雖其間亦有能執中者。別裁至當。又或限於一代。僅及數家。未能溯源窮流。觀其會通。至近代湘鄉曾氏。始力矯前代選家之蔽。甄錄歷朝詩作者。而爲十八家詩鈔。經之以五七古律之體。而緯之以各家專長之篇。行之於今。羣推善本。然吾嘗三復其書。獨謂其所取詩家。尙覺有闕漏未當之處。又嫌其所鈔篇數過多。其經緯亦未妥便。用是考之歷代選本。及各大家別集。斟酌損益。務求不雜不隘。以公論爲歸。故有此詩十五家之選。所選之人。並爲詩學大宗。源流相承。世代全備。其纂錄之例。略如本書前編所選之古文十七家。概以作者時代先後爲序。每家之詩。衆體並錄。各以類聚。都計爲篇八百有餘。(附錄古詩樂府連古辭在內計算)以視曾鈔及各選本。雖其精其博。未敢自詡有得。要之取舍審愼。詳略適中。以應今日學校生徒誦讀之求。俾之能溯源窮流。觀其會通。未始非一便也。

詩詞治要卷一目錄

詩十五家

詩詞治要卷二序　　國學治要六

詞九家 附錄一家

詞一名詩餘。其體蓋出於古樂府。而成於唐之玄肅。嗣後作者繼興。至宋稱爲極盛。其時雖帝王道學武人女子。皆能創調倚聲。爲世傳誦。元明以還。詞衍爲曲。曲盛而詞之名家轉稀。然亦未嘗斷絕。考之清四庫書目著錄歷代詞集。最爲謹嚴。核其家數。亦將近六十。而選本所載。皆不與焉。是書題名治要。於吾國詩家。祇取十有五人。今於詞。當益加愼審。以便同類共觀。無病濫雜。爰參稽先儒之公論。定爲九家。託始於唐之温庭筠。而畫斷於宋元間之張炎。附錄女子一人。大率皆歷代詞家之大宗。不拘限於派別。凡歐秦婉約之辭。蘇辛豪邁之篇。苟傳誦藝苑。不傷輕豔。不流鄙俗。而有合乎詩人言志之義者。無分奴主。一例編錄。約計百數十篇。雖其中所取家數。揆之四庫著錄。缺漏綦多。不能溯窮源委。兼具衆美。然鄙語有之。嘗鼎一臠。全味可知。則是編竊幸藉此而自解耳。

詩詞治要卷二目錄

詞九家 附錄一家

詩詞治要卷三序

國學治要六

歷代論詩名著 附論詞

詩與文同源而異流。相輔以爲用。稽諸古代經傳。惟虞書言志數語。論語可以興一章。其言最爲簡要。包括無遺。漢魏六朝之際。評論滋繁。然多附詩於文。通論大體。如陸機之賦。摯虞之論。其尤昭著者矣。迨梁鍾嶸作詩品。特取歷代詩家。討其源流。斷其優劣。實爲論詩專篇之冠冕。唐宋而還。詩道大盛。其見之評論者。則多散在詩話。卷帙充棟。最爲紛雜。求其篇章完美。足以上續鍾作者。寥寥無幾。豈其由於善詩者之不尚文。與今之所錄。即託始鍾氏。以後謹擇其持論通達。於詩道頗有推闡。而便於誦覽者。計數十首。皆循時代編次。論詞之作。所取尤少。故隨附其中。不更析出。大要以不違於虞書論語所言爲本。若其門戶詬爭之辭。穿鑿虛憍之論。既不勝錄。亦無裨於初學。則皆黜之。弗載焉。

詩詞治要卷三目錄

歷代論詩名著 附論詞

詩詞治要卷一

詩十五家

曹植

魏譙郡人。字子建。漢丞相操之幼子。年十餘。善屬文。援筆立成。甚爲操所寵愛。操卒。兄丕嗣位。尋篡漢自立。因忌植而疏之。封陳王。植每欲求別見幸。冀試用。終不能得。悵然絕望。遂發疾卒。年四十一。謚曰思。世稱陳思王。有曹子建集。案吾國之詩。導源於唐虞。而莫盛於三百篇。惟其時作者多無姓氏。留傳其文句氣體。亦與後世所謂詩者頗異。漢興。蘇李有河梁唱和之篇。枚氏有西北高樓等作。而後詩體始正。寖至建安之際。王粲劉楨等七子。並時繼起。著作繁富。學者之以詩名家者。實盛於此。而植獨以八斗之才。抒其鬱紆之思。文情斐然。高出當時。故其後梁鍾嶸作詩品。特列之上卷。稱其卓爾不羣。譬人倫之有周孔。近代湘鄉曾氏之十八家詩鈔。專取歷代詩家鉅子。亦託始於植。識者皆以爲至當而不可易焉。

箜篌引 樂府詩集題曰黃雀行

置酒高殿上。親友從我遊。中廚辦豐膳。烹羊宰肥牛。秦箏何慷慨。齊瑟和且柔。陽阿奏奇舞。京洛出名謳。樂飲過三爵。緩帶傾庶羞。主稱千金壽。賓奉萬年酬。久要不可忘。薄終義所尤。謙謙君子德。磬折欲何求。驚風飄白日。光景馳西流。盛時不可再。百年忽我遒。生存華屋處。零落歸山邱。先民誰不死。知命復何憂。

鰕䱇篇

鰕䱇游潢潦。不知江海流。燕雀戲藩柴。安識鴻鵠遊。世士此誠明。大德固無儔。駕言登五嶽。然後小陵邱。俯觀上路人。勢利惟自謀。讎高念皇家。遠懷柔九州。撫劍而雷音。猛氣縱橫浮。汎泊徒嗷嗷。誰知壯士憂。

吁嗟篇

吁嗟此轉蓬。居世何獨然。長去本根逝。宿夜無休閒。東西經七陌。南北越九阡。卒遇回風起。吹我入雲閒。自謂終天路。忽然下沈淵。驚飆接我出。故歸彼中田。當南而更北。謂東而反西。宕宕當何依。忽亡而復存。飄颻周八澤。連翩歷五山。流轉無恆處。誰知吾苦艱。願爲中林草。秋隨野火燔。糜滅豈不痛。願與根荄連。

怨歌行

爲君既不易。爲臣良獨難。忠信事不顯。乃有見疑患。周公佐成王。金縢功不刊。推心輔王室。二叔反流言。待皋居東國。泫涕常流連。皇靈大動變。震雷風且寒。拔樹偃秋稼。天威不可干。素服開金縢。感悟求其端。公旦事既顯。成王乃哀歎。吾欲竟此曲。此曲悲且長。今日樂相樂。別後莫相忘。

名都篇

名都多妖女。京洛出少年。寶劍直千金。被服麗且鮮。鬬雞東郊道。走馬長楸閒。馳騁未能半。
雙兔過我前。攬弓捷鳴鏑。長驅上南山。左輓因右發。一縱兩禽連。餘巧未及展。仰手接飛鳶。
觀者咸稱善。衆工歸我妍。歸來宴平樂。美酒斗十千。膾鯉臇胎鰕。炮鼈炙熊蹯。鳴儔嘯匹侶。
列坐竟長筵。連翩擊鞠壤。巧捷惟萬端。白日西南馳。光景不可攀。雲散還城邑。清晨復來還。

美女篇

美女妖且閑。採桑岐路閒。柔條紛冉冉。落葉何翩翩。攘袖見素手。皓腕約金環。頭上金爵釵。
腰佩翠琅玕。明珠交玉體。珊瑚閒木難。羅衣何飄飄。輕裾隨風還。顧盼遺光彩。長嘯氣若蘭。
行徒用息駕。休者以忘餐。借問女安居。乃在城南端。青樓臨大路。高門結重關。容華耀朝日。
誰不希令顏。媒氏何所營。玉帛不時安。佳人慕高義。求賢良獨難。衆人徒嗷嗷。安知彼所觀。
盛年處房室。中夜起長歎。

白馬篇

白馬飾金羈。連翩西北馳。借問誰家子。幽并遊俠兒。少小去鄉邑。揚聲沙漠垂。宿昔秉良弓。
楛矢何參差。控絃破左的。右發摧月支。仰手接飛猱。俯身散馬蹄。狡捷過猴猿。勇剽若豹螭。
邊城多警急。胡虜數遷移。羽檄從北來。厲馬登高隄。長驅蹈匈奴。左顧陵鮮卑。棄身鋒刃端。
性命安可懷。父母且不顧。何言子與妻。名編壯士籍。不得中顧私。捐軀赴國難。視死忽如歸。

遠遊篇

遠遊臨四海。俯仰觀洪波。大魚若曲陵。承浪相經過。靈鼇戴方丈。神岳儼嵯峨。仙人翔其隅。玉女戲其阿。瓊蕊可療飢。仰首吸朝霞。崑崙本吾宅。中州非我家。將歸謁東父。一舉超流沙。鼓翼舞時風。長嘯激清歌。金石固易敝。日月同光華。齊年與天地。萬乘安足多。

種葛篇

種葛南山下。葛藟自成陰。與君初婚時。結髮恩義深。歡愛在枕席。夙昔同衣衾。竊慕棠棣篇。好樂和瑟琴。行年將晚暮。佳人懷異心。恩紀曠不接。我情遂抑沈。出門當何顧。徘徊步北林。下有交頸獸。仰見雙棲禽。攀枝長歎息。淚下沾羅襟。良馬知我悲。延頸代我吟。昔爲同池魚。今爲商與參。往古皆歡遇。我獨困於今。棄置委天命。悠悠安可任。

棄婦篇

石榴植前庭。綠葉搖縹青。丹華灼烈烈。璀彩有光榮。光榮曄流離。可以處淑靈。有鳥飛來集。拊翼以悲鳴。悲鳴夫何爲。丹華實不成。拊心長歎息。無子當歸寧。有子月經天。無子若流星。天月相終始。流星沒無精。棲遲失所宜。下與瓦石幷。憂懷從中來。歎息通雞鳴。反側不能寐。逍遙於前庭。踟躕還入房。肅肅帷幕聲。搴帷更攝帶。撫弦調鳴箏。慷慨有餘音。要妙悲且清。收淚長歎息。何以負神靈。招搖待霜露。何必春夏成。晚穫爲良實。願君且安寧。

贈徐幹

驚風飄白日。忽然歸西山。圓景光未滿。衆星燦以繁。志士營世業。小人亦不閒。聊且夜行遊。遊彼雙闕閒。文昌鬱雲興。迎風高中天。春鳩鳴飛棟。流猋激櫺軒。顧念蓬室士。貧賤誠足憐。薇藿弗充虛。皮褐猶不全。慷慨有悲心。興文自成篇。寶棄怨何人。和氏有其愆。彈冠俟知己。知己誰不然。良田無晚歲。膏澤多豐年。亮懷璠璵美。積久德逾宣。親交義在敦。申章復何言。

贈丁儀

初秋涼氣發。庭樹微銷落。凝霜依玉除。清風飄飛閣。朝雲不歸山。霖雨成川澤。黍稷委疇隴。農夫安所穫。在貴多忘賤。爲恩誰能博。狐白足禦冬。焉念無衣客。思慕延陵子。寶劍非所惜。子其寧爾心。親交義不薄。

贈王粲

端坐苦愁思。攬衣起西游。樹木發春華。清池激長流。中有孤鴛鴦。哀鳴求匹儔。我願執此鳥。惜哉無輕舟。欲歸忘故道。顧望但懷愁。悲風鳴我側。羲和逝不留。重陰潤萬物。何懼澤不周。誰令君多念。自使懷百憂。

贈白馬王彪七首

序曰。黃初四年正月。白馬王任城王與余俱朝京師。會節氣到洛陽。任城王薨。至七月。與白馬王還國。後有司以二王歸藩。道路宜異宿止。意每恨之。蓋以大別在數日。是用自剖。與王辭焉。憤而成篇。

謁帝承明廬。逝將歸舊疆。清晨發皇邑。日夕過首陽。伊洛廣且深。欲濟川無梁。汎舟越洪濤。怨彼東路長。顧瞻戀城闕。引領情內傷。

太谷何寥廓。山樹鬱蒼蒼。霖雨泥我塗。流潦浩縱橫。中逵絕無軌。改轍登高岡。修坂造雲日。我馬玄以黃。

玄黃猶能進。我思鬱以紆。鬱紆將何念。親愛在離居。本圖相與偕。中更不克俱。鴟梟鳴衡軛。豺狼當路衢。蒼蠅閒白黑。讒巧令親疏。欲還絕無蹊。攬轡止踟躕。

踟躕亦何留。相思無終極。秋風發微涼。寒蟬鳴我側。原野何蕭條。白日忽西匿。歸鳥赴喬林。翩翩厲羽翼。孤獸走索羣。銜草不遑食。感物傷我懷。撫心長太息。

太息將何為。天命與我違。奈何念同生。一往形不歸。孤魂翔故域。靈柩寄京師。存者忽復過。亡沒身自衰。人生處一世。去若朝露晞。年在桑榆閒。影響不能追。自顧非金石。咄唶令心悲。

心悲動我神。棄置莫復陳。丈夫志四海。萬里猶比鄰。恩愛苟不虧。在遠分日親。何必同衾幬。然後展慇懃。憂思成疾疢。無乃兒女仁。倉卒骨肉情。能不懷苦辛。

苦辛何慮思。天命信可疑。虛無求列仙。松子久吾欺。變故在斯須。百年誰能持。離別永無會。

執手將何時。王其愛玉體。俱享黃髮期。收淚卽長路。援筆從此辭。

送應氏詩二首

步登北邙阪。遙望洛陽山。洛陽何寂寞。宮室盡燒焚。垣牆皆頓擗。荊棘上參天。不見舊耆老。但覩新少年。側足無行徑。荒疇不復田。遊子久不歸。不識陌與阡。中野何蕭條。千里無人烟。念我平常居。氣結不能言。

淸時難屢得。嘉會不可常。天地無終極。人命若朝霜。願得展燕婉。我友之朔方。親昵並集送。置酒此河陽。中饋豈獨薄。賓飮不盡觴。愛至望苦深。豈不愧中腸。山川阻且迥。別促會日長。願爲比翼鳥。施翮起高翔。

雜詩六首

高臺多悲風。朝日照北林。之子在萬里。江湖迥且深。方舟安可極。離思故難任。孤雁飛南遊。過庭長哀吟。翹思慕遠人。願欲託遺音。形影忽不見。翩翩傷我心。

轉蓬離本根。飄颻隨長風。何意迴飈舉。吹我入雲中。高高上無極。天路安可窮。類此遊客子。捐軀遠從戎。毛褐不掩形。薇藿常不充。去去莫復道。沈憂令人老。

西北有織婦。綺縞何繽紛。明晨秉機杼。日昃不成文。太息終長夜。悲嘯入青雲。妾身守空閨。良人行從軍。自期三年歸。今已歷九春。飛鳥繞樹翔。噭噭鳴索羣。願爲南流景。馳光見我君。

南國有佳人。容華若桃李。朝遊江北岸。夕宿瀟湘沚。時俗薄朱顏。誰爲發皓齒。俛仰歲將暮。榮耀難久恃。

僕夫早嚴駕。吾將遠行遊。遠行欲何之。吳國爲我仇。將騁萬里塗。東路安足由。江介多悲風。淮泗馳急流。願欲一輕濟。惜哉無方舟。閒居非吾志。甘心赴國憂。

飛觀百餘尺。臨牖御櫺軒。遠望周千里。朝夕見平原。烈士多悲心。小人媮自閑。國讐亮不塞。甘心思喪元。拊劍西南望。思欲赴太山。絃急悲聲發。聆我慷慨言。

七哀詩

明月照高樓。流光正徘徊。上有愁思婦。悲歎有餘哀。借問歎者誰。言是蕩子妻。君行踰十年。孤妾常獨棲。君若清路塵。妾若濁水泥。浮沈各異勢。會合何時諧。願爲西南風。長逝入君懷。君懷良不開。賤妾當何依。

七步詩

世說新語云、文帝嘗令東阿王七步中作詩、不成者行大法、王應聲便爲詩、帝有慚色、案其詩有二本、一作六句、一作四句、略有異同、今並錄於後、

煮豆持作羹。漉豉以爲汁。萁向釜中然。豆在釜中泣。本是同根生。相煎何太急。

煮豆燃豆萁。豆在釜中泣。本是同根生。相煎何太急。

當牆欲高行

龍欲升天須浮雲。人之仕進待中人。衆口可以鑠金。讒言三至。慈母不親。憒憒俗間。不辨僞

眞。願欲披心自說陳。君門以九重。道遠河無津。

當事君行

人生有所貴尙。出門各異情。朱紫更相奪色。雅鄭異音聲。好惡隨所愛增。追舉逐虛名。百心可事一君。巧詐寧拙誠。

當車已駕行

坐玉殿。會諸貴客。侍者行觴。主人離席。顧視東西箱。絲竹與鞞鐸。不醉無歸來。明燈以繼夕。

詩詞治要卷一

詩十五家

阮籍　三國魏尉氏人。字嗣宗。父瑀。爲建安七子之一。籍容貌瓌傑。志氣宏放。博覽羣書。尤好老莊。嗜酒。善鼓琴。曹爽召爲參軍。以疾辭。及爽誅。時人服其遠識。司馬懿命爲從事郎中。封關內侯。徙散騎常侍。屬天下多故。不與聞世事。以酣飲爲常。司馬昭初欲爲子炎求婚於籍。籍沈醉六十日。不得言而止。後爲步兵校尉。景元中卒。年五十四。籍能爲青白眼。見禮俗之士。以白眼對之。時率意獨駕。不由徑路。車轍所窮。輒痛哭而返。作詠懷詩八十餘首。反覆零亂。興寄無端。和愉哀怨。雜集於中。論者以爲其源自離騷來。後世惟唐陳子昂張九齡感遇等作。頗能得其旨趣。有阮步兵集。

詠懷三十首

夜中不能寐。起坐彈鳴琴。薄帷鑒明月。清風吹我衿。孤鴻號外野。翔鳥鳴北林。徘徊將何見。憂思獨傷心。

二妃遊江濱。逍遙順風翔。交甫懷環珮。婉孌有芬芳。猗靡情歡愛。千載不相忘。傾城迷下蔡。容好結中腸。感激生憂思。萱草樹蘭房。膏沐爲誰施。其雨怨朝陽。如何金石交。一旦更離傷。

嘉樹下成蹊。東園桃與李。秋風吹飛藿。零落從此始。繁華有憔悴。堂上生荊杞。驅馬舍之去。

去上西山趾。一身不自保。何況戀妻子。凝霜雜野草。歲暮亦云已。
天馬出西北。由來從東道。春秋非有託。富貴焉常保。清露被皋蘭。凝霜霑野草。朝爲媚少年。
夕暮成醜老。自非王子晉。誰能常美好。
平生少年時。輕薄好絃歌。西遊咸陽中。趙李相經過。娛樂未終極。白日忽蹉跎。驅馬復來歸。
反顧望三河。黃金百鎰盡。資用常苦多。北臨太行道。失路將如何。
楊朱泣路歧。墨子悲染絲。揖讓長離別。飄颻難與期。豈徒燕婉情。存亡誠有之。蕭索人所悲。
禍釁不可辭。趙女媚中山。謙柔愈見欺。嗟嗟塗上士。何用自保持。
自然有成理。生死道無常。智巧萬端出。大要不易方。如何夸毗子。作色懷驕腸。乘軒驅良馬。
憑几向膏粱。被服纖羅衣。深榭設閒房。不見日夕華。翩翩飛路旁。
河上有丈人。緯蕭棄明珠。甘彼藜藿食。樂是蓬蒿廬。豈效繽紛子。良馬騁龍輿。朝生衢路傍。
夕瘞橫術隅。歡笑不終宴。俛仰復欷歔。鑒茲二三者。憤懣從此舒。
儒者通六藝。立志不可干。違禮不爲動。非法不肯言。渴飲清泉流。飢食天一簞。歲時無以祀。
衣服常苦寒。屣履詠南風。緼袍笑華軒。信道守詩書。義不受一餐。烈烈褒貶辭。老氏用長歎。
少年學擊刺。妙伎過曲城。英風捷雲霓。超世發奇聲。揮劍臨沙漠。飲馬九野坰。旗幟何翩翩。
但聞金鼓鳴。軍旅令人悲。烈烈有哀情。念我平常時。悔恨從此生。

修塗馳軒車。長川載輕舟。性命豈自然。勢路有所繇。高名令志惑。重利使心憂。親昵懷反側。
骨肉還相讎。更希毀珠玉。可用登遨遊。

猗歟上世士。恬淡志安貧。季葉道陵遲。馳騖紛垢塵。寧子豈不類。揚歌誰肯殉。棲棲非我偶。
皇皇非己倫。咄嗟榮辱事。去來味道眞。道眞信可娛。清潔存精神。巢由抗高節。從此適河濱。

昔聞東陵瓜。近在青門外。連畛距阡陌。子母相鉤帶。五色曜朝日。嘉賓四面會。膏火自煎熬。
多財爲患害。布衣可終身。寵祿豈足賴。

炎暑惟茲夏。三旬將欲移。芳樹垂綠葉。青雲自逶迤。四時更代謝。日月遞參差。徘徊空堂上。
忉怛莫我知。願覩卒歡好。不見悲別離。

灼灼西隤日。餘光照我衣。迴風吹四壁。寒鳥相因依。周周尚銜羽。蛩蛩亦念飢。如何當路子。
磬折忘所歸。豈爲夸譽名。憔悴使心悲。寧與燕雀翔。不隨黃鵠飛。黃鵠遊四海。中路將安歸。

步出上東門。北望首陽岑。下有采薇士。上有嘉樹林。良辰在何許。凝霜霑衣襟。寒風振山岡。
玄雲起重陰。鳴雁飛南征。鶗鴂發哀音。素質遊商聲。悽愴傷我心。

北里多奇舞。濮上有微音。輕薄閒遊子。俯仰乍浮沈。捷徑從狹路。僶俛趨荒淫。焉見王子喬。
乘雲翔鄧林。獨有延年術。可以慰我心。

湛湛長江水。上有楓樹林。皋蘭被徑路。青驪逝駸駸。遠望令人悲。春氣感我心。三楚多秀士。

朝雲進荒淫。朱華振芬芳。高蔡相追尋。一爲黃雀哀。淚下誰能禁。

昔日繁華子。安陵與龍陽。夭夭桃李花。灼灼有輝光。悅懌若九春。磬折似秋霜。流眄發姿媚。言笑吐芬芳。攜手等歡愛。宿夕同衣裳。願爲雙飛鳥。比翼共翺翔。丹青著明誓。永世不相忘。

登高臨四野。北望青山阿。松柏翳岡岑。飛鳥鳴相過。感慨懷辛酸。怨毒常苦多。李公悲東門。蘇子狹三河。求仁自得仁。豈復歎咨嗟。

開秋兆涼氣。蟋蟀鳴牀帷。感物懷殷憂。悄悄令心悲。多言焉所告。繁辭將訴誰。微風吹羅袂。明月耀清暉。晨雞鳴高樹。命駕起旋歸。

昔年十四五。志尚好書詩。被褐懷珠玉。顏閔相與期。開軒臨門野。登高望所思。丘墓蔽山岡。薰蕕同一時。千秋萬歲後。榮名安所之。乃悟羨門子。噭噭令自嗤。

徘徊蓬池上。還顧望大梁。綠水揚洪波。曠野莽茫茫。走獸交橫馳。飛鳥相隨翔。是時鶉火中。日月正相望。朔風厲嚴寒。陰氣下微霜。羈旅無儔匹。俛仰懷哀傷。小人計其功。君子道其常。豈惜終憔悴。詠言著斯章。

獨坐空堂上。誰可與歡者。出門臨永路。不見行車馬。登高望九州。悠悠分曠野。孤鳥西北飛。離獸東南下。日暮思親友。晤言用自寫。

若花燿西海。扶桑翳瀛洲。日月經天塗。明暗不相讎。窮達自有常。得失又何求。豈效路上童。

攜手共遨遊。陰陽有變化。誰云沈不浮。朱鱉躍飛泉。夜飛過吳洲。俯仰運天地。再撫四海流。
繫累名利場。駑駿同一輈。豈若遺耳目。升遐去殷憂。

駕言發魏都。南向望吹臺。簫管有遺音。梁王安在哉。戰士食糟糠。賢者處蒿萊。歌舞曲未終。
秦兵已復來。夾林非吾有。朱宮生塵埃。軍敗華陽下。身竟為土灰。

朝陽不再盛。白日忽西幽。去此若俯仰。如何似九秋。人生若塵露。天道邈悠悠。齊景升丘山。
涕泗紛交流。孔聖臨長川。惜逝忽若浮。去者余不及。來者吾不留。願登太華山。上與松子遊。
漁父知世患。乘流泛輕舟。

一日復一夕。一夕復一朝。顏色改平常。精神自損消。胸中懷湯火。變化故相招。萬事無窮極。
知謀苦不饒。但恐須臾閒。魂氣隨風飄。終身履薄冰。誰知我心焦。

一日復一朝。一昏復一晨。容色改平常。精神自飄淪。臨觴多哀楚。思我故時人。對酒不能言。
悽愴懷酸辛。願耕東皋陽。誰與守其真。愁苦在一時。高行傷微身。曲直何所為。龍蛇為我鄰。

世務何繽紛。人道苦不遑。壯年以時逝。朝露待太陽。願攬羲和轡。白日不移光。天階路殊絕。
雲漢邈無梁。濯髮暘谷濱。遠遊崑岳旁。登彼列仙岨。採此秋蘭芳。時路烏足爭。太極可翱翔。

詩詞治要卷一

詩十五家

陶潛

晉潯陽人。侃曾孫。本名淵明。字元亮。入宋後始改名潛。性高尚簡貴。嘗著五柳先生傳以自況。家貧親老。起為州祭酒。不堪吏職。自解歸。後為彭澤令。在官八十餘日。郡遣督郵至縣。吏白應束帶見之。潛曰。吾不能為五斗米折腰向鄉里小兒。即日解印綬去職。賦歸去來辭。義熙末。徵著作郎。不就。元嘉初卒。年六十三。世稱靖節先生。潛博學善屬文。尤工於詩。其所為詩。冲穆淡遠。而妙造自然。不獨高出當時一埽兩晉綺麗浮誕之習。即唐之王孟韋柳。皆學焉而得其一體。遂以名家。而終未有能及之者。有陶淵明集搜神後記。

形影神三首

貴賤賢愚。莫不營營以惜生。斯甚惑焉。故極陳形影之苦。言神辨自然以釋之。好事君子。共取其心焉。

形贈影

天地長不沒。山川無改時。草木得常理。霜露榮悴之。謂人最靈智。獨復不如茲。適見在世中。奄去靡歸期。奚覺無一人。親識豈相思。但餘平生物。舉目情悽洏。我無騰化術。必爾不復疑。願君取吾言。得酒莫苟辭。

影答形

存生不可言。衛生每苦拙。誠願游崑華。邈然茲道絕。與子相遇來。未嘗異悲悅。憩蔭若暫乖。止日終不別。此同既難常。黯爾俱時滅。身沒名亦盡。念之五情熱。立善有遺愛。胡爲不自竭。酒云能消憂。方此詎不劣。

神釋

大鈞無私力。萬理自森著。人爲三才中。豈不以我故。與君雖異物。生而相依附。結託善惡同。安得不相語。三皇大聖人。今復在何處。彭祖愛永年。欲留不得住。老少同一死。賢愚無復數。日醉或能忘。將非促齡具。立善常所欣。誰當爲汝譽。甚念傷吾生。正宜委運去。縱浪大化中。不喜亦不懼。應盡便須盡。無復獨多慮。

九日閒居

余閒居。愛重九之名。秋菊盈園。而持醪靡由。空服九華。寄懷於言。

世短意常多。斯人樂久生。日月依辰至。舉俗愛其名。露淒暄風息。氣澈天象明。往燕無遺影。來雁有餘聲。酒能祛百慮。菊解制頹齡。如何蓬廬士。空視時運傾。塵爵恥虛罍。寒華徒自榮。斂襟獨閒謠。緬焉起深情。棲遲固多娛。淹留豈無成。

歸園田居五首

少無適俗韻。性本愛邱山。誤落塵網中。一去三十年。羈鳥戀舊林。池魚思故淵。開荒南野際。守拙歸園田。方宅十餘畝。草屋八九間。榆柳蔭後檐。桃李羅堂前。曖曖遠人村。依依墟里煙。狗吠深巷中。雞鳴桑樹巔。戶庭無塵雜。虛室有餘閒。久在樊籠裏。復得返自然。

野外罕人事。窮巷寡輪鞅。白日掩荊扉。虛室絕塵想。時復墟曲中。披草共來往。相見無雜言。但道桑麻長。桑麻日已長。我土日已廣。常恐霜霰至。零落同草莽。

種豆南山下。草盛豆苗稀。晨興理荒穢。帶月荷鋤歸。道狹草木長。夕露霑我衣。衣霑不足惜。但使願無違。

久去山澤游。浪莽林野娛。試攜子姪輩。披榛步荒墟。徘徊邱壠間。依依昔人居。井竈有遺處。桑竹殘朽株。借問採薪者。此人皆焉如。薪者向我言。死沒無復餘。一世異朝市。此語眞不虛。人生似幻化。終當歸空無。

悵恨獨策還。崎嶇歷榛曲。山澗清且淺。可以濯吾足。漉我新熟酒。隻雞招近屬。日入室中闇。荊薪代明燭。歡來苦夕短。已復至天旭。

乞食

飢來驅我去。不知竟何之。行行至斯里。叩門拙言辭。主人解余意。遺贈豈虛來。談諧終日夕。觴至輒傾杯。情欣新知歡。興言遂賦詩。感子漂母惠。愧我非韓才。銜戢知何謝。冥報以相貽。

答龐參軍

三復來貺。欲罷不能。自爾鄰曲。冬春再交。款然良對。忽成舊遊。俗諺云。數面成親舊。況情過此者乎。人事好乖。便當語離。楊公（楊朱也）所歎。豈惟常悲。吾抱疾多年。不復爲文。本既不豐。復老病繼之。輒依周禮往復之義。且爲別後相思之資。

相知何必舊。傾蓋定前言。有客賞我趣。每每顧林園。談諧無俗調。所說聖人篇。或有數斗酒。閒飲自歡然。我實幽居士。無復東西緣。物新人惟舊。弱毫多所宣。情通萬里外。形跡滯江山。君其愛體素。來會在何年。

連雨獨飲

運生會歸盡。終古謂之然。世間有松喬。於今定何閒。故老贈余酒。乃言飲得仙。試酌百情遠。重觴忽忘天。天豈去此哉。任眞無所先。雲鶴有奇翼。八表須臾還。自我抱茲獨。僶俛四十年。形骸久已化。心在復何言。

移居二首

昔欲居南村。非爲卜其宅。聞多素心人。樂與數晨夕。懷此頗有年。今日從茲役。敝廬何必廣。取足蔽牀席。鄰曲時時來。抗言談在昔。奇文共欣賞。疑義相與析。

春秋多佳日。登高賦新詩。過門更相呼。有酒斟酌之。農務各自歸。閒暇輒相思。相思則披衣。

言笑無厭時。此理將不勝。無爲忽去茲。衣食當須幾。（一作紀）力耕不吾欺。

和劉柴桑

山澤久相招。胡事乃躊躇。直爲親舊故。未忍言索居。良辰入奇懷。挈杖還西廬。荒塗無歸人。時時見廢墟。茅茨已就治。新疇復應畬。谷風轉淒薄。春醪解飢劬。弱女雖非男。慰情良勝無。棲棲世中事。歲月共相疏。耕織稱其用。過此奚所須。去去百年外。身名同翳如。

和郭主簿

藹藹堂前林。中夏貯淸陰。凱風因時來。回飆開我襟。息交遊閒臥。坐起弄書琴。（一作息交遊閑業、臥起弄書琴。）園蔬有餘滋。舊穀猶儲今。營己良有極。過足非所欽。舂秫作美酒。酒熟吾自斟。弱子戲我側。學語未成音。此事眞復樂。聊用忘華簪。遙遙望白雲。懷古一何深。

始作鎭軍參軍經曲阿

弱齡寄事外。委懷在琴書。被褐欣自得。屢空常晏如。時來苟冥會。婉孌憩通衢。投策命晨裝。暫與田園疏。眇眇孤舟逝。綿綿歸思紆。我行豈不遙。登陟千里餘。目倦川塗異。心念山澤居。望雲慚高鳥。臨水愧游魚。眞想初在襟。誰謂形蹟拘。聊且憑化遷。終返班生廬。

辛丑歲七月赴假還江陵夜行塗口

閒居三十載。遂與塵事冥。詩書敦宿好。林園無俗情。如何舍此去。遙遙至西荊。叩枻新秋月。

臨流別友生。涼風起將夕。夜景湛虛明。昭昭天宇闊。晶晶川上平。懷役不遑寐。中宵尙孤征。商歌非吾事。依依在耦耕。投冠旋舊墟。不爲好爵縈。養眞衡茅下。庶以善自名。

庚戌歲九月中於西田穫早稻

人生歸有道。衣食固其端。孰是都不營。而以求自安。開春理常業。歲功聊可觀。晨出肆微勤。日入負耒還。山中饒霜露。風氣亦先寒。田家豈不苦。弗獲辭此難。四體誠乃疲。庶無異患干。盥濯息檐下。斗酒散襟顏。遙遙沮溺心。千載乃相關。但願長如此。躬耕非所歎。

飲酒六首

余閒居寡歡。兼比夜已長。偶有名酒。無夕不飲。顧影獨盡。忽焉復醉。既醉之後。輒題數句自娛。紙墨遂多。辭無詮次。聊命故人書之。以爲歡笑爾。

結廬在人境。而無車馬喧。問君何能爾。心遠地自偏。採菊東籬下。悠然見南山。山氣日夕佳。飛鳥相與還。此中有眞意。欲辯已忘言。

秋菊有佳色。裛露掇其英。汎此忘憂物。遠我遺世情。一觴雖獨進。杯盡壺自傾。日入羣動息。歸鳥趨林鳴。嘯傲東軒下。聊復得此生。

清晨聞叩門。倒裳往自開。問子爲誰歟。田父有好懷。壺漿遠見候。疑我與時乖。襤縷茅檐下。未足爲高棲。一世皆尙同。願君汨其泥。深感父老言。稟氣寡所諧。紆轡誠可學。違己詎非迷。

且共歡此飲。吾駕不可回。

顏生稱爲仁。榮公言有道。屢空不獲年。長飢至於老。雖留身後名。一生亦枯槁。死去何所知。稱心固爲好。客養千金軀。臨化消其寶。裸葬何必惡。人當解意表。

故人賞我趣。挈壺相與至。班荊坐松下。數斟已復醉。父老雜亂言。觴酌失行次。不覺知有我。安知物爲貴。悠悠迷所留。酒中有深味。

子雲性嗜酒。家貧無由得。時賴好事人。載醪祛所惑。觴來爲之盡。是諮無不塞。有時不肯言。豈不在伐國。仁者用其心。何嘗失顯默。

羲農去我久。舉世少復眞。汲汲魯中叟。彌縫使其淳。鳳鳥雖不至。禮樂暫得新。洙泗輟微響。漂流逮狂秦。詩書復何罪。一朝成灰塵。區區諸老翁。爲事誠殷勤。如何絕世下。六籍無一親。終日馳車走。不見所問津。若復不快飲。空負頭上巾。但恨多謬誤。君當恕醉人。

擬古四首

迢迢百尺樓。分明望四荒。暮作歸雲宅。朝爲飛鳥堂。山河滿目中。平原獨茫茫。古時功名士。慷慨爭此場。一旦百歲後。相與還北邙。松柏爲人伐。高墳互低昂。頹基無遺主。遊魂在何方。榮華誠足貴。亦復可憐傷。

東方有一士。被服常不完。三旬九遇食。十年著一冠。辛苦無此比。常有好容顏。我欲觀其人。

晨去越河關。青松夾路生。白雲宿檐端。知我故來意。取琴為我彈。上絃驚別鶴。下絃操孤鸞。願留就君住。從今至歲寒。

日暮天無雲。春風扇微和。佳人美清夜。達曙酣且歌。歌竟長歎息。持此感人多。皎皎雲間月。灼灼葉中華。豈無一時好。不久當如何。

種桑長江邊。三年望當採。枝條始欲茂。忽值山河改。柯葉自摧折。根株浮滄海。春蠶既無食。寒衣欲誰待。本不植高原。今日復何悔。

詠貧士四首

萬族各有託。孤雲獨無依。曖曖空中滅。何時見餘暉。朝霞開宿霧。衆鳥相與飛。遲遲出林翮。未夕復來歸。量力守故轍。豈不寒與飢。知音苟不存。已矣何所悲。

榮叟老帶索。欣然方彈琴。原生納決履。清歌暢商音。重華去我久。貧士世相尋。敝襟不掩肘。藜羹常乏斟。豈忘襲輕裘。苟得非所欽。賜也徒能辯。乃不見吾心。

安貧守賤者。自古有黔婁。好爵吾不榮。厚饋吾不酬。一旦壽命盡。敝服仍不周。豈不知其極。非道故無憂。從來將千載。未復見斯儔。朝與仁義生。夕死復何求。

仲蔚愛窮居。遶宅生蒿蓬。翳然絕交游。賦詩頗能工。舉世無知者。止有一劉龔。此士胡獨然。實由罕所同。介焉安其業。所樂非窮通。人事固以拙。聊得長相從。

詠荊軻

燕丹善養士。志在報强嬴。招集百夫良。歲暮得荊卿。君子死知己。提劍出燕京。素驥鳴廣陌。慷慨送我行。雄髮指危冠。猛氣衝長纓。飲餞易水上。四坐列羣英。漸離擊悲筑。宋意唱高聲。蕭蕭哀風逝。淡淡寒波生。商音更流涕。羽奏壯士驚。心知去不歸。且有後世名。登車何時顧。飛蓋入秦庭。凌厲越萬里。逶迤過千城。圖窮事自至。豪主正怔營。惜哉劍術疏。奇功遂不成。其人雖已沒。千載有餘情。

讀山海經

孟夏草木長。遶屋樹扶疏。衆鳥欣有託。吾亦愛吾廬。既耕亦已種。時還讀我書。窮巷隔深轍。頗迴故人車。歡然酌春酒。摘我園中蔬。微雨從東來。好風與之俱。汎覽周王傳。流觀山海圖。俯仰終宇宙。不樂復何如。

擬輓歌辭三首

有生必有死。早終非命促。昨暮同爲人。今旦在鬼錄。魂氣散何之。枯形寄空木。嬌兒索父啼。良友撫我哭。得失不復知。是非安能覺。千秋萬歲後。誰知榮與辱。但恨在世時。飲酒不得足。

在昔無酒飲。今但湛空觴。春醪生浮蟻。何時更能嘗。殽案盈我前。親舊哭我旁。欲語口無音。欲視眼無光。昔在高堂寢。今宿荒草鄉。一朝出門去。歸來良未央。

荒草何茫茫。白楊亦蕭蕭。嚴霜九月中。送我出遠郊。四面無人居。高墳正嶕嶢。馬爲仰天鳴。風爲自蕭條。幽室一已閉。千年不復朝。千年不復朝。賢達無奈何。向來相送人。各自還其家。親戚或餘悲。他人亦已歌。死去何所道。託體同山阿。

桃花源詩

嬴氏亂天紀。賢者避其世。黃綺之商山。伊人亦云逝。往迹浸復湮。來逕遂蕪廢。相命肆農耕。日入從所憩。桑竹垂餘蔭。菽稷隨時藝。春蠶收長絲。秋熟靡王稅。荒路曖交通。雞犬互鳴吠。俎豆猶古法。衣裳無新製。童孺縱行歌。斑白歡游詣。草榮識節和。木衰知風厲。雖無紀曆誌。四時自成歲。怡然有餘樂。於何勞智慧。奇蹤隱五百。一朝敞神界。淳薄既異源。旋復還幽蔽。借問遊方士。焉測塵囂外。願言躡輕風。高舉尋吾契。

勸農六章

悠悠上古。厥初生民。傲然自足。抱樸含眞。智巧既萌。資待靡因。誰其贍之。實賴哲人。

哲人伊何。時爲后稷。贍之伊何。實曰播殖。舜既躬耕。禹亦稼穡。遠若周典。八政始食。

熙熙令德。猗猗原陸。卉木繁榮。和風淸穆。紛紛士女。趨時競逐。桑婦宵興。農夫野宿。

氣節易過。和澤難久。冀缺攜儷。沮溺結耦。相彼賢達。猶勤隴畝。矧伊衆庶。曳裾拱手。

民生在勤。勤則不匱。宴安自逸。歲暮奚冀。儋石不儲。飢寒交至。顧爾儔列。能不懷愧。

孔耽道德。樊須是鄙。董樂琴書。田園不履。若能超然。投迹高軌。敢不斂衽。敬讚德美。

詩詞治要卷一

詩十五家

鮑照　南北朝宋東海人。字明遠。文辭贍逸。文帝時為中書舍人。帝好文章。自謂人莫及。照悟其旨。為文多鄙言累句。人咸謂照才盡。實不然也。臨海王子頊為荊州。照為前軍參軍。子頊敗。照為亂軍所殺。有鮑參軍集。案南朝詩家自來多推顏謝。然二子雕琢過甚。殊少眞意。照作亦時不免。而氣勢特盛。故杜工部有俊逸之稱。其樂府則奇調獨創。擬行路難梅花落諸作。實開唐人李白樂府之先。更非顏謝諸子所能為矣。

代東門行

傷禽惡弦驚。倦客惡離聲。離聲斷客情。賓御皆涕零。涕零心斷絕。將去復還訣。一息不相知。
何況異鄉別。遙遙征駕遠。杳杳白日晚。居人掩閨臥。行子夜中飯。野風吹草木。行子心腸斷。
食梅常苦酸。衣葛常苦寒。絲竹徒滿座。憂人不解顏。長歌欲自慰。彌起長恨端。

代放歌行

蓼蟲避葵堇。習苦不言非。小人自齷齪。安知曠士懷。雞鳴洛城裏。禁門平旦開。冠蓋縱橫至。
車騎四方來。素帶曳長飆。華纓結遠埃。日中安能止。鐘鳴猶未歸。夷世不可逢。賢君信愛才。
明慮自天斷。不受外嫌猜。一言分珪爵。片善辭草萊。豈伊白璧賜。將起黃金臺。今君有何疾。

臨路獨遲迴。

代輓歌

獨處重冥下。憶昔登高臺。傲岸平生中。不爲物所裁。埏門只復閉。白蟻相將來。生時芳蘭體。小蟲今爲災。玄鬢無復根。枯髏依青苔。憶昔好飲酒。素盤進青梅。彭韓及廉藺。疇昔已成灰。壯士皆死盡。餘人安在哉。

代白頭吟

直如朱絲繩。清如玉壺冰。何慚宿昔意。猜恨坐相仍。人情賤恩舊。世議逐衰興。毫髮一爲瑕。邱山不可勝。食苗實碩鼠。點白信蒼蠅。鳧鵠遠成美。薪芻前見陵。申黜褒女進。班去趙姬升。周王日淪惑。漢帝益嗟稱。心賞猶難恃。貌恭豈易憑。古來共如此。非君獨撫膺。

代東武吟

主人且勿諠。賤子歌一言。僕本寒鄉士。出身蒙漢恩。始隨張校尉。召募到河源。後逐李輕車。追虜窮塞垣。密塗亙萬里。寧歲猶七奔。肌力盡鞍甲。心思歷涼溫。將軍既下世。部曲亦罕存。時事一朝異。孤績誰復論。少壯辭家去。窮老還入門。腰鎌刈葵藿。倚杖牧雞豚。昔如鞲上鷹。今似檻中猿。徒結千載恨。空負百年怨。棄席思君幄。疲馬戀君軒。願垂晉主惠。不愧田子魂。

代出自薊北門行

羽檄起邊亭。烽火入咸陽。徵騎屯廣武。分兵救朔方。嚴秋筋竿勁。虜陣精且彊。天子按劍怒。使者遙相望。雁行緣石徑。魚貫度飛梁。簫鼓流漢颸。旌甲被胡霜。疾風衝塞起。沙礫自飄揚。馬毛縮如蝟。角弓不可張。時危見臣節。世亂識忠良。投軀報明主。身死爲國殤。

代結客少年場行

驄馬金絡頭。錦帶佩吳鉤。失意杯酒間。白刃起相讎。追兵一旦至。負劍遠行遊。去鄉三十載。復得還舊邱。升高臨四關。表裏望皇州。九衢平若水。雙闕似雲浮。扶宮羅將相。夾道列王侯。日中市朝滿。車馬若川流。擊鐘陳鼎食。方駕自相求。今我獨何爲。埳壈懷百憂。

代邊居行

少年遠京陽。遙遙萬里行。陋巷絕人徑。茅屋摧山岡。不覩車馬迹。但見麋鹿場。長松何落落。邱隴無復行。邊地無高木。蕭蕭多白楊。盛年日月盡。一去萬恨長。悠悠世中人。爭此錐刀忙。不憶貧賤時。富貴輒相忘。紛紛徒滿目。何關慨予傷。不如一畝中。高會挹清漿。遇樂使作樂。莫使候朝光。

與伍侍郎別

民生如野鹿。知愛不知命。飲齕具攢聚。翹陸歘驚迸。傷我慕類心。感爾食苹性。漫漫鄙郢途。渺渺淮海逕。子無金石質。吾有犬馬病。憂樂安可言。離會孰能定。欽哉慎所宜。砥德乃爲盛。

貧游不可忘。久交念敦敬。

贈傅都曹別

輕鴻戲江潭。孤雁集洲沚。邂逅兩相親。緣念共無已。風雨好東西。一隔頓萬里。追憶棲宿時。聲容滿心耳。落日川渚寒。愁雲繞天起。短翮不能翔。徘徊煙霧裏。

行京口至竹里

高歌危且竦。鋒石橫復仄。複澗隱松聲。重崖伏雲色。冰閉寒方壯。風動鳥傾翼。斯志逢凋嚴。孤遊値曛逼。兼塗無憩鞍。半菽不遑食。君子樹令名。細人效命力。不見長河水。清濁俱不息。

詠史

五都矜財雄。三川養聲利。百金不市死。明經有高位。京城十二衢。飛甍各鱗次。仕子彯華纓。游客竦輕轡。明星晨未晞。軒蓋已雲至。賓御紛颯沓。鞍馬光照地。寒暑在一時。繁華及春媚。君平獨寂寞。身世兩相棄。

擬古五首

魯客事楚王。懷金襲丹素。既荷主人恩。又蒙令尹顧。日宴罷朝歸。鞍馬塞衢路。宗黨生光輝。賓僕遠傾慕。富貴人所欲。道德亦何懼。南國有儒生。迷方獨淪誤。伐木清江湄。設置守毚兔。

十五諷詩書。篇翰靡不通。弱冠參多士。飛步游秦宮。側覩君子論。預見古人風。兩說窮舌端。

五車摧筆鋒。羞當白璧貺。恥受聊城功。晚節從世務。乘障遠和戎。解佩襲犀渠。卷袠奉盧弓。始願力不及。安知今所終。

幽幷重騎射。少年好馳逐。氈帶佩雙鞬。象弧插雕服。獸肥春草短。飛鞚越平陸。朝遊雁門上。暮還樓煩宿。石梁有餘勁。驚雀無全目。漢虜方未和。邊城屢翻覆。留我一白羽。將以分虎竹。

瑟瑟涼海風。竦竦寒山木。紛紛羈思盈。慊慊夜絃促。訪言山海路。千里歌別鵠。絃絕空咨嗟。形音誰賞錄。辛苦異人狀。美貌改如玉。徒畜巧言鳥。不解心款曲。

暖歲節物早。萬萌迎春達。春風夜嬽娟。春霧朝晻靄。輭蘭葉可采。柔桑條易捋。怨咽對風景。悶瞀守閨闥。天賦愁民命。舍生但契闊。憂來無行伍。歷亂如覃葛。

夢歸鄉

銜淚出郭門。撫劍無人逵。沙風暗空起。離心眷鄉畿。夜分就孤枕。夢想暫言歸。嬬婦當戶歎。繅絲復鳴機。慊款論久別。相將還綺闈。歷歷檐下涼。朧朧帷裏暉。刈蘭爭芬芳。採菊競葳蕤。開匳奪香蘇。探袖解纓徽。夢中長路近。覺後大江違。驚起空歎息。恍惚神魂飛。白水漫浩浩。高山壯巍巍。波瀾異往復。風霜改榮衰。此土非吾土。慷慨當告誰。

翫月城西門廨中

始出西南樓。纖纖如玉鉤。末映東北墀。娟娟似蛾眉。蛾眉蔽珠櫳。玉鉤隔鎖窗。三五二八時。

千里與君同。夜移衡漢落。徘徊帷戶中。歸華先委露。別葉早辭風。客遊厭苦辛。仕子倦飄塵。休澣自公日。宴慰及私辰。蜀琴抽白雪。郢曲發陽春。肴乾酒未闋。金壺啟夕淪。迴軒駐輕蓋。留酌待情人。

望水

刷鬢垂秋日。登高觀水長。千澗無別源。萬壑共一廣。流駛巨石轉。湍迴急沫上。苕苕嶺岸高。照照寒洲爽。東歸難忖測。日逝誰與賞。臨川憶古事。目孱千載想。河伯自矜大。海若沈渺莽。

擬行路難十首

奉君金巵之美酒。瑇瑁玉匣之雕琴。七綵芙蓉之羽帳。九華蒲萄之錦衾。紅顏零落歲將暮。寒光宛轉時欲沈。願君裁悲且減思。聽我抵節行路吟。不見柏梁銅雀上。寧聞古時清吹音。

洛陽名工鑄爲金博山。千斲萬鏤上刻秦女攜手仙。承君清夜之歡娛。列置幃裏明燭前。外發龍鱗之丹綵。內含蘭芬之紫煙。如今君心一朝異。對此長歎終百年。

璇閨玉墀上椒閣。文窗繡戶垂綺幕。中有一人字金蘭。被服纖羅采芳藿。春燕參差風散梅。開幃對景弄春爵。含歌攬涕恆抱愁。人生幾時得爲樂。寧作野中之雙鳧。不願雲間之別鶴。

瀉水置平地。各自東西南北流。人生亦有命。安能行歎復坐愁。酌酒以自寬。舉杯斷絕歌路難。心非木石豈無感。吞聲躑躅不敢言。

君不見河邊草。冬時枯死春滿道。君不見城上日。今暝沒山去。明朝復更出。今吾何時當得然。一去永滅入黃泉。人生苦多歡樂少。意氣敷腴在盛年。且願得志數相就。牀頭恆有沽酒錢。功名竹帛非我事。存亡貴賤付皇天。

對案不能食。拔劍擊柱長歎息。丈夫生世會幾時。安能蹀躞垂羽翼。棄檄罷官去。還家自休息。朝出與親辭。暮還在親側。弄兒牀前戲。看婦機中織。自古聖賢盡貧賤。何況吾輩孤且直。

愁思忽而至。跨馬出北門。舉頭四顧望。但見松柏園。荊棘鬱蹲蹲。中有一鳥名杜鵑。言是古時蜀帝魂。聲音哀苦鳴不息。羽毛憔悴似人髡。飛走樹間啄蟲蟻。豈憶往日天子尊。念此死生變化非常理。中心惻愴不能言。

中庭五株桃。一株先作花。陽春妖冶二三月。從風簸蕩落西家。西家思婦見悲惋。零淚霑衣撫心歎。初我送君出戶時。何言淹留節迴換。牀席生塵明鏡垢。纖腰瘦削髮蓬亂。人生不得恆稱意。惆悵徙倚至夜半。

剉蘗染黃絲。黃絲歷亂不可治。我昔與君始相值。爾時自謂可君意。結帶與我言。死生好惡不相置。今日見我顏色衰。意中索寞與先異。還君金釵玳瑁簪。不忍見之益愁思。

君不見枯籜走階庭。何時復青著故莖。君不見亡靈蒙享祀。何時傾杯竭壺罌。君當見此起憂思。寧反得與時人爭。人生倏忽如絕電。華年盛德幾時見。但令縱意存高尙。旨酒嘉肴相胥譙。持此從朝竟夕暮。差得亡憂消愁怖。胡爲惆悵不能已。難盡此曲、令君忤。

代鳴雁行

邕邕鳴鴈鳴始旦。齊行命侶入雲漢。中夜相失羣離亂。留連徘徊不忍散。憔悴容儀君不知。辛苦風霜亦何爲。

代淮南王

淮南王。好長生。服食鍊氣讀仙經。琉璃作盌牙作盤。金鼎玉匕合神丹。合神丹。戲紫房。紫房綵女弄明璫。鸞歌鳳舞斷君腸。朱城九重門九閨。願逐明月入君懷。入君懷。結君佩。怨君恨君恃君愛。築城思堅劍思利。同盛同衰莫相棄。

代春日行

獻歲發。吾將行。春山茂。春日明。園中鳥。多喜聲。梅始發。桃始靑。泛舟艫。齊櫂驚。奏采菱。歌鹿鳴。風微起。波微生。絃亦發。酒亦傾。入蓮池。折桂枝。芳袖動。芬葉披。兩相思。兩不知。

梅花落

中庭雜樹多。偏爲梅咨嗟。問君何獨然。念其霜中能作花。露中能作實。搖蕩春風媚春日。念爾零落逐寒風。徒有霜華無霜質。

代北風涼行

北風涼。雨雪雱。京洛女兒多嚴妝。遙豔帷中自悲傷。沈吟不語若有忘。問君何行何當歸。若使妾坐自傷悲。慮年至。慮顏衰。情易復。恨難追。

代空城雀

雀乳四鷇。空城之阿。朝食野粟。夕飲冰阿。高飛畏鴟鳶。下飛畏網羅。辛傷伊何言。怵迫良已多。誠不及青鳥。遠食玉山禾。猶勝吳宮燕。無罪得焚窠。賦命有厚薄。長歎欲如何。

詩詞治要卷一

詩十五家

王維

唐祁人。字摩詰。與弟縉齊名。資孝友。開元九年進士。擢監察御史。安祿山反陷京師。迫爲給事中。維服藥佯瘖。賦凝碧池詩以誌悼痛。賊平下獄。弟縉請削官贖維罪。後官至尙書右丞。卒年六十一。維工詩善畫。名盛開元天寶間。時謂其詩中有畫。畫中有詩。其詩大抵出於陶淵明。而潔靜精微。蓄含不盡。實能獨樹一幟。爲後世詩家神韻派之始祖。維兄弟篤志奉佛。食不葷。衣不文彩。有別墅在輞川。地奇勝。與裴迪同遊處其中。賦詩相酬爲樂。有王右丞集。

藍田山石門精舍

落日山水好。漾舟信歸風。探奇不覺遠。因以緣源窮。遙愛雲木秀。初疑路不同。安知淸流轉。偶與前山通。捨舟理輕策。果然愜所適。老僧四五人。逍遙蔭松柏。朝梵林未曙。夜禪山更寂。道心及牧童。世事問樵客。暝宿長林下。焚香臥瑤席。澗芳襲人衣。山月映石壁。再尋畏迷誤。明發更登歷。笑謝桃源人。花紅復來覿。

青谿

言入黃花川。每逐青谿水。隨山將萬轉。趣途無百里。聲喧亂石中。色靜深松裏。漾漾泛菱荇。

澄澄映葭葦。我心素已閑。清川澹如此。請留盤石上。垂釣將已矣。

春日田園作

屋上春鳩鳴。村邊杏花白。持斧伐遠揚。荷鋤覘泉脈。歸燕識故巢。舊人看新曆。臨觴忽不御。
惆悵遠行客。

和使君五郎西樓望遠思歸

高樓望所思。目極情未畢。枕上見千里。牎中窺萬室。悠悠長路人。曖曖遠郊日。惆悵極浦外。
迢遞孤煙出。能賦屬上才。思歸同下秩。故鄉不可見。雲水空如一。

戲贈張五弟諲

吾弟東山時。心尙一何遠。日高猶自臥。鐘動始能飯。領上髮未梳。牀頭書不卷。清川興悠悠。
空林對偃蹇。青苔石上淨。細草松下軟。牎外鳥聲閒。階前虎心善。徒然萬象多。澹爾太虛緬。
一知與物平。自顧爲人淺。對君忽自得。浮念不煩遣。

送別

下馬飲君酒。問君何所之。君言不得意。歸臥南山陲。但去莫復問。白雲無盡時。

齊州送祖三

相逢方一笑。相送還成泣。祖帳已傷離。荒城復愁入。天寒遠山淨。日暮長河急。解纜君已遙。

望君猶佇立。

宿鄭州

朝與周人辭。暮投鄭人宿。他鄉絕儔侶。孤客親童僕。宛洛望不見。秋霖晦平陸。田父草際歸。村童雨中牧。主人東皐上。時稼遶茅屋。蟲思機杼悲。雀喧禾黍熟。明當渡京水。昨晚猶金谷。此去欲何言。窮邊徇微祿。

偶然作二首

楚國有狂夫。茫然無心想。散髮不冠帶。行歌南陌上。孔子與之言。仁義莫能奬。未嘗肯問天。何事須擊壤。復笑採薇人。胡爲乃長往。

田舍有老翁。垂白衡門裏。有時農事閒。斗酒呼鄉里。喧聒茆簷下。或坐或復起。短褐不爲薄。園葵固足美。勸則長子孫。不曾向城市。五帝與三王。古來稱天子。干戈將揖讓。畢竟何者是。得意苟爲樂。野田安足鄙。且當放懷去。行行沒餘齒。

西施詠

豔色天下重。西施寧久微。朝爲越谿女。暮作吳宮妃。賤日豈殊衆。貴來方悟稀。邀人傅脂粉。不自著羅衣。君寵益嬌態。君憐無是非。當時浣紗伴。莫得同車歸。持謝鄰家子。效顰安可希。

夷門歌

七雄雄雌猶未分。攻城殺將何紛紛。秦兵益圍邯鄲急。魏王不救平原君。公子爲嬴停駟馬。
執轡愈恭意愈下。亥爲屠肆鼓刀人。嬴乃夷門抱關者。非但慷慨有奇謀。意氣兼將身命酬。
臨風刎頸送公子。七十老翁何所求。

隴頭吟

長城少年游俠客。夜上戍樓看太白。隴頭明月迥臨關。隴上行人夜吹笛。關西老將不勝愁。
駐馬聽之雙淚流。身經大小百餘戰。麾下偏裨萬戶侯。蘇武纔爲典屬國。節旄落盡海西頭。

老將行

少年十五二十時。步行奪取胡馬騎。射殺陰山白額虎。肯數鄴下黃鬚兒。一身轉戰三千里。
一劍曾當百萬師。漢兵奮迅如霹靂。胡騎崩騰畏蒺藜。衛青不敗由天幸。李廣無功緣數奇。
自從棄置便衰朽。世事蹉跎成白首。昔時飛雀無全目。今日垂楊生左肘。路傍時賣故侯瓜。
門前學種先生柳。蒼茫古木連窮巷。寥落寒山對虛牖。誓令疏勒出飛泉。不似潁川空使酒。
賀蘭山下陣如雲。羽檄交馳日夕聞。節使三河募年少。詔書五道出將軍。試拂鐵衣如雪色。
聊持寶劍動星文。願得燕弓射天將。恥合越馬鳴吳軍。莫嫌舊日雲中守。猶堪一戰立功勳。

桃源行

漁舟逐水愛山春。兩岸桃花夾古津。坐看紅樹不知遠。行盡青溪不見人。山口潛行始隈隩。

山開曠望旋平陸。遙看一處攢雲樹。近入千家散花竹。樵客初傳漢姓名。居人未改秦衣服。居人共住武陵源。還從物外起田園。月明松下房櫳靜。日出雲中雞犬喧。驚聞俗客爭來集。競引還家問都邑。平明閭巷掃花開。薄暮漁樵乘水入。初因避地去人間。及至成仙遂不還。峽裏誰知有人事。世中遙望空雲山。不疑靈境難聞見。塵心未盡思鄉縣。出洞無論隔山水。辭家終擬長游衍。自謂經過舊不迷。安知峯壑今來變。當時只記入山深。青溪幾曲到雲林。春來遍是桃花水。不辨仙源何處尋。

洛陽女兒行

洛陽女兒對門居。纔可顏容十五餘。良人玉勒乘驄馬。侍女金盤膾鯉魚。畫閣朱樓盡相望。紅桃綠柳垂簷向。羅帷送上七香車。寶扇迎歸九華帳。狂夫富貴在青春。意氣驕奢劇季倫。自憐碧玉親教舞。不惜珊瑚持與人。春窗曙滅九微火。九微片片飛花璅。戲罷曾無理曲時。妝成祇是薰香坐。城中相識盡繁華。日夜經過趙李家。誰憐越女顏如玉。貧賤江頭自浣紗。

酬張少府

晚年惟好靜。萬事不關心。自顧無長策。空知返舊林。松風吹解帶。山月照彈琴。君問窮通理。漁歌入浦深。

輞川閒居贈裴秀才迪

寒山轉蒼翠。轉顧可久本作積、秋水日潺湲。倚杖柴門外。臨風聽暮蟬。渡頭餘落日。墟里上孤煙。復值接輿醉。狂歌五柳前。

冬晚對雪憶胡居士家

寒更傳曉箭。一作寒更催唱曉、清鏡覽衰顏。隔牖風驚竹。開門雪滿山。灑空深巷靜。積素廣庭閑。借問袁安舍。翛然尚閉關。

山居秋暝

空山新雨後。天氣晚來秋。明月松間照。清泉石上流。竹喧歸浣女。蓮動下漁舟。隨意春芳歇。王孫自可留。

終南別業

中歲頗好道。晚家南山陲。興來每獨往。勝事空自知。行到水窮處。坐看雲起時。偶然值林叟。談笑無還期。

歸嵩山作

清川帶長薄。清文苑英華作晴、車馬去閒閒。流水如有意。暮禽相與還。荒城臨古渡。落日滿秋山。迢遞嵩高下。高文苑英華作山、歸來且閉關。

終南山

太乙近天都。連山到海隅。白雲迴望合。青靄入看無。分野中峯變。陰晴衆壑殊。欲投人處宿。
隔水問樵夫。

輞川閒居

一從歸白社。不復到青門。時倚檐前樹。遠看原上村。青菰臨水映。白鳥向山翻。寂寞於陵子。
桔槔方灌園。

送劉司直赴安西

絕域陽關道。胡煙與塞塵。烟顧元緯本凌本文苑英華唐詩品彙俱作沙、三春時有鴈。萬里少行人。苜蓿隨天馬。蒲
桃逐漢臣。當令外國懼。不敢覓和親。

送崔三往密州覲省

南陌去悠悠。東郊不少留。同懷扇枕戀。獨念倚門愁。路遶天山雪。家臨海樹秋。魯連功未報。
且莫蹈滄洲。

送邱爲落第歸江東

憐君不得意。況復柳條春。爲客黃金盡。還家白髮新。五湖三畝宅。萬里一歸人。知禰不能薦。
羞稱獻納臣。

登裴迪秀才小臺作

端居不出戶。滿目望雲山。落日鳥邊下。秋原人外閑。遙知遠林際。不見此簷間。好客多乘月。應門莫上關。

觀獵

風勁角弓鳴。將軍獵渭城。草枯鷹眼疾。雪盡馬蹄輕。忽過新豐市。還歸細柳營。回看射鵰處。千里暮雲平。

奉和聖製從蓬萊向興慶閣道中留春雨中春望之作應制

渭水自縈秦塞曲。黃山舊遶漢宮斜。鑾輿迥出千門柳。閣道迴看上苑花。雲裏帝城雙鳳闕。雨中春樹萬人家。爲乘陽氣行時令。不是宸遊翫物華。

酬郭給事

洞門高閣靄餘暉。桃李陰陰柳絮飛。禁裏疏鐘官舍晚。省中啼鳥吏人稀。晨搖玉佩趨金殿。夕奉天書拜瑣闈。强欲從君無那老。將因臥病解朝衣。

出塞作

居延城外獵天驕。白草連天野火燒。暮雲空磧時驅馬。秋日平原好射鵰。護羌校尉朝乘障。破虜將軍夜渡遼。玉靶角弓珠勒馬。漢家將賜霍嫖姚。

送楊少府貶郴州

明到衡山與洞庭。若爲秋月聽猿聲。愁看北渚三湘遠。惡說南風五兩輕。青草瘴時過夏口。白頭浪裏出湓城。長沙不久留才子。賈誼何須弔屈平。

積雨輞川莊作

積雨空林煙火遲。蒸藜炊黍向東菑。漠漠水田飛白鷺。陰陰夏木囀黃鸝。山中習靜觀朝槿。松下清齋折露葵。野老與人爭席罷。海鷗何事更相疑。

送別

山中相送罷。日暮掩柴扉。春草年年綠。王孫歸不歸。

臨高臺送黎拾遺

相送臨高臺。川原杳何極。日暮飛鳥還。行人去不息。

崔九弟欲往南山馬上口號與別

城隅一出手。幾日還相見。山中有桂花。莫待花如霰。

息夫人怨

莫以今時寵。而忘舊日恩。看花滿眼淚。不共楚王言。

相思

紅豆生南國。秋來發幾枝。願君多採擷。此物最相思。

鹿柴

空山不見人。但聞人語響。返景入深林。復照青苔上。

竹里館

獨坐幽篁裏。彈琴復長嘯。深林人不知。明月來相照。

辛夷塢

木末芙蓉花。山中發紅蕚。澗戶寂無人。紛紛開且落。

欹湖

吹簫凌極浦。日暮送夫君。湖上一迴首。青山多白雲。

鳥鳴澗

人閑桂花落。夜靜春山空。月出驚山鳥。時鳴春澗中。

田園樂

桃紅復含宿雨。柳綠更帶朝煙。花落家僮未埽。鳥啼山客猶眠。

九月九日憶山東兄弟

獨在異鄉爲異客。每逢佳節倍思親。遙知兄弟登高處。徧插茱萸少一人。

送元二使安西

渭城朝雨浥輕塵。客舍青青柳色新。勸君更盡一杯酒。西出陽關無故人。

送韋評事

欲逐將軍取右賢。沙場走馬向居延。遙知漢使蕭關外。愁見孤城落日邊。

送沈子歸江東

楊柳渡頭行客稀。罟師盪槳向臨圻。惟有相思似春色。江南江北送君歸。

詩詞治要卷一

詩十五家

李白　唐蜀之昌明人。字太白。生於青蓮鄉。號青蓮居士。天才英特。然喜縱橫擊劍。為任俠。賀知章見其文。歎為謫仙。言於玄宗。供奉翰林。甚見愛重。白常侍帝醉。使高力士脫鞾。力士素貴。恥之。摘其清平調詩句以激楊貴妃。帝欲官白。妃輒阻止。白自此益驁放。求還山。浮遊四方。後至江州。永王璘辟為僚佐。璘起兵。逃還。璘敗。當誅。初白遊并州。見郭子儀。奇之。子儀嘗犯法。白為解免。至是子儀請解官以贖。詔長流夜郎。會赦還。代宗立。以左拾遺召。而白已卒。年六十四。白所為詩。高妙清逸。與杜甫齊名。後世評詩者。謂李以才勝。一氣呵成。杜以學勝。慘淡經營。李常放吟於自然之間。樂天玩世。杜則詠歎時事。多存諷刺。李擅空虛縹緲之趣。杜極沈鬱頓挫之致。李號詩仙。杜號詩聖。蓋詩家之有李杜。猶文家之有韓柳。未易軒輊云。有李太白集。

古風五首

大雅久不作。吾衰竟誰陳。王風委蔓草。戰國多荊榛。龍虎相啖食。兵戈逮狂秦。正聲何微茫。
哀怨起騷人。揚馬激頹波。開流蕩無垠。廢興雖萬變。憲章亦已淪。自從建安來。綺麗不足珍。
聖代復元古。垂衣貴清真。羣才屬休明。乘運共躍鱗。文質相炳煥。衆星羅秋旻。我志在刪述。
垂輝映千春。希聖如有立。絕筆於獲麟。

秦皇埽六合。虎視何雄哉。飛劍決浮雲。諸侯盡西來。明斷自天啓。大略駕羣才。收兵鑄金人。函谷正東開。銘功會稽嶺。騁望琅琊臺。刑徒七十萬。起土驪山隈。尚采不死藥。茫然使心哀。連弩射海魚。長鯨正崔嵬。額鼻象五岳。揚波噴雲雷。鬐鬣蔽青天。何由覩蓬萊。徐市載秦女。樓船幾時迴。但見三泉下。金棺葬寒灰。

莊周夢蝴蝶。蝴蝶爲莊周。一體更變易。萬事良悠悠。乃知蓬萊水。復作清淺流。青門種瓜人。舊日東陵侯。富貴固如此。營營何所求。

松柏本孤直。難爲桃李顏。昭昭嚴子陵。垂釣滄波間。身將客星隱。心與浮雲閒。長揖萬乘君。還歸富春山。清風灑六合。邈然不可攀。使我長歎息。冥棲巖石間。

天津三月時。千門桃與李。朝爲斷腸花。暮逐東流水。前水復後水。古今相續流。新人非舊人。年年橋上遊。雞鳴海色動。謁帝羅公侯。月落西上陽。餘輝半城樓。衣冠照雲日。朝下散皇州。鞍馬如飛龍。黃金絡馬頭。行人皆辟易。志氣橫嵩丘。入門上高堂。列鼎錯珍羞。香風引趙舞。清管隨齊謳。七十紫鴛鴦。雙雙戲庭幽。行樂爭晝夜。自言度千秋。功成身不退。自古多愆尤。黃犬空歎息。綠珠成釁讎。何如鴟夷子。散髮棹扁舟。

長干行

妾髮初覆額。折花門前劇。郎騎竹馬來。遶牀弄青梅。同居長干里。兩小無嫌猜。十四爲君婦、羞顏未嘗開。低頭向暗壁。千喚不一回。十五始展眉。願同塵與灰。常存抱柱信。豈上望夫臺。十六君遠行。瞿塘灩澦堆。五月不可觸。猿聲天上哀。門前送行跡。一一生綠苔。苔深不能埽。落葉秋風早。八月蝴蝶黃。雙飛西園草。感此傷妾心。坐愁紅顏老。早晚下三巴。預將書報家。相迎不道遠。直至長風沙。

妾薄命

漢帝寵阿嬌。貯之黃金屋。咳唾落九天。隨風生珠玉。寵極愛還歇。妒深情卻疏。長門一步地。不肯暫迴車。雨落不上天。水覆難再收。君情與妾意。各自東西流。昔日芙蓉花。今成斷根草。以色事他人。能得幾時好。

春思

燕草如碧絲。秦桑低綠枝。當君懷歸日。是妾斷腸時。春風不相識。何事入羅幃。

月下獨酌

花間一壺酒。獨酌無相親。舉杯邀明月。對影成三人。月既不解飲。影徒隨我身。暫伴月將影。行樂須及春。我歌月裴回。我舞影零亂。醒時同交歡。醉後各分散。永結無情遊。相期邈雲漢。

春日醉起言志

處世若大夢。胡爲勞其生。所以終日醉。頹然臥前楹。覺來盼庭前。一鳥花間鳴。借問此何時。

春風語流鶯。感之欲歎息。對酒還自傾。浩歌待明月。曲盡已忘情。

望終南山寄紫閣隱者

出門見南山。引領意無限。秀色難爲名。蒼翠日在眼。有時白雲起。天際自舒卷。心中與之然。託興每不淺。何當造幽人。滅跡棲絕巘。

下終南山過斛斯山人宿置酒

暮從碧山下。山月隨人歸。卻顧所來徑。蒼蒼橫翠微。相攜及田家。童稚開荊扉。綠竹入幽徑。青蘿拂行衣。歡言得所憩。美酒聊共揮。長歌吟松風。曲盡河星稀。我醉君復樂。陶然共忘機。

尋陽紫極宮感秋作

何處聞秋聲。翛翛北窗竹。迴薄萬古心。攬之不盈掬。靜坐觀眾妙。浩然媚幽獨。白雲南山來。就我檐下宿。懶從唐生決。羞訪季主卜。四十九年非。一往不可復。野情轉蕭散。世道有翻覆。陶令歸去來。田家酒應熟。

贈何七判官昌浩

有時忽惆悵。匡坐至夜分。平明空嘯咤。思欲解世紛。心隨長風去。吹散萬里雲。羞作濟南生。九十誦古文。不然拂劍起。沙漠收奇勳。老死阡陌間。何因揚清芬。夫子今管樂。英才冠三軍。終與同出處。豈將沮溺羣。

蜀道難

噫吁戲危乎高哉。蜀道之難難於上青天。蠶叢及魚鳧。開國何茫然。爾來四萬八千歲。不與秦塞通人煙。西當太白有鳥道。可以橫絕峨眉巔。地崩山摧壯士死。然後天梯石棧相鉤連。上有六龍迴日之高標。下有衝波逆折之迴川。黃鶴之飛尚不得過。猿猱欲度愁攀緣。青泥何盤盤。百步九折縈巖巒。捫參歷井仰脅息。以手撫膺坐長歎。問君西遊何時還。畏途巉巖不可攀。但見悲鳥號古木。雄飛從雌繞林間。又聞子規啼夜月。愁空山。蜀道之難難於上青天。使人聽此凋朱顏。連峰去天不盈尺。枯松倒挂倚絕壁。飛湍瀑流爭喧豗。砯崖轉石萬壑雷。其險也如此。嗟爾遠道之人胡爲乎來哉。劍閣崢嶸而崔嵬。一夫當關。萬夫莫開。所守或非親。化爲狼與豺。朝避猛虎。夕避長蛇。磨牙吮血。殺人如麻。錦城雖云樂。不如早還家。蜀道之難難於上青天。側身西望長咨嗟。

戰城南

去年戰桑乾源。今年戰葱河道。洗兵條支海上波。放馬天山雪中草。萬里長征戰。三軍盡衰老。匈奴以殺戮爲耕作。古來惟見白骨黃沙田。秦家築城避胡處。漢家還有烽火然。烽火然不息。征戰無已時。野戰格鬬死。敗馬嘶鳴向天悲。烏鳶啄人腸。銜飛上挂枯樹枝。士卒塗草莽。將軍空爾爲。乃知兵者是凶器。聖人不得已而用之。

箜篌謠

攀天莫登龍走山莫騎虎貴賤結交心不移唯有嚴陵及光武周公稱大聖管蔡寧相容漢謠一斗粟不與淮南舂兄弟尙路人吾心安所從他人方寸間山海幾千重輕言託朋友對面九嶷峯多花必早落桃李不如松管鮑久已死何人繼其蹤

日頭吟

錦水東流碧波蕩雙鴛鴦雄巢漢宮樹雌弄秦草芳相如去蜀謁武帝赤車駟馬生輝光一朝再覽大人作萬乘忽欲淩雲翔聞道阿嬌失恩寵千金買賦要君王相如不憶貧賤日官高金多聘私室茂陵姝子皆求見文君歎愛從此畢淚如雙泉水行墮紫羅襟五起雞三唱淸晨白頭吟長吁不整綠雲鬢仰訴靑天哀怨深城崩杞梁妻誰道土無心東流不作西歸水落花辭枝羞故林頭上玉燕釵是妾嫁時物贈君表相思羅袖幸時拂莫卷龍鬚席從他生網絲且留琥珀枕還有夢來時鸕鷀裘在錦屏上自君一挂無由披妾有秦樓鏡照心勝照井願持照新人雙對可憐影覆水卻收不滿杯相如還謝文君回古來得意不相負祇今唯有靑陵臺

烏夜啼

黃雲城邊烏欲棲歸飛啞啞枝上啼機中織錦秦川女碧紗如煙隔窗語停梭悵然憶遠人

獨宿空房淚如雨。

將進酒

君不見黃河之水天上來。奔流倒海不復回。君不見高堂明鏡悲白髮。朝如青絲暮成雪。人生得意須盡歡。莫使金樽空對月。天生我材必有用。千金散盡還復來。烹羊宰牛且爲樂。會須一飲三百杯。岑夫子。丹邱生。進酒君莫停。與君歌一曲。請君爲我傾耳聽。鐘鼓饌玉不足貴。但願長醉不用醒。古來聖賢皆寂寞。唯有飲者留其名。陳王昔時宴平樂。斗酒十千恣歡謔。主人何爲言少錢。徑須沽酒對君酌。五花馬。千金裘。呼兒將出換美酒。與爾同銷萬古愁。

行路難三首

金罇清酒斗十千。玉盤珍羞直萬錢。停杯投筯不能食。拔劍四顧心茫然。欲渡黃河冰塞川。將登太行雪暗天。(一作滿山)閑來垂釣坐(一作碧)溪上。忽復乘舟夢日邊。行路難。行路難。多歧路。今安在。長風破浪會有時。直挂雲帆濟滄海。

大道如青天。我獨不得出。羞逐長安社中兒。赤雞白狗(一作雉)賭梨栗。彈劍作歌奏苦聲。曳裾王門不稱情。淮陰市井笑韓信。漢朝公卿忌賈生。君不見昔時燕家重郭隗。擁篲折節無嫌猜。劇辛樂毅感恩分。輸肝剖膽效英才。昭王白骨縈蔓草。誰人更埽黃金臺。行路難。歸去來。

有耳莫洗潁川水。有口莫食首陽蕨。含光混世貴無名。何用孤高比雲月。吾觀自古賢達人。

功成不退皆殞身。子胥既棄吳江上。屈原終投湘水濱。陸機雄才豈自保。李斯稅駕苦不早。華亭鶴唳詎可聞。上蔡蒼鷹何足道。君不見吳中張翰稱達生。秋風忽憶江東行。且樂生前一杯酒。何須身後千載名。

江上吟

木蘭之枻沙棠舟。玉簫金管坐兩頭。美酒尊中置千斛。載妓隨波任去留。仙人有待乘黃鶴。海客無心隨白鷗。屈平詞賦懸日月。楚王臺榭空山丘。興酣落筆搖五嶽。詩成笑傲凌滄洲。功名富貴若長在。漢水亦應西北流。

白雲歌送劉十六還山

秦山楚山皆白雲。白雲處處常隨君。君入楚山裏。雲亦隨君渡湘水。湘水上。女蘿衣。白雲堪臥君早歸。

夢遊天姥吟留別

海客談瀛洲。煙濤微茫信難求。越人語天姥。雲霓明滅或可覩。天姥連天向天橫。勢拔五岳掩赤城。天台一萬八千丈。對此欲倒東南傾。我欲因之夢吳越。一夜飛度鏡湖月。湖月照我影。送我至剡溪。謝公宿處今尙在。淥水蕩漾清猿啼。腳著謝公屐。身登青雲梯。半壁見海日。空中聞天雞。千巖萬壑路不定。迷花倚石忽已暝。熊咆龍吟殷巖泉。慄深林兮驚層巔。雲青青兮欲雨。水澹澹兮生烟。列缺霹靂。丘巒崩摧。洞天石扇。訇然中開。青冥浩蕩不見底。日月照耀金銀臺。霓爲衣兮風爲馬。雲之君兮紛紛而來下。虎鼓瑟兮鸞廻車。仙之人兮列如麻。忽魂悸以魄動。怳驚起而長嗟。惟覺時之枕席。失向來之煙霞。世間行樂亦如此。古來萬事東流水。別君去兮何時還。且放白鹿青崖間。須行卽騎訪名山。安能摧眉折腰事權貴。使我不得開心顏。

答王十二寒夜獨酌有懷

昨夜吳中雪。子猷佳興發。萬里浮雲卷碧山。青天中道流孤月。孤月蒼浪河漢淸。北斗錯落長庚明。懷余對酒夜霜白。玉牀金井冰崢嶸。人生飄忽百年內。且須酣暢萬古情。君不能狸膏金距學鬭雞。坐令鼻息吹虹霓。君不能學哥舒。橫行青海夜帶刀。西屠石堡取紫袍。吟詩作賦北窗裏。萬言不直一杯水。世人聞此皆掉頭。有如東風射馬耳。魚目亦笑我。請與明月同。驊騮拳跼不能食。蹇驢得志鳴春風。折楊黃華合流俗。晉君聽琴枉淸角。巴人誰肯和陽春。楚地由來賤奇璞。黃金散盡交不成。白首爲儒身被輕。一談一笑失顏色。蒼蠅貝錦喧謗聲。曾參豈是殺人者。讒言三及慈母驚。與君論心握君手。榮辱於余亦何有。孔聖猶聞傷鳳麟。董龍更是何雞狗。一生傲岸苦不諧。恩疏媒勞志多乖。嚴陵高揖漢天子。何必長劍拄頤事玉階。達亦不足貴。窮亦不足悲。韓信羞將絳灌比。禰衡恥逐屠沽兒。君不見李北海。英風豪氣今何在。君不見裴尚書。土墳三尺蒿棘居。少年早欲五湖去。見此彌將鐘鼎疏。

宣州謝朓樓餞別校書叔雲

棄我去者。昨日之日不可留。亂我心者。今日之日多煩憂。長風萬里送秋雁。對此可以酣高樓。蓬萊文章建安骨。中間小謝又清發。俱懷逸興壯思飛。欲上青天覽日月。抽刀斷水水更流。舉杯消愁愁復愁。人生在世不稱意。明朝散髮弄扁舟。

贈孟浩然

吾愛孟夫子。風流天下聞。紅顏棄軒冕。白首臥松雲。醉月頻中聖。迷花不事君。高山安可仰。徒此揖清芬。

贈崔秋浦二首

吾愛崔秋浦。宛然陶令風。門前（一作裁）五楊柳。井上（一作夾）二梧桐。山鳥下廳事。簷花落酒中。懷君未忍去。惆悵意無窮。

崔令學陶令。北窗常晝眠。抱琴時弄月。取意任無弦。見客但傾酒。爲官不愛錢。東皐多種黍。勸爾早歸田。（一作東皐春事起。種黍早歸田。）

渡荊門

遠渡荊門外。來從楚國遊。山隨平野盡。江入大荒流。月下飛天鏡。雲生結海樓。仍憐故鄉水。

萬里送行舟。

送友人

青山橫北郭。白水繞東城。此地一爲別。孤蓬萬里征。浮雲遊子意。落日故人情。揮手自茲去。蕭蕭班馬鳴。

送友人入蜀

見說蠶叢路。崎嶇不易行。山從人面起。雲傍馬頭生。芳樹籠秦棧。春流繞蜀城。升沈應已定。不必問君平。

尋雍尊師隱居

羣峭碧摩天。逍遙不記年。撥雲尋古道。倚樹聽流泉。花煖青牛臥。松高白鶴眠。語來江色暮。獨自下寒煙。

夜泊牛渚懷古

牛渚西江夜。青天無片雲。登舟望秋月。空憶謝將軍。余亦能高詠。斯人不可聞。明朝挂帆去。楓葉落紛紛。

金陵二首

地擁金陵勢。城迴江水流。當時百萬戶。夾道起朱樓。亡國生春草。離宮沒古丘。空餘後湖月。

波上對瀛洲。

六代興亡國。三杯爲爾歌。苑方秦地少。山似洛陽多。古殿吳花草。深宮晉綺羅。併隨人事滅。東逝與滄波。

塞下曲二首

五月天山雪。無花只有寒。笛中聞折柳。春色未曾看。曉戰隨金鼓。宵眠抱玉鞍。願將腰下劍。直爲斬樓蘭。

駿馬似風飈。鳴鞭出渭橋。彎弓辭漢月。插羽破天驕。陣解星芒盡。營空海霧消。功成畫麟閣。獨有霍嫖姚。

登金陵鳳凰臺

鳳凰臺上鳳凰遊。鳳去臺空江自流。吳宮花草埋幽徑。晉代衣冠成古丘。三山半落青天外。二水中分白鷺洲。總爲浮雲能蔽日。長安不見使人愁

送賀監歸四明應制

久辭榮祿遂初衣。曾向長生說息機。眞訣自從茅氏得。恩波應許洞庭歸。瑤臺含露星辰滿。仙嶠浮空島嶼微。借問欲棲珠樹鶴。何年卻向帝城飛

別中都兄明府

吾兄詩酒繼陶君。試宰中都天下聞。東樓喜奉連枝會。南陌愁爲落葉分。城隅綠水明秋日。海上青山隔暮雲。取醉不辭留夜月。雁行中斷惜離羣。

玉階怨

玉階生白露。夜久侵羅襪。却下水精簾。玲瓏望秋月。

夜思

牀前明月光。疑是地上霜。舉頭望明月。低頭思故鄉。

敬亭獨坐

衆鳥高飛盡。孤雲去獨閒。相看兩不厭。只有敬亭山。

勞勞亭

天下傷心處。勞勞送客亭。春風知別苦。不遣柳條青。

下江陵

朝辭白帝彩雲間。千里江陵一日還。兩岸猿聲啼不住。輕舟已過萬重山。

舟下荆門

霜落荆門煙樹空。布帆無恙挂秋風。此行不爲鱸魚膾。自愛名山入剡中。

望天門山

天門中斷楚江開。碧水東流向北迴。兩岸青山相對出。孤帆一片日邊來。

陪族叔刑部侍郎曄及中書賈舍人至遊洞庭二首

洞庭西望楚江分。水盡南天不見雲。日落長沙秋色遠。不知何處弔湘君。

南湖秋水夜無煙。耐可乘流直上天。且就洞庭賒月色。將船買酒白雲邊。

送孟浩然之廣陵

故人西辭黃鶴樓。煙花三月下揚州。孤帆遠影碧空盡。惟見長江天際流。

巴陵贈賈舍人

賈生西望憶京華。湘浦南遷莫怨嗟。聖主恩深漢文帝。憐君不遣到長沙。

聞王昌齡左遷龍標遙有此寄

楊花落盡子規啼。聞道龍標過五溪。我寄愁心與明月。隨風直到夜郎西。

春夜雒陽聞笛

誰家玉笛暗飛聲。散入東風滿洛城。此夜曲中聞折柳。何人不起故園情。

越中懷古

越王句踐破吳歸。戰士還家盡錦衣。宮女如花滿春殿。祇今惟有鷓鴣飛。

蘇臺覽古

舊苑荒臺楊柳新。菱歌清唱不勝春。只今惟有西江月。曾照吳王宮裏人。

山中答俗人

問余何意（一作事）棲碧山。笑而不答心自閑。桃花流水窅然去。別有天地非人間。

山中與幽人對酌

兩人對酌山花開。一杯一杯復一杯。我醉欲眠卿且去。明朝有意抱琴來。

長門怨二首

天迴北斗挂西樓。金屋無人螢火流。月光欲到長門殿。別作深宮一段愁。

桂殿長愁不記春。黃金四屋起秋塵。夜懸明鏡青天上。獨照長門宮裏人。

清平調詞三首

雲想衣裳花想容。春風拂檻露華濃。若非羣玉山頭見。會向瑤臺月下逢。

一枝紅豔露凝香。雲雨巫山枉斷腸。借問漢宮誰得似。可憐飛燕倚新妝。

名花傾國兩相歡。長得君王帶笑看。解釋春風無限恨。沈香亭北倚闌干。

詩詞治要卷一

詩十五家

杜甫

唐襄陽人。字子美。居杜陵。自稱杜陵布衣。又稱少陵野老。少貧。舉進士不第。玄宗時以獻賦待制集賢院。安祿山作亂。玄宗入蜀。肅宗立。甫自鄜州走鳳翔。上謁拜右拾遺。房琯敗陳濤斜。罷相甫疏救。出爲華州司功參軍。關輔饑。輒棄官去。客秦州。流落劍南。依嚴武。武表爲檢校工部員外郎。大曆中避亂荆楚。遊衡山。寓居耒陽。一夕大醉卒。年五十九。甫博極羣書。善爲詩歌。渾涵汪洋。千態萬狀。大抵以憂國念亂弔古傷今爲本旨。世人謂之詩史。元稹爲作墓誌銘。稱詩人以來。未有如子美者。至今以爲確論。有杜工部集。

贈衛八處士

人生不相見。動如參與商。今夕復何夕。共此燈燭光。少壯能幾時。鬢髮各已蒼。訪舊半爲鬼。驚呼熱中腸。焉知二十載。重上君子堂。昔別君未婚。兒女忽成行。怡然敬父執。問我來何方。問答乃未已。兒女羅酒漿。夜雨翦春韭。新炊間黃粱。主稱會面難。一舉累十觴。十觴亦不醉。感子故意長。明日隔山岳。世事兩茫茫。

自京赴奉先縣詠懷五百字

杜陵有布衣。老大意轉拙。許身一何愚。竊比稷與契。居然成濩落。白首甘契闊。蓋棺事則已。

此志常覬豁。窮年憂黎元。歎息腸內熱。取笑同學翁。浩歌彌激烈。非無江海志。蕭灑送日月。生逢堯舜君。不忍便永訣。當今廊廟具。構廈豈云缺。葵藿傾太陽。物性固莫奪。顧惟螻蟻輩。但自求其穴。胡爲慕大鯨。輒擬偃溟渤。以茲悟生理。獨恥事干謁。兀兀遂至今。忍爲塵埃沒。終愧巢與由。未能易其節。沈飲聊自適。放歌頗愁絕。歲暮百草零。疾風高岡裂。天衢陰崢嶸。客子中夜發。霜嚴衣帶斷。指直不得結。淩晨過驪山。御榻在嵽嵲。蚩尤塞寒空。蹴踏崖谷滑。瑤池氣鬱律。羽林相摩戛。君臣留懽娛。樂動殷樛嶱。賜浴皆長纓。與宴非裋褐。彤廷所分帛。本自寒女出。鞭撻其夫家。聚斂貢城闕。聖人筐篚恩。實欲邦國活。臣如忽至理。君豈棄此物。多士盈朝廷。仁者宜戰慄。況聞內金盤。盡在衞霍室。中堂舞神仙。煙霧散玉質。煖客貂鼠裘。悲管逐清瑟。勸客駝蹄羹。霜橙壓香橘。朱門酒肉臭。路有凍死骨。榮枯咫尺異。惆悵難再述。北轅就涇渭。官渡又改轍。羣冰從西下。極目高崒兀。疑是崆峒來。恐觸天柱折。河梁幸未拆。枝撐聲窸窣。行旅相攀援。川廣不（一作且）可越。老妻寄（荊作既）異縣。十口隔風雪。誰能久不顧。庶往共饑渴。入門聞號咷。幼子飢已卒。吾寧捨一哀。里巷亦嗚咽。所愧爲人父。無食致夭折。豈知秋未登。貧窶有倉卒。生常免租稅。名不隸征伐。撫迹猶酸辛。平民固騷屑。默思失業徒。因念遠戍卒。憂端齊終南。澒洞不可掇。

述懷

去年潼關破。妻子隔絕久。今夏草木長。脫身得西走。麻鞋見天子。衣袖露兩肘。朝廷愍生還。親故傷老醜。涕淚授拾遺。流離主恩厚。柴門雖得去。未忍卽開口。寄書問三川。不知家在否。比聞同罹禍。殺戮到雞狗。山中漏茅屋。誰復依戶牖。摧頹蒼松根。地冷骨未朽。幾人全性命。盡室豈相偶。嶔岑猛虎場。鬱結迴我首。自寄一封書。今已十月後。反畏消息來。寸心亦何有。漢運初中興。生平老耽酒。沈思懽會處。恐作窮獨叟。

彭衙行

憶昔避賊初。北走經險艱。夜深彭衙道。月照白水山。盡室久徒步。逢人多厚顏。參差谷鳥吟。不見遊子還。癡女飢咬我。啼畏虎狼聞。懷中掩其口。反側聲愈嗔。小兒强解事。故索苦李餐。一旬半雷雨。泥濘相攀牽。既無禦雨備。徑滑衣又寒。有時經契闊。竟日數里間。野果充餱糧。卑枝成屋椽。早行石上水。暮宿天邊煙。少留周家窪。欲出蘆子關。故人有孫宰。高義薄曾雲。延客已曛黑。張燈啟重門。煖湯濯我足。翦紙招我魂。從此出妻孥。相視涕闌干。衆雛爛漫睡。喚起沾盤飧。誓將與夫子。永結爲弟昆。遂空所坐堂。安居奉我懽。誰肯艱難際。豁達露心肝。別來歲月周。羯胡仍搆患。何當有翅翎。飛去墮爾前。

羌村三首

崢嶸赤雲西。日脚下平地。柴門鳥雀噪。歸客千里至。妻孥怪我在。驚定還拭淚。世亂遭飄蕩。

生還偶然遂。鄰人滿牆頭。感歎亦歔欷。夜闌更秉燭。相對如夢寐。
晚歲迫偸生。還家少歡趣。嬌兒不離膝。畏我復卻去。憶昔好追涼。故繞池邊樹。蕭蕭北風勁。撫事煎百慮。賴知禾黍收。已覺糟牀注。如今足斟酌。且用慰遲暮。
羣雞正亂叫。客至雞鬭爭。驅雞上樹木。始聞扣柴荊。父老四五人。問我久遠行。手中各有攜。傾榼濁復清。苦辭酒味薄。黍地無人耕。兵革既未息。兒童盡東征。請爲父老歌。艱難媿深情。歌罷仰天歎。四座淚縱橫。

石壕吏

暮投石壕村。有吏夜捉人。老翁踰牆走。老婦出門看。（蘇潤公本作老婦出看門、）吏呼一何怒。婦啼一何苦。聽婦前致詞。三男鄴城戍。一男附書至。二男新戰死。存者且偸生。死者長已矣。室中更無人。惟有乳下孫。有孫母未去。（陳浩然本作孫有母未去、）出入無完裙。老嫗力雖衰。請從吏夜歸。急應河陽役。猶得備晨炊。夜久語聲絕。如聞泣幽咽。天明登前途。獨與老翁別。

新婚別

兔絲附蓬麻。引蔓故不長。嫁女與征夫。不如棄路旁。結髮爲妻子。席不暖君牀。暮婚晨告別。無乃太忽忙。君行雖不遠。守邊赴河陽。妾身未分明。何以拜姑嫜。父母養我時。日夜令我藏。生女有所歸。雞狗亦得將。君今往死地。沈痛迫中腸。誓欲隨君去。形勢反蒼黃。勿爲新婚念。

努力事戎行。婦人在軍中。兵氣恐不揚。自嗟貧家女。久致羅襦裳。羅襦不復施。對君洗紅妝。
仰視百鳥飛。大小必雙翔。人事多錯迕。與君永相望。

無家別

寂寞天寶後。園廬但蒿藜。我里百餘家。世亂各東西。存者無消息。死者爲（一作委）塵泥。賤子因陣敗。歸來尋舊蹊。久行見空巷。日瘦氣慘悽。但對狐與狸。豎毛怒我啼。四鄰何所有。一二老寡妻。宿鳥戀本枝。安辭且窮棲。方春獨荷鋤。日暮還灌畦。縣吏知我至。召令習鼓鞞。雖從本州役。內顧無所攜。近行止一身。遠去終轉迷。家鄉既蕩盡。遠近理亦齊。永痛長病母。五年委溝谿。生我不得力。終身兩酸嘶。人生無家別。何以爲烝黎。

佳人

絕代有佳人。幽居在空谷。自云良家子。零落依草木。關中昔喪敗。兄弟遭殺戮。官高何足論。不得收骨肉。世情惡衰歇。萬事隨轉燭。夫婿輕薄兒。新人已（一作美）如玉。合昏尚知時。鴛鴦不獨宿。但見新人笑。那聞舊人哭。在山泉水清。出山泉水濁。侍婢賣珠迴。牽蘿補茅屋。摘花不插髮。采柏動盈掬。天寒翠袖薄。日暮倚修竹。

夢李白二首

死別已吞聲。生別常惻惻。江南瘴癘地。逐客無消息。故人入我夢。明我長相憶。恐非平生魂。

路遠不可測。魂來楓葉（一作林）青。魂（一作夢）返關塞黑。君今在羅網。何以有羽翼。落月滿屋梁。猶疑照顏色。水深波浪闊。無使蛟龍得。

浮雲終日行。遊子久不至。三夜頻夢君。情親見君意。告歸常局促。苦道來不易。江湖多風波。舟楫恐失墜。出門搔白首。若（一作苦）負平生志。冠蓋滿京華。斯人獨顦顇。孰云網恢恢。將老身（一作才）反累。千秋萬歲名。寂寞身後事。

前出塞二首

磨刀嗚咽水。水赤刃傷手。欲輕腸斷聲。心緒亂已久。丈夫誓許國。憤惋復何有。功名圖麒麟。戰骨當速朽。

挽弓當挽强。用箭當用長。射人先射馬。擒賊先擒王。殺人亦有限。列（一作立）國自有疆。苟能制侵陵。豈在多殺傷。

後出塞二首

男兒生世閒。及壯當封侯。戰伐有功業。焉能守舊邱。召募赴薊門。軍動不可留。千金買馬鞭。百金裝刀頭。閭里送我行。親戚擁道周。斑白居上列。酒酣進庶羞。少年別有贈。含笑看吳鉤。

朝進東門營。暮上河陽橋。落日照大旗。馬鳴風蕭蕭。平沙列萬幕。部伍各見招。中天懸明月。令嚴夜寂寥。悲笳數聲動。壯士慘不驕。借問大將誰。恐是霍嫖姚。

寫懷二首

勞生共乾坤。何處異風俗。冉冉自趨競。行行見羈束。無貴賤不悲。無富貧亦足。萬古一骸骨。鄰家遞歌哭。鄙夫到巫峽。三歲如轉燭。全命甘留滯。忘情任榮辱。朝班及暮齒。日給還脫粟。編蓬石城東。採藥山北谷。用心霜雪閒。不必條蔓綠。非關故安排。曾是順幽獨。達士如弦直。小人似鉤曲。曲直我不知。負暄候樵牧。

夜深坐南軒。明月照我膝。驚風翻河漢。梁棟已出日。一作日已出 羣生各一宿。飛動自儔匹。吾亦驅其兒。營營為私實。一作室 天寒行旅稀。歲暮日月疾。榮名忽一云惑 中人。世亂如蟣蝨。古者三皇前。滿腹志願畢。胡為有結繩。陷此膠與漆。禍首燧人氏。厲階董狐筆。君看燈燭張。轉使飛蛾密。放神八極外。俯仰俱蕭瑟。終契如往還。一云終然契真如 得匪合仙術。一作歸匪金仙術

兵車行

車轔轔。馬蕭蕭。行人弓箭各在腰。耶孃妻子走相送。塵埃不見咸陽橋。牽衣頓足攔道哭。哭聲直上干雲霄。道傍過者問行人。行人但云點行頻。或從十五北防河。便至四十西營田。去時里正與裹頭。歸來頭白還戍邊。邊亭一作庭 流血成海水。武一作我 皇開邊意未已。君不聞漢家山東二百州。千村萬落生荊杞。縱有健婦把鋤犁。禾生隴畝無東西。況復秦兵耐苦戰。被驅不異犬與雞。長者雖有問。役夫敢申恨。且如今年冬。未休關一作隴 西卒。一云、役夫心益憤、如今縱得休、還為

隴西卒）縣官急索租。租稅從何出。信知生男惡。反是生女好。生女猶是得（一作嫁）比鄰。生男埋沒隨百草。君不見青海頭。古來白骨無人收。新鬼煩冤舊鬼哭。天陰雨溼聲（一作悲）啾啾。

醉時歌（贈廣文館博士鄭虔）

諸公袞袞登臺省。廣文先生官獨冷。甲第紛紛厭粱肉。廣文先生飯不足。先生有道出羲皇。先生有才過屈宋。德尊一代常坎軻。名垂萬古知何用。杜陵野客人更嗤。被褐短窄鬢如絲。日糴太倉五升米。時赴鄭老同襟期。得錢卽相覓。沽酒不復疑。忘形到爾汝。痛飲眞吾師。清夜沈沈動春酌。燈前細雨檐花落。（一作檐前細雨燈花落、）但覺高歌有（一作感）鬼神。焉知餓死塡溝壑。相如逸才親滌器。子雲識字終投閣。先生早賦歸去來。石田茅屋荒蒼苔。儒術於我何有哉。孔邱盜跖俱塵埃。不須聞此意慘愴。生前相遇且銜杯。

哀江頭

少陵野老吞聲哭。春日潛行曲江曲。江頭宮殿鎖千門。細柳新蒲爲誰綠。憶昔霓旌下南苑。苑中萬物生顏色。昭陽殿裏第一人。同輦隨君侍君側。輦前才人帶弓箭。白馬嚼齧黃金勒。翻身向天仰射雲。一箭（考異作笑、蔡君謨作發、）正墜雙飛翼。明眸皓齒今何在。血汙遊魂歸不得。清渭東流劍閣深。去往彼此無消息。人生有情淚沾臆。江水江花豈終極。黃昏胡騎塵滿城。欲往城南忘南北。（一云望城北）

哀王孫

長安城頭頭白烏。夜飛延秋門上呼。又向人家啄大屋。屋底達官走避胡。金鞭斷折九馬死。骨肉不待（一作得）同馳驅。腰下寶玦青珊瑚。可憐王孫泣路隅。問之不肯道姓名。但道困苦乞爲奴。已經百日竄荊棘。身上無有完肌膚。高帝子孫盡隆準。龍種自與常人殊。豺狼在邑龍在野。王孫善保千金軀。不敢長語臨交衢。且爲王孫立斯須。昨夜東（一作春）風吹血腥。東來橐駝滿舊都。朔方健兒好身手。昔何勇銳今何愚。竊聞天子已傳位。聖德北服南單于。花門剺面請雪恥。慎勿出口他人狙。哀哉王孫慎勿疏。五陵佳氣無時無。

洗兵馬

中興諸將收山東。捷書夜報清晝同。河廣傳聞一葦過。胡危命在破竹中。祇殘鄴城不日得。獨任朔方無限功。京師皆騎汗血馬。回紇餧肉葡萄宮。已喜皇威清海岱。常思仙仗過崆峒。三年笛裏關山月。萬國兵前草木風。成王功大心轉小。郭相謀深（一作謀猶一作深謀）古來少。司徒清鑒懸明鏡。尚書氣與秋天杳。二三豪俊爲時出。整頓乾坤濟時了。東走無復憶鱸魚。南飛覺有安巢鳥。青春復隨冠冕入。紫禁正耐煙花繞。鶴駕通霄鳳輦備。雞鳴問寢龍樓曉。攀龍附鳳勢莫當。天下盡化爲侯王。汝等豈知蒙帝力。時來不得誇身強。關中既留蕭丞相。幕下復用張子房。張公一生江海客。身長九尺鬚眉蒼。徵起適遇風雲會。扶顛始知籌策良。青袍白馬更何有後漢今周喜再昌。寸地尺天皆入貢。奇祥異瑞爭來送。不知何國致白環。復道諸山得銀甕。隱士休歌紫芝曲。詞人解撰河清頌。田家望望惜雨乾。布穀處處催春種。淇上健兒歸莫嬾。城南思婦愁多夢。安得壯士挽天河。淨洗甲兵長不用。

乾元中寓居同谷縣作歌七首

有客有客字子美。白頭亂（一作短）髮垂過（一作兩）耳。歲拾橡栗隨狙公。天寒日暮山谷裏。中原無書（一作主）歸不得。手腳凍皴皮肉死。嗚呼一歌兮歌已哀。悲風爲我從天來。

長鑱長鑱白木柄。我生託子以爲命。黃精無苗山雪盛。短衣數挽不掩脛。此時與子空歸來。男呻女吟四壁靜。嗚呼二歌兮歌始放。鄰里爲我色惆悵。

有弟有弟在遠方。三人各瘦何人強。生別展轉不相見。胡塵暗天道路長。東飛鴐鵝後鶖鶬。安得送我置汝旁。嗚呼三歌兮歌三發。汝歸何處收兄骨。

有妹有妹在鍾離。良人早歿諸孤癡。長淮浪高蛟龍怒。十年不見來何時。扁舟欲往箭滿眼。杳杳南國多旌旗。嗚呼四歌兮歌四奏。林猿爲我嗁清晝。

四山多風溪水急。寒雨颯颯枯樹溼。黃蒿古城雲不開。白狐跳梁黃狐立。我生何爲在窮谷。中夜起坐萬感集。嗚呼五歌兮歌正長。魂招不來歸故鄉。

南有龍兮在山湫。古木巃嵸枝相樛。木葉黃落龍正蟄。蝮蛇東來水上遊。我行怪此安敢出。

拔劍欲斬且復休。嗚呼六歌兮歌思遲。溪壑爲我迴春姿。

男兒生不成名身已老。三（一作十）年飢走荒山道。長安卿相多少年。富貴應須致身早。山中儒生舊相識。但話宿昔傷懷抱。嗚呼七歌兮悄終曲。仰視皇天白日速。

百憂集行

憶年十五心尚孩。健如黃犢走復來。庭前八月梨棗熟。一日上樹能千迴。即今倏忽已五十。坐卧只多少行立。强將笑語供主人。悲見生涯百憂集。入門依舊四壁空。老妻覩我顏色同。癡兒未知父子禮。叫怒索飯啼門東。

茅屋爲秋風所破歌

八月秋高風怒號。卷我屋上三重茅。茅飛渡江灑江郊。高者挂罥長林梢。下者飄轉沈塘坳。南村羣童欺我老無力。忍能對面爲盜賊。公然抱茅入竹去。脣焦口燥呼不得。歸來倚杖自歎息。俄頃風定雲墨色。秋天漠漠向昏黑。布衾多年冷似鐵。驕兒惡臥踏裏裂。牀牀屋漏無乾處。雨腳如麻未斷絕。自經喪亂少睡眠。長夜沾溼何由徹。安得廣廈千萬間。大庇天下寒士俱歡顏。風雨不動安如山。嗚呼。何時眼前突兀見此屋。吾廬獨破受凍死亦足。

短歌行 贈王郎司直

王郎酒酣拔劍斫地歌莫哀。我能拔爾抑塞磊落之奇才。豫章翻風白日動。鯨魚跋浪滄溟開。且脫佩劍休徘徊。西得諸侯棹錦水。欲向何門趿珠履。仲宣樓頭春色深。青眼高歌望吾子。眼中之人吾老矣。

丹青引 贈曹將軍霸

將軍魏武之子孫。於今爲庶爲清門。英雄割據雖（一作皆）已矣。文彩風流猶（荆作今）尙存。學書初學衞夫人。但恨無過王右軍。丹青不知老將至。富貴於我如浮雲。開元之中嘗引見。承恩數上南薰殿。凌煙功臣少顏色。將軍下筆開生面。良相頭上進賢冠。猛將腰間大羽箭。褒公鄂公毛髮動。英姿颯爽來酣戰。先帝天馬玉花驄。畫工如山貌不同。是日牽來赤墀下。迥立閶闔生長風。詔謂將軍拂絹素。意匠慘澹經營中。斯須九重眞龍出。一洗萬古凡馬空。玉花卻在御榻上。榻上庭前屹相向。至尊含笑催賜金。圉人太僕皆惆悵。弟子韓幹早入室。亦能畫馬窮殊相。幹惟畫肉不畫骨。忍使驊騮氣凋喪。將軍畫善蓋有神。必（一作偶）逢佳士亦寫眞。即今飄泊干戈際。屢貌尋常行路人。途窮反遭俗眼白。世上未有如公貧。但看古來盛名下。終日坎壈纏其身。

古柏行

孔明廟前有老柏。柯如青銅根如石。霜皮溜雨四十圍。黛色參天二千尺。君臣已與時際會。樹木猶爲人愛惜。雲來氣接巫峽長。月出寒通雪山白。憶昨路遶錦亭東。先主武侯同閟宮。

崔嵬枝榦郊原古。窈窕丹青戶牖空。落落盤踞雖得地。冥冥孤高多烈風。扶持自是神明力。正直原因造化功。大廈如傾要梁棟。萬牛迴首邱山重。不露文章世已驚。未辭翦伐誰能送。苦心豈免容螻蟻。香葉終經宿鸞鳳。志士幽人莫怨嗟。古來材大難爲用。

房兵曹胡馬

胡馬大宛名。鋒稜瘦骨成。竹批雙耳峻。風入四蹄輕。所向無空闊。直堪託死生。驍騰有如此。萬里可橫行。

春日憶李白

白也詩無敵。飄然思不羣。清新庾開府。俊逸鮑參軍。渭北春天樹。江東日暮雲。何時一樽酒。重與細論文。

重過何氏

落日平臺上。春風啜茗時。石欄斜點筆。桐葉坐題詩。翡翠鳴衣桁。蜻蜓立釣絲。自今幽興熟。來往亦無期。

月夜

今夜鄜州月。閨中祇獨看。遙憐小兒女。未解憶長安。香霧雲鬟溼。清輝玉臂寒。何時倚（一作當）虛幌。雙照淚痕乾。

春望

國破山河在。城春一作荒草木深。感時花濺淚。恨別鳥驚心。烽火連三月。家書抵萬金。白頭搔更短。渾欲不勝簪。

月夜憶舍弟

戍鼓斷人行。邊秋一作秋邊一雁聲。露從今夜白。月是故鄉明。有弟皆分散。無家問死生。寄書長不達。況乃未休兵。

天末懷李白

涼風起天末。君子意如何。鴻雁幾時到。江湖秋水多。文章憎命達。魑魅喜人過。應共冤魂語。投詩贈汨羅。

遣意二首

囀枝黃鳥近。泛渚白鷗輕。一逕野花落。孤村春水生。衰年催釀黍。細雨更移橙。漸喜交遊絕。幽居不用名。

檐影微微落。津流脈脈斜。野船明細火。宿鷺起舊作雁聚圓沙。雲掩初弦月。香傳小樹花。鄰人有美酒。稚子夜能賒。

江亭

坦腹江亭暖。長吟野望時。水流心不競。雲在意俱遲。寂寂春將晚。欣欣物自私。江東猶苦戰。回首一顰眉。（錢本作故林歸未得、排悶強裁詩。）

旅夜書懷

細草微風岸。危檣獨夜舟。星垂平野闊。月湧大江流。名豈文章著。官應老病休。飄零（一作飄飄）何所似。天地一沙鷗。

秋野

易識浮生理。難教一物違。水深魚極樂。林茂鳥知歸。衰老甘貧病。榮華有是非。秋風吹几杖。不厭北山薇。

登岳陽樓

昔聞洞庭水。今上岳陽樓。吳楚東南坼。乾坤日夜浮。親朋無一字。老病有孤舟。戎馬關山北。憑軒涕泗流。

題張氏隱居

春山無伴獨相求。伐木丁丁山更幽。澗道餘寒歷冰雪。石門斜日到林邱。不貪夜識金銀氣。遠害朝看麋鹿遊。乘興杳然迷出處。對君疑是泛虛舟。

曲江二首

一片花飛減卻春。風飄萬點正愁人。且看欲盡花經眼。莫厭傷多酒入脣。江上小堂巢翡翠。苑邊高冢臥麒麟。細推物理須行樂。何事浮榮絆此身。

朝回日日典春衣。每日（浦云、恐向字之訛、）江頭盡醉歸。酒債尋常行處有。人生七十古來稀。穿花蛺蝶深深見。（一作舞）點水蜻蜓款款飛。傳語風光共流轉。暫時相賞莫相違。

蜀相

蜀相（一作丞相）祠堂何處尋。錦官城外柏森森。映階碧草自春色。隔葉黃鸝空好音。三顧頻煩天下計。兩朝開濟老臣心。出師未捷身先死。長使英雄淚滿襟。

江村

清江一曲抱村流。長夏江村事事幽。自去自來堂上燕。相親相近水中鷗。老妻畫紙爲棋局。稚子敲鍼作釣鉤。多病所須惟藥物。微軀此外更何求。

恨別

洛城一別四千里。（四一作三）胡騎長驅五六年。（一作六七）草木變衰行劍外。兵戈阻絕老江邊。思家步月淸宵立。憶弟看雲白日眠。聞道河陽近乘勝。司徒急爲破幽燕。

南隣

錦里先生烏角巾。園收芋栗未全貧。慣看賓客兒童喜。得食階除鳥雀馴。秋水纔深四五尺。

野航恰受兩三人白沙翠竹江村暮相送柴門月色新。

客至（公自注、喜崔明府相過、）

舍南舍北皆春水但見羣鷗日日來。花徑不曾緣客埽。蓬門今始爲君開。盤飱市遠無兼味。樽酒家貧只舊醅。肯與鄰翁相對飲。隔籬呼取盡餘杯。

聞官軍收河南河北

劍外忽傳收冀（一作薊）北。初聞涕淚滿衣裳。卻看妻子愁何在。漫卷詩書喜欲狂。白首（一作日）放歌須縱酒青春作伴好還鄉。卽從巴峽穿巫峽。便下襄陽向洛陽。（公自注、余田園在東京、）

登樓

花近高樓傷客心。萬方多難此登臨。錦江春色來天地。玉壘浮雲變古今。北極朝廷終不改。西山寇盜莫相侵。可憐後主還祠廟。日暮聊爲梁甫吟。

宿府

清秋幕府井梧寒。獨宿江城蠟炬殘。永夜角聲悲自語。中天月色好誰看。風塵荏苒音書絕。關塞蕭條行路難。已忍伶俜十年事。强移棲息一枝安。

詠懷古跡五首

支離東北風塵際。漂泊西南天地閒。三峽樓臺淹日月。五溪衣服共雲山。羯胡事主終無賴。

詞客哀時且未還。庾信生平最蕭瑟。暮年詩賦動江關。

搖落深知宋玉悲。風流儒雅亦吾師。悵望千秋一灑淚。蕭條異代不同時。江山故宅空文藻。雲雨荒臺豈夢思。最是楚宮俱泯滅。舟人指點到今疑。

羣山萬壑赴荊門。生長明妃尚有村。一去紫臺連朔漠。獨留青冢向黃昏。畫圖省識春風面。環珮空歸夜月魂。千載琵琶作胡語。分明怨恨曲中論。

蜀主窺吳幸三峽。崩年亦在永安宮。翠華想像空山裏。玉殿虛無野寺中。古廟杉松巢水鶴。歲時伏臘走村翁。武侯祠屋長鄰近。一體君臣祭祀同。

諸葛大名垂宇宙。宗臣遺像肅清高。三分割據紆籌策。萬古雲霄一羽毛。伯仲之閒見伊呂。指揮若定失蕭曹。運移漢祚終難復。志決身殲軍務勞。

小寒食舟中作

佳辰強飲(一作飯)食猶寒。隱几蕭條戴鶡冠。春水船如天上坐。老年花似霧中看。娟娟戲蝶過閒幔。片片輕鷗下急湍。雲白山青萬餘里。愁看直(一作西)北是長安。

歸雁

春來萬里客。亂定幾年歸。腸斷江城雁。高高向北飛。

八陣圖

功蓋三分國名成一作高八陣圖江流石不轉遺恨失吞吳

絕句漫興

腸斷江春欲盡頭杖藜徐步立芳洲顛狂柳絮隨風去輕薄桃花逐水流

江畔獨步尋花

江深竹靜兩三家多事紅花映白花報答春光知有處應須美酒送生涯

贈花卿

錦城絲管日紛紛半入江風半入雲此曲祇應天上有人間能得幾回聞

承聞河北諸道節度入朝歡喜口號絕句

英雄見事若通神聖哲爲心小一身燕趙休矜出佳麗宮闈不擬選才人

江南逢李龜年

岐王宅裏尋常見崔九堂前幾度聞正是江南好風景落花時節又逢君

詩詞治要卷一　　國學治要六

詩十五家

白居易　唐下邽人。字樂天。貞元中進士。拔萃。元和初入翰林爲學士。遷左拾遺。奏凡十餘上。後對殿中論執強鯁。罷拜左贊善大夫。出爲江州司馬。累遷杭蘇二州刺史。文宗立。遷刑部侍郎。二李黨事興。居易恥緣黨人斥。乃移病。分司東都。以太子少傅進馮翊侯。會昌初以刑部尚書致仕。與香山僧如滿結香火社。自稱香山居士。卒年七十五。諡文。居易文章精切。尤工詩。其詠歎時事。多存諷刺。與杜甫相似。惟措辭平易。老嫗都解。世稱雞林行賈售其國相。率篇易一金。間有僞作者。亦能辨之。初與元稹倡和。號元白。又與劉禹錫齊名。號劉白。然其後張爲作詩人主客圖。獨推居易爲廣大敎化主。元劉皆在堂室之列。後世者以張氏爲知言。著有白氏長慶集。

秦中吟十首　錄六首

貞元元和之際。予在長安。聞見之間。有足悲者。因直歌其事。命爲秦中吟。

重賦

厚地植桑麻。所要濟生民。生民理布帛。所求活一身。身外充征賦。上以奉君親。國家定兩稅。本意在憂人。厥初防其淫。明敕內外臣。稅外加一物。皆以枉法論。奈何歲月久。貪吏得因循。浚我以求寵。斂索無冬春。織絹未成疋。繰絲未盈斤。里胥迫我納。不許暫逡巡。歲暮天地閉。

陰風生破村。夜深煙火盡。霰雪白紛紛。幼者形不蔽。老者體無溫。悲端與寒氣。併入鼻中辛。昨日輸殘稅。因窺官庫門。繒帛如山積。絲絮如雲屯。號為羨餘物。隨月獻至尊。奪我身上煖。買爾眼前恩。進入瓊林庫。歲久化為塵。

傷宅

誰家起甲第。朱門大道邊。豐屋中櫛比。高牆外迴環。纍纍六七堂。簷宇相連延。一堂費百萬。鬱鬱起青煙。洞房溫且清。寒暑不能干。高亭虛且迴。坐臥見南山。繞廊紫藤架。夾砌紅藥闌。攀枝摘櫻桃。帶花移牡丹。主人此中坐。十載為大官。廚有臭敗肉。庫有貫朽錢。誰能將我語。問爾骨肉間。豈無窮賤者。忍不救飢寒。如何奉一身。直欲保千年。不見馬家宅。今作奉誠園。

傷友

陋巷孤寒士。出門苦栖栖。雖云志氣在。豈免顏色低。平生同門友。通籍在金閨。曩者膠漆契。邇來雲雨睽。正逢下朝歸。軒騎五門西。是時天久陰。三日雨淒淒。蹇驢避路立。肥馬當風嘶。迴頭忘相識。占道上沙隄。昔年洛陽社。貧賤相提攜。今日長安道。對面隔雲泥。近日多如此。非君獨慘悽。死生不變者。惟聞任與黎。

輕肥

意氣驕滿路。鞍馬光照塵。借問何為者。人稱是內臣。朱紱皆大夫。紫綬或將軍。誇赴軍中宴。

走馬去如雲。罇罍溢九醞。水陸羅八珍。果擘洞庭橘。膾切天池鱗。食飽心自若。酒酣氣益振。
是歲江南旱。衢州人食人。

歌舞

秦中歲云暮。大雪滿皇州。雪中退朝者。朱紫盡公侯。貴有風雲興。富無飢寒憂。所營惟第宅。
所務在追遊。朱輪車馬客。紅燭歌舞樓。歡酣促密坐。醉煖脫重裘。秋官爲主人。廷尉居上頭。
日中一爲樂。夜半不能休。豈知閿鄉獄。中有凍死囚。

買花

帝城春欲暮。喧喧車馬度。共道牡丹時。相隨買花去。貴賤無常價。酬值看花數。灼灼百朵紅。
戔戔五束素。上張幄幕庇。旁織笆籬護。水灑復泥封。移來色如故。家家習爲俗。人人迷不悟。
有一田舍翁。偶來買花處。低頭獨長歎。此歎無人諭。一叢深色花。十戶中人賦。

燕詩示劉叟

叟有愛子背叟逃去。叟甚悲念之。叟少年時亦嘗如是故作燕詩以諭之。

梁上有雙燕。翩翩雄與雌。銜泥兩椽間。一巢生四兒。四兒日夜長。索食聲孜孜。青蟲不易捕。
黃口無飽期。觜爪雖欲弊。心力不知疲。須臾十來往。猶恐巢中飢。辛勤三十日。母瘦雛漸肥。
喃喃教言語。一一刷毛衣。一旦羽翼成。引上庭樹枝。舉翅不回顧。隨風四散飛。雌雄空中鳴。

聲盡呼不歸。卻入空巢裏。啁啾終夜悲。燕燕爾勿悲。爾當反自思。思爾爲雛日。高飛背母時。當時父母念。今日爾應知。

放魚

曉日提竹籃。家童買春蔬。青青芹蕨下。疊臥雙白魚。無聲但呀呀。以氣相煦濡。傾籃寫地上。撥剌長尺餘。豈惟刀机憂。坐見螻蟻圖。脫泉雖已久。得水猶可蘇。放之小池中。且用救乾枯。水小池窄狹。動尾觸四隅。一時幸苟活。久遠將何如。憐其不得所。移放於南湖。南湖連西江。好去勿踟躕。施恩卽望報。吾非斯人徒。不須泥沙底。辛苦覓明珠。

觀刈麥　自注。時爲盩厔縣尉。

田家少閒月。五月人倍忙。夜來南風起。小麥覆隴黃。婦姑荷簞食。童稚攜壺漿。相隨餉田去。丁壯在南岡。足蒸暑土氣。背灼炎天光。力盡不知熱。但惜夏日長。復有貧婦人。抱子在其傍。右手秉遺穗。左臂懸敝筐。聽其相顧言。聞者爲悲傷。家田輸稅盡。拾此充飢腸。今吾何功德。曾不事農桑。吏祿三百石。歲宴有餘糧。念此私自媿。盡日不能忘。

翫止水

動者樂流水。靜者樂止水。利物不如流。鑒形不如止。淒清早霜降。淅瀝微風起。中面紅葉開。四隅綠萍委。廣狹八九丈。灣環有涯涘。淺深三四尺。洞徹無表裏。淨分鶴翹足。澄見魚掉尾。

迎眸洗眼塵。隔胸蕩心滓。定將禪不別。明與誠相似。清能律貪夫。澹可交君子。豈唯空狎翫。
亦取相倫擬。欲識靜者心。心源只如此。

池上篇

都城風土水木之勝。在東南偏。東南之勝。在履道里。里之勝在西北隅。西閈北垣第一第。卽白氏叟樂天退老之地。地方十七畝。屋室三之一。水五之一。竹九之一。而島樹橋道閒之。初樂天既爲主。喜且曰。雖有臺無粟不能守也。乃作池東粟廩。又曰雖有子弟。無書不能訓也。乃作池北書庫。又曰。雖有賓朋。無琴酒不能娛也。乃作池西琴亭。加石樽焉。樂天罷杭州刺史時。得天竺石一。華亭鶴二以歸。始作西平橋。開環池路。罷蘇州刺史時。得太湖石白蓮折腰菱青板舫以歸。又作中高橋。通三島逕。罷刑部侍郎時。有粟千斛。書一車。洎臧獲之習筦磬絃歌者指百以歸。先是潁川陳孝山與釀法酒。味甚佳。博陵崔晦叔與琴。韻甚清。蜀客姜發授秋思。聲甚淡。弘農楊貞一與青石三。方長平滑。可以坐臥。太和三年夏。樂天始得請爲太子賓客。分秩於洛下。息躬於池上。凡三任所得。四人所與。洎吾不才身。今率爲池中物矣。每至池風春。池月秋。水香蓮開之旦。露清鶴唳之夕。拂楊石。舉陳酒。援崔琴。彈姜秋思。頹然自適。不知其他。酒酣琴罷。又命樂童登中島亭。合奏霓裳散序。聲隨風飄。或凝或散。悠揚於竹煙波月之際者久之。曲未竟。而樂天陶然已醉。睡於石上矣。睡起偶詠。非詩非賦。阿龜握筆。因題石間。視其粗成韻章。命爲池上篇云爾。

十畝之宅。五畝之園。有水一池。有竹千竿。勿謂土狹。勿謂地偏。足以容膝。足以息肩。有堂有亭。有橋有船。有書有酒。有歌有絃。有叟在中。白鬚飄然。識分知足。外無求焉。如鳥擇木。姑務巢安。如龜居坎。不知海寬。靈鶴怪石。紫菱白蓮。皆吾所好。盡在吾前。時飲一杯。或吟一篇。妻孥熙熙。雞犬閒閒。優哉游哉。吾將終老乎其間。

新樂府五十首　錄十五首

序曰。凡九千二百五十二言。斷爲五十篇。篇無定句。句無定字。繫於意。不繫於文。首句標其目。卒章顯其志。詩三百之義也。其辭質而徑。欲見之者易諭也。其言直而切。欲聞之者深誡也。其事覈而實。使采之者傳信也。其體順而律。可以播於樂章歌曲也。總而言之。爲君爲臣爲民爲物爲事而作。不爲文而作也。

海漫漫　戒求仙也。

海漫漫。直下無底旁無邊。雲濤煙浪最深處。人傳中有三神山。山上多生不死藥。服之羽化爲天仙。秦皇漢武信此語。方士年年采藥去。蓬萊今古但聞名。煙水茫茫無覓處。海漫漫。風浩浩。眼穿不見蓬萊島。不見蓬萊不敢歸。童男丱女舟中老。徐福文成多誑誕。上元太一虛祈禱。君看驪山頂上茂陵頭。畢竟悲風吹蔓草。何況玄元聖祖五千言。不言藥。不言仙。不言白日昇青天。

上陽白髮人　愍怨曠也。

上陽人。紅顏暗老白髮新。綠衣監使守宮門。一閉上陽多少春。玄宗末歲初選入。入時十六今六十。同時採擇百餘人。零落年深殘此身。憶昔吞悲別親族。扶入車中不敎哭。皆云入內便承恩。臉似芙蓉胸似玉。未容君王得見面。已被楊妃遙側目。妬令潛配上陽宮。一生遂向空房宿。秋夜長。夜長無寐天不明。耿耿殘燈背壁影。蕭蕭暗雨打窗聲。春日遲。日遲獨坐天難暮。宮鶯百囀愁厭聞。梁燕雙棲老休妬。鶯歸燕去長悄然。春往秋來不記年。唯向深宮望明月。東西四五百迴圓。今日宮中年最老。大家遙賜尚書號。小頭鞵履窄衣裳。青黛點眉眉細長。外人不見見應笑。天寶末年時世（一作樣）妝。上陽人。苦最多。少亦苦。老亦苦。少苦老苦兩如何。君不見昔時呂向美人賦。又不見今日上陽白髮歌。

胡旋女　戒近習也。

胡旋女。胡旋女。心應絃。手應鼓。絃鼓一聲雙袖舉。迴雪飄颻轉蓬舞。左旋右轉不知疲。千帀萬周無已時。人閒物類無可比。奔車輪緩旋風遲。曲終再拜謝天子。天子為之微啟齒。胡旋女。出康居。徒勞東來萬里餘。中原自有胡旋者。鬬妙爭能爾不如。天寶季年時欲變。臣妾人人學圓轉中有太眞外祿山二人最道能胡旋。梨花園中冊作妃。金雞障下養爲兒。祿山胡旋迷君眼。兵過黃河疑未反。貴妃胡旋惑君心。死棄馬嵬念更深。從茲地軸天維轉。五十年來制不禁。胡旋女。莫空舞。數唱此歌悟明主。

新豐折臂翁　戒邊功也。

新豐老翁八十八。頭鬢眉鬚皆似雪。玄孫扶向店前行。左（一作右）臂憑肩右（一作左）臂折。問翁臂折來幾年。兼問致折何因緣。翁云貫屬新豐縣。生逢聖代無征戰。慣聽梨園歌管聲。不識旗槍與弓箭。無何天寶大徵兵。戶有三丁點一丁。點得驅將何處去。五月萬里雲南行。聞道雲南有瀘水。椒花落時瘴煙起。大軍徒涉水如湯。未過（一作戰）十人二三死。村南村北哭聲哀。兒別耶孃夫別妻。皆云前後征蠻者。千萬人行無一回。是時翁年二十四。兵部牒中有名字。夜深不敢使人知。偸將（一作自把）大石槌折臂。張弓簸旗俱不堪。從茲始免征雲南。骨碎筋傷非不苦。且圖揀退歸鄉土。此臂折來六十年。一肢雖廢一身全。至今風雨陰寒夜。直到天明痛不眠。痛不眠。終不悔。且喜老身今獨在。不然當時瀘水頭。身死魂飛骨不收。應作雲南望鄉鬼。萬人冢上哭呦呦。老人言。君聽取。君不聞開元宰相宋開府。不賞邊功防黷武。又不聞天寶宰相楊國忠。欲求恩幸立邊功。邊功未立生民怨。請問新豐折臂翁。

道州民　美賢臣遇明主也。

道州民。多侏儒。長者不過三尺餘。市作矮奴年進奉。號爲道州任土貢。任土貢。寧若斯。不聞使人生別離。老翁哭孫母哭兒。一自陽城來守郡。不進矮奴頻詔問。城云臣按六典書。任土貢有不貢無。道州水土所生者。只有矮民無矮奴。吾君感悟璽書下。歲貢矮奴宜悉罷。道州民。老者幼者何欣欣。父兄子弟始相保。從此得作良人身。道州民。民到于今受其賜。欲說使君先下淚。仍恐兒孫忘使君。生男多以陽爲字。

縛戎人　達窮民之情也。

縛戎人。縛戎人。耳穿面破驅入秦。天子矜憐不忍殺。詔徙東南吳與越。黃衣小使錄姓名。領出長安乘遞行。身被金瘡面多瘠。扶病徒行日一驛。朝湌飢渴費杯盤。夜臥腥臊汚牀席。忽逢江水憶交河。垂手齊聲（一作唱）嗚咽歌。其中一虜語諸虜。爾苦非多我苦多。同伴行人因借問。欲說喉中氣憤憤。自云鄉管（一作貫）本涼原。大曆年中沒落蕃。一落蕃中四十載。身著皮裘繫毛帶。唯許正朝服漢儀。斂衣整巾潛淚垂。誓心密定歸鄉計。不使蕃中妻子知。暗思幸有殘筋骨。更恐年衰歸不得。蕃候嚴兵鳥不飛。脫身冒死奔逃歸。晝伏宵行經大漠。雲陰月黑風沙惡。驚藏青冢寒草疏。偷度黃河夜冰薄。忽聞漢軍鼙鼓聲。路旁走出再拜迎。游騎不聽能漢語。將軍遂縛作蕃生。配向江南卑溼地。畧無存卹空防備。念此吞聲仰訴天。若爲辛苦度殘年。涼原鄉井不得見。胡地妻兒虛棄捐。沒蕃被囚思漢土。歸漢被劫爲蕃虜。早知如此悔歸來。兩地寧如一處苦。縛戎人。戎人之中我苦辛。自古此寃應未有。漢心漢語吐蕃身。

青石　激忠烈也。

青石出自藍田山。兼車運載來長安。工人磨琢欲何用。石不能言我代言。不願作人家墓前神道碣。墳土未乾名已滅。不願作官家道旁德政碑。不鐫實錄鐫虛辭。願爲顏氏段氏碑。雕鏤太尉與太師。刻此兩片堅貞質。狀彼二人忠烈姿。義心若石屹不轉。死節名流確不移。如觀奮擊朱泚日。似見叱呵希烈時。各於其上題名諡。一置高山一沈水。陵谷雖遷碑獨存。骨化爲塵名不死。長使不忠不烈臣。觀碑改節慕爲人。慕爲人。勸事君。

西涼伎　刺封疆之臣也。

西涼伎。假面胡人假獅子。刻木爲頭絲作尾。金鍍眼睛銀帖齒。奮迅毛衣擺雙耳。如從流沙來萬里。紫髯深目兩胡兒。鼓舞跳粱前致辭。應似涼州未陷日。安西都護進來時。須臾云得新消息。安西路絕歸不得。泣向獅子涕雙垂。涼州陷沒知不知。獅子回頭向西望。哀吼一聲觀者悲。貞元邊將愛此曲。醉坐笑看看不足。享賓犒士宴三軍。獅子胡兒長在目。有一征夫年七十。見弄涼州低面泣。泣罷斂手白將軍。主憂臣辱昔所聞。自從天寶兵戈起。犬戎日夜吞西鄙。涼州陷來四十年。河隴侵將七千里。平時安西萬里疆。今日邊防在鳳翔。緣邊空屯十萬卒。飽食溫衣閒過日。遺民腸斷在涼州。將卒相看無意收。天子每思常痛惜。將軍欲說合慚羞。奈何仍看西涼伎。取笑資歡無所媿。縱無智力未能收。忍取西涼弄爲戲。

牡丹芳　美天子憂農也。

牡丹芳。牡丹芳。黃金蘂綻紅玉房。千片赤英霞爛爛。百枝絳焰燈煌煌。照地初開錦繡段。當風不結蘭麝囊。仙人琪樹白無色。王母桃花小不香。宿露輕盈汎紫豔。朝陽照耀生紅光。紅紫二色閒深淺。向背萬態隨低昂。映葉多情隱羞面。臥叢無力含醉妝。低嬌笑容疑掩口。凝思怨人如斷腸。穠姿貴彩信奇絕。雜卉亂花無比方。石竹金錢何細碎。芙蓉芍藥苦尋常。遂使王公與卿相。遊花冠蓋日相望。庳車輭轝貴公主。香衫細馬豪家郎。衞公宅靜閉東院。西明寺深開北廊。戲蝶雙舞看人久。殘鶯一聲春日長。共愁日照芳難駐。仍張帷幕垂陰涼。花開花落二十日。一城之人皆若狂。三代以還文勝質。人心重華不重實。重華直至牡丹芳。其來有漸非今日。元和天子憂農桑。恤下動天天降祥。去歲嘉禾生九穗。田中寂寞無人至。今年瑞麥分兩岐。君心獨喜無人知。無人知。可歎息。我願暫求造化力。減卻牧丹妖豔色。少迴卿士愛花心。同似吾君憂稼穡。

紅線毯　憂蠶桑之費也。

紅線毯。擇繭繰絲清水煮。揀絲練線紅藍染。染爲紅線紅於花。織作披香殿上毯。披香殿廣十丈餘。紅線織成可殿鋪。綵絲茸茸香拂拂。線輭花虛不勝物。美人蹋上歌舞來。羅韤繡鞵隨步沒。太原毯澀毳縷硬。蜀都褥薄錦花冷。不如此毯溫且柔。年年十月來宣州。宣州太守加樣織。自謂爲臣能竭力。百夫同擔進宮中。線厚絲多卷不得。宣州太守知不知。一丈毯用千兩絲。地不知寒人要煖。少奪人衣作地衣。

杜陵叟　傷農夫之困也

杜陵叟。杜陵居。歲種薄田一頃餘。三月無雨旱風起。麥苗不秀多黃死。九月降霜秋早寒。禾穗未熟皆青乾。長吏明知不申破。急斂暴徵求考課。典桑賣地納官租。明年衣食將何如。剝我身上帛。奪我口中粟。虐人害物卽豺狼。何必鉤爪鋸牙食人肉。不知何人奏皇帝。帝心惻隱知人弊。白麻紙上書德音。京畿盡放今年稅。昨日里胥方到門。手持尺牒牓鄉村。十家租稅九家畢。虛受吾君蠲免恩。

繚綾　念女工之勞也

繚綾繚綾何所似。不似羅綃與紈綺。應似天台山上月明前。四十五尺瀑布泉。中有文章又奇絕。地鋪白煙花簇雪。織者何人衣者誰。越溪寒女漢宮姬。去年中使宣口敕。天上取樣人間織。織爲雲外秋鴈行。染作江南春草色。廣裁衫袖長製裙。金斗熨波刀翦紋。異彩奇文相隱映。轉側看花花不定。昭陽舞人恩正深。春衣一對直千金。汗沾粉汙不再著。曳土蹋泥無惜心。繚綾織成費功績。莫比尋常繒與帛。絲細繰多女手疼。扎扎千聲不盈尺。昭陽殿裏歌舞人。若見織時應也惜。

賣炭翁　苦宮市也。

賣炭翁。伐薪燒炭南山中。滿面塵灰煙火色。兩鬢蒼蒼十指黑。賣炭得錢何所營。身上衣裳口中食。可憐身上衣正單。心憂炭賤願天寒。夜來城外一尺雪。曉駕炭車輾冰轍。牛困人飢日已高。市南門外泥中歇。兩騎翩翩來是誰。黃衣使者白衫兒。手把文書口稱敕。迴車叱牛牽向北。一車炭重千餘斤。宮使驅將惜不得。半匹紅紗一丈綾。繫向牛頭充炭直。

隋堤柳　憫亡國也。

隋堤柳。歲久年深盡衰朽。風飄飄兮雨蕭蕭。三株兩株汴河口。老枝病葉愁殺人。曾經大業年中春。大業年中煬天子。種柳成行夾流水。西自黃河東至淮。綠影一千三百里。大業末年春暮月。柳色如煙絮如雪。南幸江都恣佚遊。應將此樹蔭龍舟。紫髯郎將護錦纜。青蛾御史直迷樓。海內財力此時竭。舟中歌笑何日休。上荒下困勢不久。宗社之危如綴旒。煬天子。自言福祚長無窮。豈知皇子封酅公。龍舟未過彭城閣。義旗已入長安宮。蕭牆禍生人事變。晏駕不得歸秦中。土墳數尺何處葬。吳公臺下多悲風。二百年來汴河路。沙草和煙朝復暮。後王何以鑒前王。請看隋堤亡國樹。

采詩官　監前王亂亡之由也。

采詩官。采詩聽歌導人言。言者無罪聞者誡。下流上通上下泰。周滅秦興至隋氏。十代采詩官不置。郊廟登歌讚君美。樂府豔詞悅君意。若求興諭規刺言。萬句千章無一字。不是章句無規刺。漸及朝廷絕諷議。諍臣杜口爲冗員。諫鼓高懸作虛器。一人負扆常端默。百辟入門皆自媚。夕郎所賀皆德音。春官每奏唯祥瑞。君之堂兮千里遠。君之門兮九重閟。君耳唯聞堂上言。君眼不見門前事。貪吏害民無所忌。奸臣蔽君無所畏。君不見厲王胡亥之末年。羣臣有利君無利。君兮君兮願聽此。欲開壅蔽達人情。先向歌詩求諷刺。

長恨歌

漢皇重色思傾國。御宇多年求不得。楊家有女初長成。養在深閨人未識。天生麗質難自棄。一朝選在君王側。迴眸一笑百媚生。六宮粉黛無顏色。春寒賜浴華清池。溫泉水滑洗凝脂。侍兒扶起嬌無力。始是新承恩澤時。雲鬢花顏金步搖。芙蓉帳暖度春宵。春宵苦短日高起。從此君王不早朝。承歡侍宴無閒暇。春從春遊夜專夜。後宮佳麗三千人。三千寵愛在一身。金屋妝成嬌侍夜。玉樓宴罷醉和春。姊妹弟兄皆列土。可憐光彩生門戶。遂令天下父母心。不重生男重生女。驪宮高處入青雲。仙樂風飄處處聞。緩歌縵舞凝絲竹。盡日君王看不足。漁陽鞞鼓動地來。驚破霓裳羽衣曲。九重城闕煙塵生。千乘萬騎西南行。翠華搖搖行復止。西出都門百餘里。六軍不發無奈何。宛轉蛾眉馬前死。花鈿委地無人收。翠翹金雀玉搔頭。

君王掩面救不得。回看血淚相和流。黃埃散漫風蕭索。雲棧縈紆登劍閣。峨嵋山下少人行。旌旗無光日色薄。蜀江水碧蜀山青。聖主朝朝暮暮情。行宮見月傷心色。夜雨聞鈴腸斷聲。天旋日轉迴龍馭。到此躊躇不能去。馬嵬坡下泥土中。不見玉顏空死處。君臣相顧盡沾衣。東望都門信馬歸。歸來池苑皆依舊。太液芙蓉未央柳。芙蓉如面柳如眉。對此如何不淚垂。春風桃李花開日。秋雨梧桐葉落時。西宮南苑多秋草。落葉滿階紅不埽。梨園弟子白髮新。椒房阿監青娥老。夕殿螢飛思悄然。孤（一作秋）燈挑盡未成眠。遲遲鐘鼓初長夜。耿耿星河欲曙天。鴛鴦瓦冷霜華重。翡翠衾寒誰與共。悠悠生死別經年。魂魄不曾來入夢。臨邛道士鴻都客。能以精誠致魂魄。爲感君王展轉思。遂教方士殷勤覓。排空馭氣奔如電。升天入地求之遍。上窮碧落下黃泉。兩處茫茫皆不見。忽聞海上有仙山。山在虛無縹渺間。樓閣玲瓏五雲起。其中綽約多仙子。中有一人字太眞。雪膚花貌參差是。金闕西廂叩玉扃。轉教小玉報雙成。聞道漢家天子使。九華帳裏夢魂驚。攬衣推枕起徘徊。珠箔銀屏迤邐開。雲鬢半偏新睡覺。花冠不整下堂來。風吹仙袂飄颻舉。猶似霓裳羽衣舞。玉容寂寞淚闌干。梨花一枝春帶雨。含情凝涕謝君王。一別音容兩渺茫。昭陽殿裏恩愛絕。蓬萊宮中日月長。回頭下望人寰處。不見長安見塵霧。唯將舊物表深情。鈿合金釵寄將去。釵留一股合一扇。釵擘黃金合分鈿。但教心似金鈿堅。天上人間會相見。臨別殷勤重寄詞。詞中有誓兩心知。七月七日長生殿夜半無人私語時。在天願作比翼鳥。在地願爲連理枝。天長地久有時盡。此恨緜緜無盡期。

琵琶行

元和十年。予左遷九江郡司馬。明年秋。送客湓浦口。聞舟中夜彈琵琶者。聽其音錚錚然有京都聲。問其人。本長安倡女。嘗學琵琶於穆曹二善才。年長色衰。委身爲賈人婦。遂命酒。使快彈數曲。曲罷憫然。自敍少小時歡樂事。今漂淪憔悴。轉徙於江湖閒。予出官二年。恬然自安。感斯人言。是夕始覺有遷謫意。因爲長句歌以贈之。凡六百一十二言。命曰琵琶行。

潯陽江頭夜送客。楓葉荻花秋瑟瑟。主人下馬客在船。舉酒欲飲無管絃。醉不成歡慘將別。別時茫茫江浸月。忽聞水上琵琶聲。主人忘歸客不發。尋聲暗問彈者誰。琵琶聲停欲語遲。移船相近邀相見。添酒回燈重開宴。千呼萬喚始出來。猶抱琵琶半遮面。轉軸撥絃三兩聲。未成曲調先有情。絃絃掩抑聲聲思。似訴平生不得志。低眉信手續續彈。說盡心中無限事。輕攏慢撚抹復挑。初爲霓裳後六么。大絃嘈嘈如急雨。小絃切切如私語。嘈嘈切切錯雜彈。大珠小珠落玉盤。閒關鶯語花底滑。幽咽泉流水下灘。水泉冷澀絃疑絕。疑絕不通聲暫歇。別有幽情暗恨生。此時無聲勝有聲。銀瓶乍破水漿迸。鐵騎突出刀槍鳴。曲終收撥當心畫。

四絃一聲如裂帛。東船西舫悄無言。唯見江心秋月白。沈吟放撥插絃中。整頓衣裳起斂容。
自言本是京城女。家在蝦蟆陵下住。十三學得琵琶成。名屬敎坊第一部。曲罷曾敎善才伏。
妝成每被秋孃妒。五陵年少爭纏頭。一曲紅綃不知數。鈿頭銀篦擊節碎。血色羅裙翻酒汚。
今年歡笑復明年。秋月春風等閒度。弟走從軍阿姨死。暮去朝來顏色故。門前冷落鞍馬稀。
老大嫁作商人婦。商人重利輕別離。前月浮梁買茶去。去來江口守空船。遶船月明江水寒。
夜深忽夢少年事。夢啼妝淚紅闌干。我聞琵琶已歎息。又聞此語重唧唧。同是天涯淪落人。
相逢何必曾相識。我從去年辭帝京。謫居臥病潯陽城。潯陽地僻無音樂。終歲不聞絲竹聲。
住近湓江地低溼。黃蘆苦竹遶宅生。其間旦暮聞何物。杜鵑啼血猨哀鳴。春江花朝秋月夜。
往往取酒還獨傾。豈無山歌與村笛。嘔啞嘲哳難爲聽。今夜聞君琵琶語。如聽仙樂耳暫明。
莫辭更坐彈一曲。爲君翻作琵琶行。感我此言良久立。卻坐促絃絃轉急。淒淒不似向前聲。
滿座重聞皆掩泣。座中泣下誰最多。江州司馬青衫溼。

放旅雁

九江十年冬大雪。江水生冰樹枝折。百鳥無食東西飛。中有旅雁聲最飢。雪中啄草冰上宿。
翅冷騰空飛動遲。江童持網捕將去。手攜入市生賣之。我本北人今譴謫。人鳥雖殊同是客。
見此客鳥傷客人。贖汝放汝飛入雲。雁雁汝飛向何處。第一莫飛西北去。淮西有賊討未平。

百萬甲兵久屯聚。官軍賊軍相守老。食盡兵窮將及汝。健兒飢餓射汝喫。拔汝翅翎爲箭羽。

浩歌行

天長地久無終畢。昨夜今朝又明日。鬢髮蒼浪牙齒疏。不覺身年四十七。前去五十有幾年。把鏡照面心茫然。既無長繩繫白日。又無大藥駐朱顏。朱顏日漸不如故。青史功名在何處。欲留年少待富貴。富貴不來年少去。去復去兮如長河。東流赴海無迴波。賢愚貴賤同歸盡。北邙冢墓高嵯峨。古來如此非獨我。未死有酒且高歌。顏回短命伯夷餓。我今所得亦已多。功名富貴須待命。命若不來爭奈何。

雪中晏起偶詠所懷兼呈張常侍韋庶子皇甫郎中

窮陰蒼蒼雪雰雰。雪深沒脛泥埋輪。東家典錢歸礙夜。南家貰米出淩晨。我獨何者無此弊。複帳重衾暖若春。怕寒放懶不肯動。日高睡足方頻伸。缾中有酒爐有炭。甕中有飯庖有薪。奴溫婢飽身晏起。致茲快活良有因。上無皋陶伯益廊廟材。既不能匡君輔國活生民。下無巢父許由箕潁操。又不能食薇飲水自苦辛。君不見南山悠悠多白雲。又不見北闕浩浩唯紅塵。紅塵鬧熱白雲冷。好於冷熱中間安置身。三年徼倖忝洛尹。兩任優穩爲商賓。非賢非愚非智慧。不富不貴不賤貧。冉冉老去過六十。騰騰閒來經七春。不知張韋與皇甫。私喚我作何如人。

賦得古原草送別

離離原上草。一歲一枯榮。野火燒不盡。春風吹又生。遠芳侵古道。晴翠接荒城。又送王孫去。萋萋滿別情。

宴散

小宴追涼散。平橋步月回。笙歌歸院落。鐙火下樓臺。殘暑蟬催盡。新秋雁帶來。將何迎睡興。臨臥舉殘杯。

久不見韓侍郎戲題四韻贈之

近來韓閣老。疏我我心知。戶大嫌甜酒。才高笑小詩。靜吟乘月夜。閑醉曠花時。還有愁同處。春風滿鬢絲。

西樓

小郡大江邊。危樓夕照前。青蕪卑溼地。白露寂寥天。鄉國此時阻。家書何處傳。仍聞陳蔡戍。轉戰已三年。

苦熱

何以消煩暑。端居一院中。眼前無長物。牕下有清風。熱散由心靜。涼生爲室空。此時身自得。難更與人同。

欲與元八卜鄰先有是贈

平生心迹最相親。欲隱牆東不爲身。明月好同三徑夜。綠楊宜作兩家春。每因暫出猶思伴。豈得安居不擇鄰。何獨終身數相見。子孫長作隔牆人。

自河南經亂關內阻飢兄弟離散各在一方因望月有感聊書所懷寄上浮梁大兄於潛七兄烏江十五兄兼示符離及下邽弟妹

時難年荒世業空。弟兄羈旅各西東。田園寥落干戈後。骨肉流離道路中。弔影分爲千里雁。辭根散作九秋蓬。共看明月應垂淚。一夜鄉心五處同。

贈楊祕書巨源

早聞一箭取遼城。相識雖新有故情。清句三朝誰是敵。白鬚四海半爲兄。貧家薙草時時入。瘦馬尋花處處行。不用更教詩過好。折君官職是聲名。

錢塘湖春行

孤山寺北賈亭西。水面初平雲腳低。幾處早鶯爭暖樹。誰家新燕啄春泥。亂花漸欲迷人眼。淺草纔能沒馬蹄。最愛湖東行不足。綠楊陰裏白沙隄。

春題湖上

湖上春來似畫圖。亂峰圍繞水平鋪。松排山面千重翠。月點波心一顆珠。碧毯線頭抽早稻。

青蘿裙帶展新蒲。未能拋得杭州去。一半勾留是此湖。

病中多雨逢寒食

水國多陰常懶出。老夫饒病愛閒眠。三旬臥度鶯花月。一半春消風雨天。薄暮何人吹觱篥。新晴幾處縛鞦韆。綵繩芳樹長如舊。惟是年年換少年。

編集拙詩成一十五卷因題卷末戲贈元九李二十

一篇長恨有風情。十首秦吟近正聲。每被老元偸格律。苦教短李伏歌行。世間富貴應無分。身後文章合有名。莫怪氣粗言語大。新排十五卷詩成。

池畔二首

結構池西廊。疏理池東樹。此意人不知。欲爲待月處。

持刀剸密竹。竹少風來多。此意人不會。欲令池有波。

閨怨詞二首

珠箔籠寒月。紗窗背曉燈。夜來巾上淚。一半是春冰。

關山征戍遠。閨閣別離難。苦戰應顦顇。寒衣不要寬。

同李十一醉憶元九

花時同醉破春愁。醉折花枝當酒籌。忽憶故人天際去。計程今日到梁州。

邯鄲至夜思親

邯鄲驛裏逢冬至。抱膝燈前影伴身。想得家中夜深坐。還應說著遠遊人。

白雲泉

天平山上白雲泉。雲自無心水自閒。何必奔衝山下去。更添波浪向人間。

贈江客

江柳影寒新雨地。塞鴻聲急欲霜天。愁君獨向沙頭宿。水繞蘆花月滿船。

別種東坡花樹

三年留滯在江城。草樹禽魚盡有情。何處殷勤重回首。東坡桃李種新成。

詩詞治要卷一

詩十五家

蘇軾

宋眉山人。字子瞻。博通經史。嘉祐中試禮部。歐陽修擢置第二。曰吾當避此人出一頭地。簽書鳳翔府判官。召直史官。熙寧中王安石創行新法。軾上書論其不便。安石怒。使御史謝景溫論奏其過。窮治無所得。軾遂請外。通判杭州。再徙知湖州。言者摭其詩語。以爲訕謗。逮赴臺獄。欲置之死。鍛鍊久不決。以黃州團練副使安置。軾築室於東坡。自號東坡居士。移汝州。元祐中累官翰林學士。兼侍讀。以龍圖閣學士知杭州。召爲翰林承旨。歷端明殿翰林侍讀兩學士。出知惠州。紹聖中累貶瓊州別駕。赦還。建中靖國初。卒於常州。年六十六。諡文忠。軾工古文。與父洵弟轍所作。並爲大家。世稱三蘇。又工詩。才氣橫溢。不主一格。於李杜外。自闢門庭。後世論宋詩者。皆首屈一指。焉有東坡全集若干種。

夜泊牛口

日落江霧生。繫舟宿牛口。居民偶相聚。三四依古柳。負薪出深谷。見客喜且售。煮蔬爲夜飧。安識肉與酒。朔風吹茅屋。破壁見星斗。兒女自咿嚘。亦足樂且久。人生本無事。苦爲世味誘。富貴耀吾前。貧賤獨難守。誰知深山子。甘與麋鹿友。置身落蠻荒。生意不自陋。今予獨何者。汲汲强奔走。

李氏園自注。李茂貞園也。今爲王氏所有。

朝游北城東。回首見修竹。下有朱門家。破牆圍古屋。舉鞭叩其戶。幽響答空谷。入門所見夥。十步九移目。異花兼四方。野鳥喧百族。其西引溪水。活活轉牆曲。東注入深林。林深窗戶綠。水光兼竹淨。時有獨立鵠。林中百尺松。歲久蒼鱗蹙。豈惟此地少。意恐關中獨。小橋過南圃。夾道多喬木。隱如城百雉。挺若舟千斛。陰陰日光淡。黯黯秋氣蓄。盡東爲方池。野雁雜家鶩。紅梨驚合抱。映島孤雲馥。春光水溶漾。雪陣風翻撲。其北臨長溪。波聲卷平陸。北山卧可見。蒼翠間磽秃。我時來周覽。問此誰所築。云昔李將軍。負險乘衰叔。抽錢算閒口。但未榷羹粥。當時奪民田。失業安敢哭。誰家美園圃。籍沒不容贖。此亭破千家。鬱鬱城之麓。將軍竟何事。蟣蝨生刀韣。何嘗載美酒。來此駐車轂。空使後世人。聞名頸猶縮。自注。俗猶呼皇后園。蓋茂貞謂其妻也。我今官正閑。屢至因休沐。人生營居止。竟爲何人卜。何當辦一身。永與清景逐。

潁州初別子由二首

征帆挂西風。別淚滴清潁。留連知無益。惜此須臾景。我生三度別。此別尤酸冷。念子似先君。木訥剛且靜。寡辭眞吉人。介石乃機警。至今天下士。去莫如子猛。嗟我久病狂。意行無坎井。有如醉且墜。幸未傷輒醒。從今得閑暇。默坐消日永。作詩解子憂。持用日三省。

近別不改容。遠別涕霑胸。咫尺不相見。實與千里同。人生無別離。誰知恩愛重。始我來宛邱。

牽衣舞兒童。便知有此恨。留我過秋風。秋風亦已過。別恨終無窮。問我何年歸。我言歲在東。離合既循環。憂喜迭相攻。語此長太息。我生如飛蓬。多憂髮早白。不見六一翁。

過雲龍山人張天驥

郊原雨初足。風日清且好。病守亦欣然。肩輿白門道。荒田咽蛩蚓。村巷懸梨棗。下有幽人居。閉門空雀噪。西風高正厲。落葉紛可掃。孤童臥斜日。病馬放秋草。墟里通有無。垣牆任摧倒。君家本冠蓋。絲竹鬧鄰保。脫身聲利中。道德自濯澡。躬耕抱羸疾。奉養百歲老。詩書膏吻頰。菽水媚翁媼。饑寒天隨子。杞菊自擷芼。慈孝董邵南。雞狗相乳抱。吾生如寄耳。歸計失不蚤。故山豈敢忘。但恐迫華皓。從君好種秫。斗酒時自勞。

雨中過舒教授

疏疏簾外竹。瀏瀏竹間雨。牕扉靜無塵。几硯寒生霧。美人樂幽獨。有得緣無慕。坐依蒲褐禪。起聽風甌語。客來淡無有。灑掃涼冠屨。濃茗洗積昏。妙香淨無慮。歸來北堂闇。一一微螢度。此生憂患中。一餉安閒處。飛鳶悔前笑。黃犬悲晚悟。自非陶靖節。誰識此閒趣。

梵天寺見僧守詮小詩清婉可愛次韻杭州圖經云。寺在鳳凰山下。守詮詩。落日寒蟬鳴。獨歸林下寺。柴扉夜未掩。片月隨行履。惟聞犬吠聲。又入青蘿去。

但聞煙外鐘。不見煙中寺。幽人行未已。草露溼芒屨。惟應山頭月。夜夜照來去。

書焦山綸長老壁

法師住焦山。而實未嘗住。我來輒問法。法師了無語。法師非無語。不知所答故。君看頭與足。本自安冠屨。譬如長鬣人。不以長爲苦。一旦或人問。每睡安所措。歸來被上下。一夜著無處。展轉遂達晨。意欲盡鑷去。此言雖鄙淺。故自有深趣。持此問法師。法師一笑許。

石鼓歌

冬十二月歲辛丑。我初從政見魯叟。舊聞石鼓今見之。文字鬱律蛟蛇走。細觀初以指畫肚。欲讀嗟如箝在口。韓公好古生已遲。我今況又百年後。強尋偏傍推點畫。時得一二遺八九。我車既攻馬亦同。其魚維鱮貫之柳。（公自注。其詞云。我車既攻。我馬既同。又云。其魚維何。維鱮維鯉。何以貫之。維楊與柳。惟此六句可讀。餘多不可通。）古器縱橫猶識鼎。衆星錯落僅名斗。模糊半已似瘢胝。詰曲猶能辨跟肘。娟娟缺月隱雲霧。濯濯嘉禾秀稂莠。漂流百戰偶然存。獨立千載誰與友。上追軒頡相唯諾。下揖冰斯同鷇彀。憶昔周宣歌鴻雁。當時籀史變蝌蚪。厭亂人方思聖賢。中興天爲生耆耇。東征徐虜闞虓虎。北伏犬戎隨指嗾。象胥雜沓貢狼鹿。方召聯翩賜圭卣。遂因鼓鼙思將帥。豈爲考擊煩矇瞍。何人作頌比崧高。萬古斯文齊岣嶁。勳勞至大不矜伐。文武未遠猶忠厚。欲尋年歲無甲乙。豈有名字記誰某。自從周衰更七國。竟使秦人有九有。埽除詩書誦法律。投棄俎豆陳鞭杻。當年何人佐祖龍。上蔡公子牽黃狗。登山刻石頌功烈。後者無繼前無偶。皆云皇帝巡四國。烹滅彊暴救黔首。六經既已委灰塵。此鼓亦當遭擊掊。傳聞九鼎淪泗上。欲使萬夫沈水取。暴君縱欲窮人力。神物義不污秦垢。是時石鼓何處避。無乃天公令鬼守。興亡百變物自閒。富貴一朝名不朽。細思物理坐歎息。人生安得如汝壽。

石蒼舒醉墨堂

人生識字憂患始。姓名麤記可以休。何用草書誇神速。開卷惝怳令人愁。我嘗好之每自笑。君有此病何能瘳。自言其中有至樂。適意無異逍遙遊。近者作堂名醉墨。如飲美酒銷百憂。乃知柳子語不妄。病嗜土炭如珍羞。君於此藝亦云至。堆牆敗筆如山邱。興來一揮百紙盡。駿馬倏忽踏九州。我書意造本無法。點畫信手煩推求。胡爲議論獨見假。隻字片紙皆藏收。不減鍾張君自足。下方羅趙我亦優。不須臨池更苦學。完取絹素充衾裯。

送安惇秀才失解西歸

舊書不厭百回讀。熟讀深思子自知。他年名宦恐不免。今日棲遲那可追。我昔家居斷還往。著書不復窺園葵。朅來東游慕人爵。棄去舊學從兒嬉。狂謀謬算百不遂。惟有霜鬢來如期。故山松柏皆手種。行且拱矣歸何時。萬事早知皆有命。十年浪走寧非癡。與君未可較得失。臨別惟有長嗟咨。

辛丑十一月十九日既與子由別於鄭州西門之外馬上賦詩一篇寄之

不飲胡爲醉兀兀。此心已逐歸鞍發。歸人猶自念庭闈。今我何以慰寂寞。登高回首坡隴隔。惟見烏帽出復沒。苦寒念爾衣裘薄。獨騎瘦馬踏殘月。路人行歌居人樂。僮僕怪我苦悽惻。亦知人生要有別。但恐歲月去飄忽。寒燈相對記疇昔。夜雨何時聽蕭瑟。君知此意不可忘。愼勿苦愛高官職。自注。嘗有夜雨對牀之言。故云爾。

自金山放船至焦山

金山樓觀何耽耽。撞鐘擊鼓聞淮南。焦山何有有修竹。採薪汲水僧兩三。雲霾浪打人迹絕。時有沙戶祈春蠶。公自注。吳人謂水中可田者爲沙。我來金山更留宿。而此不到心懷慚。同游盡返決獨往。賦命窮薄輕江潭。淸晨無風浪自湧。中流歌嘯倚半酣。老僧下山驚客至。迎笑喜作巴人談。公自注。焦山長老中江人也。自言久客忘鄉井。只有彌勒爲同龕。困眠得就紙帳暖。飽食未厭山蔬甘。山林飢臥古亦有。無田不退寧非貪。展禽雖未三見黜。叔夜自知七不堪。行當投劾謝簪組。爲我佳處留茆庵。

臘日游孤山訪惠勤惠思二僧

天欲雪。雲滿湖。樓臺明滅山有無。水淸出石一作石出魚可數。林深無人鳥相呼。臘日不歸對妻孥。名尋道人實自娛。道人之居在何許。寶雲山前路盤紆。孤山孤絕誰肯廬。道人有道山不孤。紙窗竹屋深自暖。擁褐坐睡依團蒲。天寒路遠愁僕夫。整駕催歸及未晡。出山迴望雲木合。但見野鵠盤浮圖。茲遊淡薄歡有餘。到家悅如夢蘧蘧。作詩火急追亡逋。清景一失後難摹。

和蔡準郎中見邀遊西湖

城市不識江湖幽。如與蟪蛄語春秋。試令江湖處城市。卻似麋鹿遊汀洲。高人無心無不可。得坎且止乘流浮。公卿故舊留不得。遇所得意終年留。君不見拋官彭澤令。琴無絃。巾有酒。醉欲眠時遣客休。

朱壽昌郎中少不知母所在。刺血寫經求之五十年。去歲得之蜀中。以詩賀之

嗟君七歲知念母。憐君壯大心愈苦。羨君臨老得相逢。喜極無言淚如雨。不羨白衣作三公。不愛白日昇青天。愛君五十著綵服。兒啼卻得償當年。烹龍爲炙玉爲酒。鶴髮初生千萬壽。金馬詔書錦作囊。白藤肩輿簾蹙繡。感君離合我酸辛。此事今無古或聞。長陵朅來見大姊。仲孺豈意逢將軍。開皇苦桃空記面。建中天子終不見。西河郡守誰復識。潁谷封人羞自薦。

寓居定惠院之東。雜花滿山。有海棠一株。土人不知貴也

江城地瘴蕃草木。只有名花苦幽獨。嫣然一笑竹籬間。桃李漫山總麤俗。也知造物有深意。故遣佳人在空谷。自然富貴出天姿。不待金盤薦華屋。朱脣得酒暈生臉。翠袖卷紗紅映肉。林深霧暗曉光遲。日暖風輕春睡足。雨中有淚亦悽愴。月下無人更清淑。先生食飽無一事。

散步逍遙自捫腹。不問人家與僧舍。拄杖敲門看修竹。忽逢絕豔照衰朽。歎息無言揩病目。陋邦何處得此花。無乃好事移西蜀。寸根千里不易致。銜子飛來定鴻鵠。天涯流落俱可念。爲飲一樽歌此曲。明朝酒醒還獨來。雪落紛紛那忍觸。

月夜與客飲杏花下

杏花飛簾散餘春。明月入戶尋幽人。褰衣步月踏花影。炯如流水涵青蘋。花間置酒清香發。爭挽長條落香雪。山城酒薄不堪飲。勸君且吸杯中月。洞簫聲斷月明中。惟憂月落酒杯空。明朝卷地春風惡。但見綠葉棲殘紅。

鶴歎

園中有鶴馴可呼。我欲呼之立坐隅。鶴有難色側睨予。豈欲臆對如鵩乎。我生如寄良畸孤。三尺長脛閣瘦軀。俛啄少許便有餘。何至以身爲子娛。驅之上堂立斯須。投以餅餌視若無。戛然長鳴乃下趨。難進易退我不如。

吳中田婦歎

今年粳稻熟苦遲。庶見霜風來幾時。霜風來時雨如瀉。杷頭出菌鐮生衣。眼枯淚盡雨不盡。忍見黃穗臥青泥。茅苫一月隴上宿。天晴穫稻隨車歸。汗流肩頳載入市。價賤乞與如糠粞。賣牛納稅拆屋炊。慮淺不及明年饑。官今要錢不要米。西北萬里招羌兒。龔黃滿朝人更苦。

不如卻作河伯婦。

書晁說之考牧圖後

我昔在田間但知羊與牛。川平牛背穩。如駕百斛舟。舟行無人岸自移。我臥讀書牛不知。前有百尾羊。聽我鞭聲如鼓鼙。我鞭不妄發。視其後者而鞭之。澤中草木長。草長病牛羊。尋山跨坑谷。騰趠筋骨強。煙簑雨笠長林下。老去而今空見畫。世間馬耳射東風。悔不長作多牛翁。

送劉攽倅海陵

君不見阮嗣宗。臧否不挂口。莫誇舌在齒牙牢。是中惟可飲醇酒。讀書不用多。作詩不須工。海邊無事日日醉。夢魂不到蓬萊宮。秋風昨夜入庭樹。蓴絲未老君先去。君先去。幾時回。劉郎應白髮。桃花開不開。

薄薄酒二首

膠西先生趙明叔。家貧。好飲。不擇酒而醉。常云。薄薄酒。勝茶湯。醜醜婦。勝空房。其言雖俚。而近乎達。故推而廣之以補東州之樂府。既又以爲未也。復自和一篇。以發覽者之一噱云爾。

薄薄酒。勝茶湯。麤麤布。勝無裳。醜妻惡妾勝空房。五更待漏鞾滿霜。不如三伏日高睡足北窗涼。珠襦玉柙萬人相送歸北邙。不如懸鶉百結。獨坐負朝陽。生前富貴。死後文章。百年瞬息萬世。忙夷齊盜蹠俱亡羊不如眼前一醉。是非憂樂兩都忘

薄薄酒。飲兩鍾。麤麤布。著兩重。美惡雖異醉暖同。醜妻惡妾壽乃公。隱居求志義之從。本不計較東華塵土北窗風。百年雖長要有終。富死未必輸生窮。但恐珠玉留君容。千載不朽遭樊崇。文章自足欺盲聾。誰使一朝富貴面發紅。達人自達酒何功。世間是非憂樂本來空。

太白山下早行至橫渠鎮書崇壽院壁

馬上續殘夢。不知朝日升。亂山橫翠嶂。落月淡孤燈。奔走煩郵吏。安閒愧老僧。再遊應眷眷。聊亦記吾曾。

發廣州

朝市日已遠。此身良自如。三杯輭飽後。一枕黑甜餘。蒲澗疏鐘外。黃灣落木初。天涯未覺遠。處處各樵漁。

廣倅蕭大夫見贈復和答之

生還粗勝虞。早退不如疏。垂死初聞道。平生誤信書。風濤驚夜半。疾病送災餘。賴有蕭夫子。憂懷得少攄。

和劉道原寄張師民

仁義大捷徑。詩書一旅亭。相夸綬若若。猶誦麥青青。腐鼠何勞嚇。高鴻本自冥。顚狂不用喚。
酒盡漸須醒。

和子由澠池懷舊

人生到處知何似。應似飛鴻踏雪泥。泥上偶然留指爪。鴻飛那復計東西。老僧已死成新塔。
壞壁無由見舊題。往日崎嶇還記否。路長人困蹇驢嘶。公自注。往歲馬死於二陵。騎驢至澠池。

病中聞子由得告不赴商州

病中聞汝免來商。旅雁何時更著行。遠別不知官爵好。思歸苦覺歲年長。著書多暇眞良計。
從宦無功謾去鄉。惟有王城最堪隱。萬人如海一身藏。

次韻柳子玉過陳絕糧

如我自觀猶可厭。非君誰復肯相尋。圖書跌宕悲年老。燈火青熒語夜深。早歲便懷齊物意。
微官敢有濟時心。南行千里成何事。一聽秋濤萬鼓音。

除夜野宿常州城外

行歌野哭兩堪悲。遠火低星漸向微。病眼不眠非守歲。鄉音無伴苦思歸。重衾腳冷知霜重。
新沐頭輕感髮稀。多謝殘燈不嫌客。孤舟一夜許相依。

雪後書北臺壁

黃昏猶作雨纖纖。夜靜無風勢轉嚴。但覺衾裯如潑水。不知庭院已堆鹽。五更曉色來書幌。半夜寒聲落畫簷。試埽北臺看馬耳。未隨埋沒有雙尖。

寄題刁景純藏春塢

白首歸來種萬松。待看千尺舞霜風。年抛造物陶甄外。春在先生杖屨中。楊柳長齊低戶暗。櫻桃爛熟滴階紅。何時卻與徐元直。共訪襄陽龐德公。

初到黃州

自笑平生爲口忙。老來事業轉荒唐。長江繞郭知魚美。好竹連山覺筍香。逐客不妨員外置。詩人例作水曹郎。祇慚無補絲毫事。尙費官家壓酒囊。

姪安節遠來夜坐

心衰面改瘦崢嶸。相見惟應識舊聲。永夜思家在何處。殘年知汝遠來情。畏人默坐成癡鈍。問舊驚呼半死生。夢斷酒醒山雨絕。笑看飢鼠上燈檠。

正月二十日與潘郭二生出郊尋春忽記去年是日同至女王城作詩乃和前韻

東風未肯入東門。走馬還尋去歲村。人似秋鴻來有信。事如春夢了無痕。江城白酒三杯釅。野老蒼顏一笑溫。已約年年爲此會。故人不用賦招魂。

贈善相程傑

心傳異學不謀身。自要淸時閱搢紳。火色上騰雖有數。急流勇退豈無人。書中苦覓原非訣。醉裏微言卻近眞。我似樂天君記取。華顚賞遍洛陽春。

六月二十日夜渡海

參横斗轉欲三更。苦雨終風也解晴。雲散月明誰點綴。天容海色本澄淸。空餘魯叟乘桴意。麤識軒轅奏樂聲。九死南荒吾不恨。茲遊奇絕冠平生。

過嶺

暫著南冠不到頭。卻隨北雁與歸休。平生不作兔三窟。今古何殊貉一邱。當日無人送臨賀。至今有廟祀潮州。劍關西望七千里。乘輿眞爲玉局遊。

嘲子由

堆几盡埃簡。攻之如蠹蟲。誰知聖人意。不在古書中。

軒窗

東隣多白楊。夜作雨聲急。窗下獨無眠。秋蟲見燈入。

魚

湖上移魚子。初生不畏人。自從識鈎餌。欲見更無因。

六月二十七日望湖樓醉書二絕

放生魚鼈逐人來。無主荷花到處開。水枕能令山俯仰。風船解與月裴回。
未成小隱聊中隱。可得長閒勝暫閒。我本無家更安往。故鄉無此好湖山。

飲湖上初晴後雨

水光瀲灩晴方好。山色空濛雨亦奇。欲把西湖比西子。淡妝濃抹總相宜。

陌上花 原三首錄一首

遊九仙山。聞里中兒歌陌上花。父老云。吳越王妃每歲春必歸臨安。王以書遺妃曰。陌上花開。可緩緩歸矣。吳人用其語爲歌。含思宛轉。聽之淒然。而其詞鄙野。爲易之云。

陌上花開蝴蝶飛。江山猶是昔人非。遺民幾度垂垂老。遊女長歌緩緩歸。

單同年求德興俞氏聚遠樓詩二首

雲山煙水苦難親。野草幽花各自春。賴有高樓能聚遠。一時收拾與閒人。
無限青山散不收。雲奔浪卷入簾鉤。直將眼力爲疆界。何啻人間萬戶侯。

望雲樓

陰晴朝暮幾回新。已向虛空付此身。出本無心歸亦好。白雲還似望雲人。

披錦亭

煙紅露綠曉風香。燕舞鶯啼春日長。誰道使君貧且老。繡屏錦帳咽笙簧。

東欄梨花

梨花淡白柳深青。柳絮飛時花滿城。惆悵東欄一株雪。人生看得幾清明。

南堂

埽地燒香閉閤眠。簟紋如水帳如煙。客來夢覺知何處。挂起西窗浪接天。

題西林壁

橫看成嶺側成峯。遠近高低各不同。不識廬山眞面目。只緣身在此山中。

書李世南所畫秋景

野水參差落漲痕。疏林欹倒出霜根。扁舟一棹歸何處。家在江南黃葉村。

贈劉景文

荷盡已無擎雨蓋。菊殘猶有傲霜枝。一年好景君須記。最是橙黃橘綠時。

臂痛謁告作示四君子

公退清閑如致仕。酒餘歡適似還鄉。不妨更有安心病。臥看縈簾一炷香。

詩詞治要卷一

詩十五家

黃庭堅　宋洪州分寧人字魯直號涪翁幼警悟舉進士知太和縣哲宗立詔爲校書郎神宗實錄檢討官遷著作郎擢起居舍人紹聖初知宣州改鄂州章惇蔡卞惡之貶涪州別駕黔州安置徙戎州徽宗初起知太平州復謫宜州卒年六十一私謚文節先生庭堅文章天成與張耒晁補之秦觀俱遊蘇軾門天下稱爲四學士而庭堅尤長於詩世號蘇黃其詩得法杜甫而蒼勁奇巧自出機杼遂別開江西詩派爲後世所祖初遊灊皖山谷寺石牛洞樂其泉石之勝因自號山谷道人有山谷內外集別集詞年譜

古風二首上蘇子瞻

江梅有佳實託根桃李場桃李終不言朝露借恩光孤芳忌皎潔冰雪空自香古來和鼎實此物升廟廊歲月坐成晚烟雨青已黃得升桃李盤以遠初見嘗終然不可口擲置官道傍但使本根在棄捐果何傷

青松出澗壑十里聞風聲上有百尺絲下有千歲苓自性得久要爲人制頹齡小草有遠志相依在平生醫和不並世深根且固蔕人言可醫國何用太早計小大才則殊氣味固相似

寄裴仲謨 編

交游二十年。義等親骨肉。風雨漂我巢。公亦未有屋。寄聲來問安。足音到空谷。我家輦轂下。薪桂炊白玉。在官與影居。衣綻髮曲局。天機行日月。春事動草木。念公篤行李。野飯中道宿。驚沙卷旆旂。烏尾訛城角。騷騷家治具。夫子且歸沐。作書寄後乘。爲我遣臣僕。起居太夫人。并問相與睦。

次韻秦覯過陳無已書院觀鄙句之作

陳侯大雅姿。四壁不治第。碌碌盆盎中。見此古罍洗。薄飯不能羹。牆陰老春薺。唯有文字工。萬古抱根柢。我學少師承。坎井可窺底。何因蒙賞味。相享當牲醴。試問求志君。文章自有體。玄鑰鎖靈台。渠當爲公啓。

又答斌老次韻遣悶

百痾從中來。悟罷本非病。西風將小雨。涼入居士逕。苦竹遶蓮塘。自悅魚鳥性。紅妝倚翠蓋。不點禪心淨。

題李亮功戴嵩牛圖

韓生畫肥馬。伏仗有輝光。戴老作瘦牛。平生千頃荒。觳觫告主人。實已盡筋力。乞我一牧童。林間聽橫笛。

顏徒貧樂

衡門低首過。環堵容膝坐。四旁無給侍。百衲自經裹。論事直如絃。觀書曲肱臥。飢來或乞食。有道無不可。

晁張和答秦觀五言予亦次韻

山林與心違。日月使鬢換。儒衣相詬病。文字奉娛玩。自古非一秦。六籍蓋多難。詩書或發冢。熟念令人惋。秦君銳本學。驥子已血汗。相期驂天衢。伯樂嘗一盼。士爲欲心縛。寸勇輒尺懦。要當觀此心。日照雲霧散。扶疏萬物影。宇宙同璀璨。置規豈惟君。亦自警弛慢。

次韻吳宣義三徑懷友

佳眠未知曉。屋角聞晴哢。萬事頗忘懷。猶牽故人夢。采蘭秋蓬深。汲井短綆凍。起看冥飛鴻。乃見天宇空。甚念故人寒。誰省杼與綜。在者天一方。日月老賓送。往者不可言。古柏守翁仲。

次韻子瞻題郭熙畫秋山

黃州逐客未賜環。江南江北飽看山。玉堂臥對郭熙畫。發興已在青林間。郭熙官畫但荒遠。短紙曲折開秋晚。江村煙外雨腳明。歸雁行邊餘疊巘。坐思黃甘洞庭霜。恨身不如雁隨陽。熙今頭白有眼力。尚能弄筆映窗光。畫取江南好風日。慰此將衰鏡中髮。但熙肯畫寬作程。十日五日一水石。

送王郎

酌君以蒲城桑落之酒。泛君以湘纍秋菊之英。贈君以黟川點漆之墨。送君以陽關墮淚之聲。酒澆胸中之磊塊。菊制短世之頹齡。墨以傳千古文章之印。歌以寫一家兄弟之情。江山萬里頭將白。骨肉十年眼終靑。連牀夜語雞戒曉。書囊無底談未了。有功翰墨乃如此。何恨遠別音書少。炊沙作糜終不飽。鏤冰文字費工巧。要須心地收汗馬。孔孟行世日杲杲。有弟有弟力持家。婦能養姑供珍鮭。兒大詩書女絲麻。公但讀書煑春茶。

雙井茶送子瞻

人間風日不到處。天上玉堂森寶書。想見東坡舊居士。揮毫百斛瀉明珠。我家江南摘雲腴。落磑霏霏雪不如。爲公喚起黃州夢。獨載扁舟向五湖。

演雅

桑蠶作繭自纏裹。蛛蝥結網工遮邏。燕無居舍經始忙。蝶爲風光勾引破。老鶬銜石宿水飲。穉蜂趨衙供蜜課。鵲傳吉語安得閑。雞催晨興不敢臥。氣陵千里蠅附驥。枉過一生蟻旋磨。蝨聞湯沸尚血食。雀喜宮成自相賀。晴天振羽樂蜉蝣。空穴祝兒成蜾蠃。蛣蜣轉丸賤蘇合。飛蛾赴燭甘死禍。井邊蠹李螬苦肥。枝頭飲露蟬常餓。天螻伏隙錄人語。射工含沙須影過。訓狐啄屋眞行怪。蠨蛸報喜太多可。鸕鷀密伺魚蝦便。白鷺不禁塵土涴。絡緯何嘗省機織。布穀未應勤種播。五技鼯鼠笑鳩拙。百足馬蚿憐鼈跛。老蚌胎中珠是賊。醯雞瓮裏天幾大。

螳螂當轍恃長臂。熠燿宵行矜照火。提壺猶能勸沽酒。黃口只知貪飯顆。伯勞饒舌世不問。鸚鵡纔言便關鎖。春蛙夏蜩更嘈雜。土蚓壁蟫何碎瑣。江南野水碧於天。中有狎鷗閑似我。

戲答趙伯充勸莫學書及爲席子澤解嘲

平生飲酒不盡味。五鼎饑肉如嚼蠟。我醉欲眠便遣客。三年窺牆亦面壁。空餘小來翰墨場。松煙兔穎傍明窗。偶隨兒戲灑墨汁。衆人許在崔杜行。晚學長沙小三昧。幻出萬物眞成狂。龍蛇起陸雷破柱。自喜奇觀繞繩牀。家人罵笑寧有道。汚染黃素敗粉牆。誠不如南鄰席明府。蛛網鎖硯蝸書梁。懷中探丸起九死。才術頗似漢太倉。感君詩句喚夢覺。邯鄲初未熟黃粱。身如朝露無牢强。玩此白駒過隙光。從此永明書百卷。自公退食一爐香。

送石長卿太學秋補

長卿家亦但四壁。文君窺之介如石。胸中已無少年事。骨氣乃有老松格。漢文新覽天下圖。詔山採玉淵獻珠。再三可陳治安策。第一莫上登封書。

戲詠子舟畫兩竹兩鸜鵒

風晴日暖搖雙竹。竹間相語兩鸜鵒。鸜鵒之肉不可肴。人生不材果爲福。子舟之筆利如錐。千變萬化皆天機。未知筆下鸜鵒語。何似夢中蝴蝶飛。

次韻文潛

武昌赤壁弔周郎。寒溪西山尋漫浪。忽聞天上故人來。呼船淩江不待餉。我瞻高明少吐氣。君亦歡喜失微恙。年來鬼祟覆三豪。詞林根柢頗搖蕩。天生大材竟何用。只與千古拜圖像。張侯文章殊不病。歷險心膽元自壯。汀州鴻雁未安集。風雪牖戶當塞向。有人出手辦茲事。政可隱几窮諸妄。經行東坡眠食地。拂拭寶墨生楚愴。水清石見君所知。此是吾家祕密藏。

次韻元寶病目

道人常恨未灰心。儒士苦愛讀書眼。要須玄覽照鏡空。莫作白魚鑽蠹簡。閱人朦朧似有味。看字昏澀尤宜懶。范侯年少百夫雄。言行一一無可柬。看君眸子當瞭然。乃稱胸次常坦坦。如何有物食明月。淚睫隕珠衣袖滿。金篦刮膜會有時。湯熨取快術誠短。君不見岳頭懶瓚一生禪。鼻涕垂頤渠不管。

書磨崖碑後

春風吹船著浯溪。扶藜上讀中興碑。平生半世看墨本。摩挲石刻鬢成絲。明皇不作苞桑計。顛倒四海由祿兒。九廟不守乘輿西。萬官已作烏擇栖。撫軍監國太子事。何乃趣取大物爲。事有至難天幸爾。上皇蹰蹐還京師。內間張后色可否。外間李父頤指揮。南內淒涼幾苟活。高將軍去事尤危。臣結春陵二三策。臣甫杜鵑再拜詩。安知忠臣痛至骨。世上但賞瓊琚詞。同來野僧六七輩。亦有文士相追隨。斷崖蒼蘚對立久。凍雨爲洗前朝悲。

答明略並寄無咎

可以忘憂唯有酒。清聖濁賢皆可口。前日過君飲不多。明日解醒無五斗。古木淸陰丹井欄。夜來涼月屋頭還。論交撥置形骸外。得意相忘樽俎間。冰壺不可與夏蟲。秋月不可與俗士賞。已得樽前兩友生。更思一士濟陽城。雖無四至九卿之規畫。猶有千秋萬歲之眞榮。空名未食太倉米。今作斑衣老萊子。卿家嗣宗望爾來。不獨我聞足音喜。西風索寞葉初乾。長鋏歸來亦罷彈。窮巷蓬蒿深一尺。朱門籬陛高難攀。吾儕相逢置是事。百世之下仰高山。

寄題安福李令愛竹堂

淵明喜種菊。子猷喜種竹。託物雖自殊。心期俱不俗。千載得李侯。異世等風流。爲官恐是陶彭澤。愛竹最如王子猷。寒窗對酒聽雨雪。夏簟烹茶臥風月。小僧知令不凡材。自埽竹根培老節。富貴於我如浮雲。安可一日無此君。人言愛竹有何好。此中難爲俗人道。我於此物更不疏。一官窘束何由到。

老杜浣花谿圖引

拾遺流落錦官城。故人作尹眼爲青。碧雞坊西結茅屋。百花潭水濯冠纓。故衣未補新衣綻。空蟠胸中書萬卷。探道欲度羲皇前。論詩未覺國風遠。干戈崢嶸暗寓縣。杜陵韋曲無雞犬。老妻稚子且眼前。弟妹飄零不相見。此公樂易眞可人。園翁溪友肯卜鄰。鄰家有酒邀皆去。

得意魚鳥來相親。浣花酒船散車騎。野牆無主看桃李。宗文守家宗武扶。落日蹇驢馱醉起。願聞解鞍脫兜鍪。老儒不用千戶侯。中原未得平安報。醉裏眉攢萬國愁。生綃鋪牆粉墨落。平生忠義今寂寞。兒呼不蘇驢失腳。猶恐醒來有新作。常使詩人拜畫圖。煎膠續絃千古無。

薄薄酒二章

蘇密州爲趙明叔作薄薄酒二章。憤世疾邪。其言甚高。以予觀趙君之言。近乎知足不辱。有馬少游之餘風。故代作二章以終其意

薄酒可與忘憂。醜婦可與白頭。徐行不必駟馬。稱身不必狐裘。無禍不必受福。甘餐不必食肉。富貴於我如浮雲小者譴訶大戮辱。一身畏首復畏尾門多賓客飽僮僕。美物必甚惡。厚味生五兵。匹夫懷璧死。百鬼瞰高明。醜婦千秋萬歲同室。萬金良藥不如無疾薄酒一談一笑勝茶。萬里封侯不如還家。

薄酒終勝飲茶。醜婦不是無家。醇醪養生等刀鋸。深山大澤生龍蛇。秦時東陵千戶食。何如青門五色瓜。傳呼鼓吹擁部曲。何如春雨一池蛙。性剛太傅促和藥。何如羊裘釣煙沙。綺席象牀琱玉枕。重門夜鼓不停撾。何如一身無四壁。滿船明月臥蘆花。吾聞食人之肉。可隨以鞭朴之戮。乘人之車。可加以鈇鉞之誅。不如薄酒醉眠牛背上。醜婦自能搔背癢。

十二月十九日夜中發鄂渚曉泊漢陽親舊攜酒追送聊爲短句

接淛報官府。致達王事程。脊征江夏縣。睡起漢陽城。鄰里煩追送。杯盤瀉濁清。祇應瘴鄉老。難答故人情。

次韻德孺五丈新居病起

潭潭經略府。寂寂閉門居。京洛聖賢宅。江湖魚鼈瀦。官如一夢覺。話勝十年書。稍喜過從近。扶筇不駕車。

和文潛舟中所題

雲橫疑有路。天遠欲無門。信矣江山美。懷哉譴逐魂。長波空淮記。佳句洗眵昏。誰奈離愁得。村醪或可尊。

次韻崔伯易席上所賦因以贈行

老惜交情別。追隨車馬勤。臨朝思共理。治郡復斯文。訟息常休吏。民貧更勸分。西湖千頃月。自比漢封君。

次韻柳通叟寄王文通

故人昔有淩雲賦。何意陸沈黃綬間。頭白眼花行作吏。兒婚女嫁望還山。心猶未死杯中物。春不能朱鏡裏顏。寄語諸公肯湔祓。割雞令得近鄉關。

次韻幾復和答所寄

海南海北夢不到。會合乃非人力能。地褊未堪長袖舞。夜寒空對短檠燈。相看鬢髮時窺鏡。曾共詩書更曲肱。作個生涯終未是。故山松長到天藤。

送顧子敦赴河東

頭白書林二十年。印章今領晉山川。紫參可掘宜包貢。青鐵無多莫鑄錢。勸課農桑誠有道。折衝樽俎不臨邊。要知使者功多少。看取春郊處處田。

和答元明黔南贈別

萬里相看忘逆旅。三聲淸淚落離腸。朝雲往日攀天夢。夜雨何時對榻涼。急雪鶺鴒相並影。驚風鴻雁不成行。歸舟天際常回首。從此頻書慰斷腸。

和高仲本喜相見　按東坡集亦載此詩。題云贈仲勉子文。

雨昏南浦曾相對。雪滿荆州喜再逢。有子才如不羈馬。知公心是後彫松。閑尋書冊應多味。老傍人門似更慵。何日晴軒觀筆硯。一尊相屬要從容。

追和東坡題李亮功歸來圖

今人常恨古人少。今得見之誰謂無。欲學淵明歸作賦。先煩摩詰畫成圖。小池已築魚千里。隙地仍栽芋百區。朝市山林俱有累。不居京洛不江湖。

次韻答柳通叟求田問舍之詩

少日心期轉繆悠。蛾眉見妬且障羞。但令有婦如康子。安用生兒似仲謀。橫笛牛羊歸晚徑。捲簾瓜芋熟西疇。功名可致猶回首。何況功名不可求。

登快閣

癡兒了卻公家事。快閣東西倚晚晴。落木千山天遠大。澄江一道月分明。朱絃已為佳人絕。青眼聊因美酒橫。萬里歸船弄長笛。此心吾與白鷗盟。

喜太守朝散致政

膏火煎熬無妄災。就陰息迹信明哉。功名富貴兩蝸角。險阻艱難一酒杯。百體觀來身是幻。萬夫爭處首先回。胸中元有不病者。記得陶潛歸去來。

初望淮山

風裘雪帽別家林。紫燕黃鸝已夏深。三釜古人干祿意。一年慈母望歸心。勞生逆旅何休息。病眼看山力不禁。想見夕陽三徑裏。亂蟬嘶罷柳陰陰。

答龍門潘秀才見寄

男兒四十未全老。便入林泉真自豪。明月清風非俗物。輕裘肥馬謝兒曹。山中是處有黃菊。洛下誰家無白醪。想得秋來常日醉。伊川清淺石樓高。

贈謝敞王博諭

高哉孔孟如秋月。萬古清光仰照臨。千里特來求驥馬。兩生於此敵南金。文章最忌隨人後。道德無多祇本心。廢軫斷弦塵漠漠。起予惆悵伯牙琴。

和涼軒

打荷看急雨。吞月任行雲。夜半蛟雷起。西風爲解紛。

謫居黔南二首 摘樂天句

相望六千里。天地隔江山。十書九不到。何用一開顏。

冥性齊遠近。委順隨南北。歸去誠可憐。天涯住亦得。

鄂州南樓書事

四顧山光接水光。憑闌十里芰荷香。清風明月無人管。幷作南樓一味涼。

題小景扇

草色青青柳色黃。桃花零落杏花香。春風不解吹愁卻。春日偏能惹恨長。

雨去登岳陽樓望君山

投荒萬里鬢毛斑。生入瞿塘灩澦關。未到江南先一笑。岳陽樓上對君山。

題東寺柱

竹風松月牢於鎖。關閉人心物外情。燕雀聞經俱已慣。飛來不怕讀書聲。

次韻王稚川客舍

五湖歸夢常苦短。一寸客愁無奈多。慈母每占鳥鵲喜。閨人應賦扊扅歌。

詩詞治要卷一

詩十五家

陸游　宋山陰人。字務觀。早有文名。以陰補登仕郎。舉試薦送屢前列。爲秦檜所嫉。檜死。始爲寧德主簿。孝宗稱其力學有聞。言論剴切。除樞密院編修。後知夔嚴二州。皆有建白。范成大帥蜀。奏游爲參議官。以文字交不拘禮法。人譏其頹放。因自號放翁。以寶章閣待制致仕。卒年八十六。游才氣超逸。其詩在杜甫白居易之間。感時遣興之作。本乎性情。寄託遙深。風骨遒上。當時與之齊名者。雖有范成大楊萬里尤袤諸人。而日久論定。皆推游爲大宗。有渭南文集劍南詩稿放翁詞入蜀記南唐書老學庵筆記。

送曾學士赴行在

二月侍燕觴。紅杏寒未坼。四月送入都。杏子已可摘。流年不貸人。俯仰遂成昔。事賢要及時。感此我心惻。欲書加餐字。寄之西飛翮。念公爲民起。我得怨乖隔。遙遙跋前旌。去去望車軛。亭鄣鬱將暮。落日澹陂澤。敢忘國士風。涕泣效臧獲。敬輸千一慮。或取二三策。公歸對延英。清問方側席。民瘼公所知。願言寫肝膈。向來酷吏橫。至今有遺螫。織羅士破膽。白著民碎魄。詔書已屢下。宿蠹或未革。期公作醫和。湯劑窮絡脈。士生恨不用。得位忍辭責。併乞謝諸賢。努力光竹帛。

觀大散關圖有感

上馬擊狂胡。下馬草軍書。三十抱此志。五十猶癯儒。大散陳倉間。山川盤鬱紆。勁氣鍾義士。可與共壯圖。坡陁咸陽城。秦漢之故都。王氣浮夕靄。宮室生春蕪。安得從王師。汎埽迎皇輿。黃河與函谷。四海通舟車。士馬發燕趙。將帥來青徐。先當營七廟。次第畫九衢。偏師縛可汗。傾都觀受俘。上壽大安宮。復如正觀初。大夫畢此願。死與螻蟻殊。志大浩無期。醉膽空滿軀。

古意

絀足飼飢鷹。鷹飽意未平。伏櫪豈不安。老驥終悲鳴。士生固欲達。又懼徒富貴。素願有未伸。五鼎澹無味。茅屋秋雨漏。稻陂春水深。長歌傾濁酒。舉世不知心。

書歎

三代藏寶器。世守參河圖。埋湮則已矣。可使列市區。文章有廢興。蓋與治亂符。慶曆嘉祐間。和氣扇大鑪。數公實王盟。渾灝配典謨。開闢始歐王。菑畬逮曾蘇。大駕初渡江。中原皆避胡。吾猶及故老。清夜陪坐隅。論文有脈絡。千古著不誣。俯仰四十年。綠髮霜蓬枯。孤生尊所聞。秉節不敢渝。久幽士固有。速售理則無。世方亂珉玉。吾其老江湖。

書志

往年出都門。誓墓志已決。況今蒲柳姿。俛仰及大耋。妻孥厭寒餓。鄰里笑迂拙。悲歌行拾穗。幽憤臥齧雪。千歲埋松根。陰風蕩空穴。肝心獨不化。凝結變金鐵。鑄爲上方劍。釁以佞臣血。

匣藏武庫中。出參髦頭列。三尺粲星辰。萬里靜妖孽。君看此神奇。醜虜何足滅。

送子龍赴吉州掾

我老汝遠行。知汝非得已。駕言當送汝。揮涕不能止。人誰樂離別。坐貧至於此。汝行犯胥濤。次第過彭蠡。波横吞舟魚。林嘯獨脚鬼。野飯何店炊。孤櫂何岸檥。判司比唐時。猶幸免笞箠。庭參亦何辱。負職乃可恥。汝爲吉州吏。但飲吉州水。一錢亦分明。誰能肆讒毀。聚俸嫁阿惜。擇士教元禮。我食可自營。勿用念甘旨。衣穿聽露肘。履破從見指。出門雖被嘲。歸舍卻睡美。益公名位重。凜若喬嶽峙。汝以通家故。或許望燕几。得見已足榮。切勿有所啟。又若楊誠齋。清介世莫比。一聞俗人言。三日歸洗耳。汝但問起居。餘事勿挂齒。希周有世好。敬叔乃鄉里。豈惟能文辭。實亦堅操履。相從勉講學。事業在積累。仁義本何常。蹈之則君子。汝去三年歸。我儻未即死。江中有鯉魚。頻寄書一紙。

文章

文章本天成。妙手偶得之。粹然無疵瑕。豈復須人爲。君看古彝器。巧拙兩無施。漢最近先秦。固已殊淳漓。胡部何爲者。豪竹雜哀絲。后夔不復作。千載誰與期。

雨霽出遊書事

十日苦雨一日晴。拂拭拄杖西村行。淸溝泠泠流水細。好風習習吹衣輕。四鄰蛙聲已閣閣。

兩岸柳色爭青青。辛夷先開半委地。海棠獨立方傾城。春工遇物初不擇。亦秀燕麥開蕪菁。薺花如雪又爛漫。百草紅紫那知名。小魚誰取置道側。紅柳穿頰危將烹。欣然買放寄吾意。草萊無地蘇疲氓。

遊錦屏山謁少陵祠堂

城中飛閣連危亭。處處軒窗臨錦屏。涉江親到錦屏上。却望城郭如丹青。虛堂奉祠子杜子。眉宇高寒照江水。古來磨滅知幾人。此老至今原不死。山川寂寞客子迷。草木搖落壯士悲。文章垂世自一事。忠義凜凜令人思。夜歸沙頭雨如注。北風吹船橫半渡。亦知此老憤未平。萬竅爭號泄悲怒。

長歌行

人生不作安期生。醉入東海騎長鯨。猶當出作李西平。手梟逆賊清舊京。金印煌煌未入手。白髮種種來無情。成都古寺臥秋晚。落日偏傍僧窗明。豈其馬上破賊手。哦詩長作寒螿鳴。興來買盡市橋酒。大車磊落堆長瓶。哀絲豪竹助劇飲。如鉅野受黃河傾。平時一滴不入口。意氣頓使千人驚。國仇未報壯士老。匣中寶劍夜有聲。何當凱還宴將士。三更雪壓飛狐城。

醉中長歌

闌干斗柄搖天東。人間一夜回春風。注桃染柳歲相似。惟我衰顏非昔紅。可憐逢春不自感。

更欲使氣驚兒童。煙郊射雉錦臆碎。水亭供膾金盤空。歸穿南市萬人看。流星突過連錢驄。高樓作歌醉自寫。墨光燭𦦨交長虹。人生未死貴適意。萬里作客原非窮。故人夜直金鑾殿。偃臥獨聽宮門鐘。

題明皇幸蜀圖

天寶政事何披猖。使典相國胡奴王。弄權楊李不足怪。阿瞞手自裂紀綱。八姨富貴尙有理。何至詔書褒五郎。原註。天寶末下詔雪張易之兄弟。盧龍賊騎已洶洶。丹鳳神語猶琅琅。人知大勢危累卵。天稔奇禍如崩牆。臺省諸公獨耐事。歌詠功德卑虞唐。一朝殺氣橫天末。匹馬西犇幾不脫。向來詔子知幾人。賊前稱臣草間活。劍南萬里望秦天。行殿春寒聞杜鵑。老臣九齡不可作。魚蠹蛛絲金鑑篇。

對酒

閑愁如飛雪。入酒卽消融。好花如故人。一笑杯自空。流鶯有情亦念我。柳邊盡日啼春風。長安不到十四載。酒徒往往成衰翁。九環寶帶光照地。不如留君雙頰紅。

大雪歌

長安城中三日雪。潼關道上行人絕。黃河鐵牛僵不動。承露金盤凍將折。虬鬚豪客狐白裘。夜來醉眠寶釵樓。五更未醒已上馬。衝雪卻作南山遊。千年老虎獵不得。一箭橫穿雪皆赤。

拏空爭死作雷吼。震動山林裂崖石、曳歸擁路千人觀。髑髏作枕皮蒙鞍。人間壯士有如此。胡不來歸漢天子。

遊諸葛武侯書臺

沔陽道中草離離。臥龍往矣空遺祠。當時典午稱猾賊。氣喪不敢當王師。定軍山前寒食路。至今人祠丞相墓。松風想像梁父吟。尙憶幡然答三顧。出師一表千載無。遠比管樂蓋有餘。世上俗儒寧辨此。高臺當日讀何書。

舟中對月

百壺載酒遊淩雲。醉中揮袖別故人。依依向我不忍別。誰似峨嵋半輪月。月窺船窗挂淒冷。欲到渝州酒初醒。江空梟梟釣絲風。人靜翩翩葛巾影。哦詩不睡月滿船。淸寒入骨我欲仙。人間更漏不到處。時有沙禽背船去。

妾命薄

原注。太白作此篇。言長門宮事。予反之。

妾命薄。早入天家侍帷幄。君王勤儉省宴遊。寶柱朱弦塵漠漠。日長別殿承恩稀。盱昃猶聞親萬機。宮中雖無珠玉賜。塞上不見煙塵飛。不須悲傷妾命薄。命薄卻令天下樂。

隴頭水

隴頭十月天雨霜。壯士夜挽綠沈槍。臥聞隴水思故鄉。三更起坐淚數行。我語壯士勉自强。

男兒墮地志四方。裹尸馬革固其常。豈若婦女不下堂。生逢和親最可傷。歲輦金絮輸胡羌。夜視太白收光芒。報國欲死無戰場。

隣水延福寺早行

化蝶方酣枕。聞雞又著鞭。亂山徐吐日。積水遠生煙。淹泊眞衰矣。登臨獨惘然。桃花應笑客無酒到愁邊。原注。酒偶盡。市酤不可飲。

曉發金牛

客枕何時穩。忽忽又束裝。快晴生馬影。新㬉坼花房。沮水春流綠。嶓山曉色蒼。阿瞞狼狽地千古有遺傷。原注。自金牛以西。皆明皇幸蜀路。

江樓

急雨洗殘瘴。江邊閑倚樓。日依平野沒。水帶斷槎流。擣紙荒村晚。呼牛古巷秋。腐儒憂國意此際入搔頭。

池亭夜賦

池上小亭幽。清宵秉燭遊。荷盤時瀉露。螢火早知秋。有感歲時速。無聲河漢流。殊方不堪住歸夢繞滄洲。

初春雜興

水長鷗初泛。山寒茗未芽。深林聞社鼓。落日照漁家。渡遠呼船久。橋傾取路斜。客愁慵遠眺。
不是怯風沙。

村夜

寂寂山村夜。悠然醉倚門。月昏天有暈。風輭水無痕。迹爲遭讒遠。身由不仕尊。敢嗟車馬絕。
同社自雞豚。

示友

道向虛中得。文從實處工。淩空一鶚上。赴海百川東。氣骨眞當勉。規模不必同。人生易衰老。
君等勿悤悤。

度浮橋至南臺

客中多病廢登臨。聞說南臺試一尋。九軌徐行怒濤上。千艘横繫大江心。寺樓鐘鼓催昏曉。
墟落雲煙自古今。白髮未除豪氣在。醉吹横笛坐榕陰。

遊山西村

莫笑農家臘酒渾。豐年留客足雞豚。山重水複疑無路。柳暗花明又一村。簫鼓追隨春社近。
衣冠簡樸古風存。從今若許閒乘月。拄杖無時夜叩門。

黃州

局促常悲類楚囚。遷流還歎學齊優。江聲不盡英雄恨。天意無私草木秋。萬里羈愁添白髮。一帆寒日過黃州。君看赤壁終陳跡。生子何須似仲謀。

夜登白帝城樓懷少陵先生

拾遺白髮有誰憐。零落歌詩遍兩川。人立飛樓今已矣。浪翻孤月尚依然。升沈自古無窮事。愚智同歸有限年。此意淒涼誰共語。夜闌鷗鷺起沙邊。

臨安春雨初霽

世味年來薄似紗。誰令騎馬客京華。小樓一夜聽春雨。深巷明朝賣杏花。矮紙斜行閑作草。晴窗細乳戲分茶。素衣莫起風塵歎。猶及清明可到家。

夜登千峯榭

夷甫諸人骨作塵。至今黃屋尚東巡。度兵大峴非無策。收泣新亭要有人。薄釀不澆胸壘塊。壯圖空負膽輪囷。危樓插斗山銜月。徙倚長歌一愴神。

老學庵 自注。予取師曠老而學。如秉燭夜行之語名庵。

窮冬短景苦悤忙。老學庵中日自長。名譽不如心自肯、文辭終與道相妨。吾心本自同天地。俗學何知溺粃糠。已與兒曹相約定。勿爲無益費年光。

書憤

白髮蕭蕭臥澤中。祇憑天地鑒孤忠。阨窮蘇武餐氈久。憂憤張巡嚼齒空。細雨春蕪上林苑。頹垣夜月洛陽宮。壯心未與年俱老。死去猶能作鬼雄。

齋中弄筆偶示子聿

左右琴樽靜不譁。放翁新作老生涯。焚香細讀斜川集。候火親烹顧渚茶。書爲半酣差近古。詩雖苦思未名家。一窗殘日呼愁起。裊裊江城咽暮笳。

觀畫山水

古北安西志未酬。人間隨處送悠悠。騎驢白帝城邊雨。挂席黃陵廟外秋。大網截江魚可膾。高樓臨路酒如油。老來無復當年快。聊對丹青作臥遊。

倚樓

千里江山入倚樓。高吟聊復寫吾憂。詩書幸有先人業。貧賤初非學者羞。數掩槿籬端可老。一杯藜粥尙何求。東陂未插青秧遍。且與鄰翁卜雨鳩。

幽居遺懷

習氣深知要埽除。時時褊忿獨何歟。呼童不應自生火。待飯未來還讀書。世態詎堪閒處看。俗人自與我曹疏。作詩未必能傳後。要是幽懷得小攄。

晚興

並檐幽鳥語璁瓏。一榻蕭然四面風。客散茶甘留舌本。睡餘書味在胸中。浮雲變態吾何與。腐骨成塵論自公。剩欲與君談此事。少須明月出溪東。

病少愈偶作

蕭條白髮臥蓬廬。虛讀人間萬卷書。遇事始知聞道晚。抱痾方悔養生疏。高門赫赫何關我。薄俗紛紛莫問渠。羸疾少蘇思一出。夕陽門巷駕柴車。

書生

書生事事苦難成。點檢常憂害至誠。夢寐未能除小忿。文辭猶欲事虛名。聖言甚遠當深考。古義雖聞要力行。漢世陋儒吾所斥。若爲青紫勝歸耕。

梅花

春信今年早。江頭昨夜寒。已教清徹骨。更向月中看。

柳橋晚眺

小浦聞魚躍。橫林待鶴歸。閒雲不成雨。故傍碧山飛。

夜歸

疏鐘渡水來。素月依林上。煙火認茅廬。故倚船篷望。

和高子長參議道中

梁州四月晚鶯啼。共憶扁舟罨畫谿。莫作世間兒女態。明年萬里駐安西。

高秋亭

三日山中醉復醒。徑歸回首愧山靈。從今惜取觀書眼。長看天西萬疊青。

枕上

香冷燈昏夢自驚。淸愁冉冉帶餘酲。夜長誰作幽人伴。惟是蛩聲與月明。

月下

月白庭空樹影稀。鵲棲不穩繞枝飛。老翁也學癡兒女。撲得流螢露溼衣。

初冬雜題二首

風橫雲低雨脚斜。一枝柔艣暮咿啞。昏昏醉臥知何處。推起船篷忽到家。

荒郊寒雨晚淒淒。四壁穿頹旋補泥。物我原須各安穩。自苫牛屋織雞棲。

小雨極涼舟中熟睡至多

舟中一雨埽飛蠅。半脫綸巾臥翠藤。淸夢初回窗日晚。數聲柔艣下巴陵。

小舟自紅橋之南過吉澤歸三山

霏霏寒雨數家村。雞犬蕭然晝閉門。它日路迷君勿恨。人間隨處有桃源。

夜讀范致能攬轡錄言中原父老見使者多揮涕感其事作絕句

公卿有黨排宗澤。帷幄無人用岳飛。遺老不應知此恨。亦逢漢節解沾衣。

一壺歌

長安市上醉春風。亂插繁花滿帽紅。看盡人閒興廢事。不曾富貴不曾窮。

喜晴

江湖春莫多風雨。點滴空階實厭聽。賸喜今朝有奇事。一窗晴日寫黃庭。

秋懷

詩如水淡功差進。身似雲孤累轉輕。落葉擁籬門巷晚。一枝藤杖且閒行。

煙波卽事

雕胡炊飯芰荷衣。水退浮萍尚半扉。莫爲風波羨平地。人閒處處是危機。

示兒

死去原知萬事空。但悲不見九州同。王師北定中原日。家祭無忘告乃翁。

詩詞治要卷一

詩十五家

元好問　金秀容人。字裕之。號遺山。七歲能詩。稍長淹貫經傳百家。下太行。渡大河。為箕山琴臺等詩。禮部趙秉文見之。以為近代無此作。中興定進士。仕至行尚書省左司員外郎。入元後隱居不仕。晚年構亭於家。著述其上。名其亭曰野史。凡金源君臣遺言往行。采摭所聞。有所得輒為紀錄。至百餘萬言。其詩則原本李杜。高古沈鬱。歌行尤慷慨。挾幽并之氣。蔚然為金元間作者之宗匠。卒年六十八。有遺山集中州集續夷堅志唐詩鼓吹。

箕山

幽林轉陰崖。鳥道人迹絕。許君棲隱地。唯有太古雪。人間黃屋貴。物外祇自潔。尙厭一瓢喧。重負寧所屑。降衷均義稟。汩利忘智決。得隴又望蜀。有齊安用薛。干戈幾蠻觸。宇宙日流血。魯連蹈東海。夷叔採薇蕨。至今陽城山。衡華兩丘垤。古人不可作。百念肺肝熱。浩歌北風前。悠悠送孤月。

潁亭留別

故人重分攜。臨流駐歸駕。乾坤展清眺。萬景若相借。北風三日雪。太素秉元化。九山鬱崢嶸。了不受陵跨。寒波淡淡起。白鳥悠悠下。懷歸人自急。物態本閒暇。壺觴負吟嘯。塵土足悲咤。

迴首亭中人。平林澹如畫。

雜詩四首

相士如相馬。滅沒深天機。區區銅馬法。徒識牝與驪。人言當塗公。惡人知其微。如何許劭語。受之不復疑。知人固不易。人亦未易知。媸妍在水鏡。鉛粉徒自欺。孰爲仁義人。未假已不歸。伯樂不可作。思與曹瞞期。

世事如大弩。人若材官然。乘勢易發機。非時勞控弦。又如大水中。置彼萬斛船。雖有帆與檣。亦須風動天。不見周公瑾。弱齡已飛騫。不見師尚父。鷹揚在華顛。彼非生而材。此豈晚乃賢。鎡基喻智慧。要必有待焉。歎息狂馳子。嘗爲愚者憐。

崑山有璞玉。外質而內美。唯其不自衒。故與頑石齒。和也速於售。再獻甘滅趾。在玉庸何傷。惜君兩足耳。

堂堂明堂柱。根節幾歲寒。使與蒲柳同。扶廈良勝難。我衣敝緼袍。我飯苜蓿盤。天公方試我。劍鋏勿妄彈。

與張仲傑郎中論文

文章出苦心。誰以苦心爲。正有苦心人。舉世幾人知。工文與工詩。大似國手碁。國手雖漫應。一著存一機。不從著著看。何異管中窺。文須字字作。亦要字字讀。咀嚼有餘味。百過良未足。

工夫到方圓。言語通眷屬。只許曠與夔。聞絃知雅曲。今人誦文字。十行詩一目。鬨顫失香臭。瞽視紛紅綠。毫釐不相照。覿面楚與蜀。莫訝荆山前。時聞刖人哭。

別李周卿三首

行路滋於棘。單車望千山。歌君歸雲曲。清涕留餘潸。六年河朔前。動輒得謗訕。唯君篤高義。日來款柴關。古交松柏心。今交桃李顏。古人去不返。古道輓不還。相思一樽酒。幽恨寄山間。

風雅久不作。日覺元氣死。詩中柱天手。功自斷鼇始。古詩十九首。建安六七子。中間陶與謝。下逮韋柳止。詩人玉爲骨。往往墮塵滓。衣冠語俳優。正可作婢使。望君淸廟瑟。一洗筝笛耳。

城居日蛙黽。局促復局促。去作山中客。放浪誰檢束。溪光淡於冰。山骨淨如玉。懷我同心人。團茅住深竹。垂綸鮮可食。種秫酒亦足。石壇三萬丈。醉眼天一粟。安得萬里風。相從兩黃鵠。自注。周卿學有淵源。東州詩人未見其比。與予約西遊。如詩中所說。

濦亭

春物已清美。客懷自幽獨。危亭一徘徊。翛然若新沐。宿雲淡野川。元氣浮草木。微茫盡楚尾。平遠疑杜曲。生平遠遊賦。吟諷心自足。竭來著世網。抑抑就邊幅。人生要適情。無榮復何辱。乾坤入望眼。容我謝羈束。一笑白鷗前。春波動新綠。

虞坂行

虞坂盤盤上靑石。石上車蹤深一尺。當時騏驥知奈何。千古英雄淚橫臆。龍蟠於泥易所嘆。麟非其時聖爲泣。玄龜竟墮余且網。老鳳常飢竹花實。天生神物似有意。驗以乖逢知未必。若論美好是不祥。正使不逢何足惜。孫陽騏驥不並世。百萬億中時有一。乃知此物非不逢。轅下一鳴人已識。我行坂路多閱馬。敢謂羣空如冀北。孫陽已矣誰汝知。努力鹽車莫稱屈。

赤壁圖

馬蹄一蹴荆門空。鼓聲怒與江流東。曹瞞老去不解事。誤認孫郞作阿琮。孫郞矯矯人中龍。顧盼叱咤生雄風。疾雷破山出大火。旂幟北捲天爲紅。至今圖畫見赤壁。髣髴燒虜留遺蹤。令人長憶眉山公。載酒夜俯馮夷宮。事殊興極憂思集。天澹雲閒今古同。得意江山在眼中。凡今誰是出羣雄。可憐當日周公瑾。憔悴黃州一禿翁。

閻商卿還山中

阿卿去月從我來。今日西山成獨往。野人不是城中物。澗飲巖棲夢餘想。翰林溼薪爆竹聲。待詔履穿沾雪行。蘭臺從事更閑冷。文書如山白髮生。孤燈靜照寒窗宿。北風夜半歌黃鵠。田家閉門風雪深。梅花開時酒應熟。半世虛名不療貧。棲遲零落百酸辛。憑君莫向山中說。白石清泉笑殺人。

荆棘中杏花

墻東荒蹊抱村斜。荆棘狼籍盤根芽。何年丹杏此留種。小紅瀸瀸爭春華。野人慣見謾不省。獨有詩客來咨嗟。天眞不到鉛粉筆。富豔自是宮闈花。曲池芳徑非宿昔。蒼苔濁酒同天涯。京師惜花如惜玉。曉擔賣徹東西家。杏花看紅不看白。十日忙殺遊春車。誰家園亭有此樹。鄭重已着重幃遮。阿嬌新寵貯金屋。明妃遠嫁愁清笳。落花縈簾拂牀席。亦有飄泊沾泥沙。天公無心物自物。得意未用相陵誇。黃昏人歸花不語。唯有落月啼棲鴉。

王右丞雪霽捕魚圖

江雲滉滉陰晴半。沙雪離離點江岸。畫中不信有天機。細向樹林枯處看。漁浦移家媿未能。扁舟蕭散亦何曾。白頭歲月黃塵底。笑殺高人王右丞。

送張君美往南中

南朝詞臣北朝客。棲遲零落無顏色。陽平城邊握君手。不似銅駝洛陽陌。去年春風吹雁迴。今年雁逐秋風來。春風秋風雁聲裏。行人日暮心悠哉。長江大浪金山下。吳兒舟船疾於馬。西湖十月賞風烟。想得新詩更瀟灑。

送李參軍北上

五日過居庸。十日渡桑乾。受降城北幾千里。出塞入塞沙漫漫。古來丈夫淚不灑。別離間。今朝送君行。清涕留餘潸。生女莫作王明君。一去紫臺空珮環。生男莫作班定遠。萬里馳書望玉關。我知驥子墜地無齊燕。我知鴻鵠意氣青雲端。草間尺鷃亦自樂。扶搖直上何勞摶。一衣敝縕袍。一飯苜蓿盤。歲時壽翁嫗。團圝有餘歡。就令一朝便得八州督。爭似綵衣起舞春斕斑。去年洛陽人。今年指天山。地遠馬驕破。霜重貂裘寒。朔風浩浩來。客子慘在顏。扼胡嶺上一迴首。未必君心如石頑。君不見桓山烏。乳哺不得須臾閒。衆雛一朝散。孤雌回顧聲悲酸。寒雁來自八九月。白頭阿母望君還。

天門引

秦王深居不得近。從破衡成欲誰信。白頭遊客困咸陽。憔悴黃金百斤盡。海中仙人黃鵠舉。大笑人間爭腐鼠。丈夫何意作蘇秦。六印才堪謷兒女。古來多爲虛名老。不見阿房淨如埽。千年虎豹守天門。一日牛羊臥秋草。

蛟龍引

古劍咸陽墓中得。抉開青雲見白日。蛟龍地底氣如虹。土花千年不敢蝕。洪罏烈熖初騰精。橫海已覺無長鯨。世上元無倚天手。匣中誰解不平鳴。割城恨不逢相如。佐酒恨不逢朱虛。尙方未入朱雲請。盟槃合與毛生俱。誰念田文坐中客。只將彈鋏嘆無魚。

西樓曲

遊絲落絮春漫漫。西樓曉晴花作團。樓中少婦弄瑤瑟。一曲未終坐長歎。去年與郞西入關。

春風浩蕩隨金鞍。今年匹馬妾東還。零落芙蓉秋水寒。并刀不翦東流水。湘竹年年露痕紫。海枯石爛兩鴛鴦。只合雙飛便雙死。重城車馬紅塵起。乾鵲無端爲誰喜。鏡中獨語人不知。欲插花枝淚如洗。

少室南原

地僻人煙斷。山深鳥語譁。清溪鳴石齒。暖日長藤芽。綠映高低樹。紅迷遠近花。林間見雞犬。直擬是仙家。

送毋受益自潞府歸崧山

薄俗科名賤。孤生志願違。正須謀獨往。何暇計羣飛。泌水眞堪樂。荊州況可依。青山吾舊隱。此日羨君歸。

送崔振之迎家汴梁

老伴不易得。殘年唯有閑。桑麻一村落。雞犬兩柴關。樊守能供酒。周侯許買山。從今釣溪上。日日望君還。

遣興

几案滿書史。欣然忘百憂。一篇詩遣興。三醆酒扶頭。千載陶元亮。平生馬少游。但留强健在。老矣復何求。

八月幷州雁

八月幷州雁。清汾照旅羣。一聲驚晚笛。數點入秋雲。滅沒樓中見。哀勞枕畔聞。南來還北去。無計得隨君。

懷益之兄

牢落關河雁一聲。干戈滿眼若爲情。三年浪走空皮骨。四海相望只弟兄。黃耳定從秋後到。白頭新自夜來生。西樓日日西州道。欲賦窮愁竟不成。

李屏山輓章二首

世法拘人蝨處褌。忽驚龍跳九天門。牧之宏放見文筆。白也風流餘酒樽。落落久知難合在。堂堂原有不亡存。中州豪傑今誰望。擬喚巫陽起醉魂。

談塵風流二十年。空門名理孔門禪。諸儒久已同堅白。博士眞堪補太玄。孫況小疵良未害。莊周陰助恐當然。遺編自有名山在。第一諸孤莫浪傳。

岐陽

百二關河草不橫。十年戎馬暗秦京。岐陽西望無來信。隴水東流聞哭聲。野蔓有情縈戰骨。殘陽何意照空城。從誰細向蒼蒼問。爭遣蚩尤作五兵。

圍城病中文舉相過

擾擾長衢日往回。病中聊得避喧埃。愁多頓覺無詩思。計拙惟思近酒杯。潘岳鏡中渾白髮。江淹門外郎蒼苔。生涯若被旁人問。但說經年鼠不來。

壬辰十二月車駕東狩後即事

慘澹龍蛇日鬬爭。干戈直欲盡生靈。高原水出山河改。戰地風來草木腥。精衛有寃塡瀚海。包胥無淚哭秦庭。并州豪傑知誰在。莫擬分軍下井陘。

癸巳四月二十九日出京

塞外初捐宴賜金。當時南牧已駸駸。只知灞上眞兒戲。誰謂神州遂陸沈。華表鶴來應有語。銅槃人去亦何心。興亡誰識天公意。留著青城閱古今。

夢歸

顦顇南冠一楚囚。歸心江漢日東流。青山歷歷鄉園夢。黃葉蕭蕭風雨秋。貧裏有詩工作祟。亂來無淚可供愁。殘年兄弟相逢在。隨分虀鹽萬事休。

眼中

眼中時事益紛然。擁被寒窗夜不眠。骨肉他鄉各異縣。衣冠今日是何年。枯槐聚蟻無多地。秋水鳴蛙自一天。何處青山隔塵土。一菴吾欲送華顛。

外家南寺

自注。在至孝社。予兒時讀書處也。

鬱鬱楸梧動晚煙。一庭風露覺秋偏。眼中高岸移深谷。愁裏殘陽更亂蟬。去國衣冠有今日。外家梨栗記當年。白頭來往人間徧。依舊僧窗借榻眠。

哀李欽叔

赤縣神州坐陸沈。金湯非粟禍侵尋。當官避事平生恥。視死如歸社稷心。文采是人知子重。交朋無我與君深。悲來不待山陽笛。一憶同衾淚滿襟。

追錄舊詩

潦倒聊爲隴畝民。一犂分得雨聲春。功名何物堪人老。天地無心誰我貧。潁上雲煙隨處好。洛陽桃李幾番新。悠沈世事休相問。牟麥今年晚得辛。

山居雜詩四首

瘦竹籐斜挂。幽花草亂生。林高風有態。苔滑水無聲。

石潤雲先動。橋平水漸過。野陰添晚重。山意向秋多。

川迴楓林散。山深竹港幽。疏煙沈去鳥。落日送歸牛。

鷺影兼秋靜。蟬聲帶晚涼。陂長留積水。川闊盡斜陽。

雜著二首

青蓋朝來帝座新。豈知衞瓘是忠臣。洛陽榛棘千年後。愁絕銅駝陌上人。

昨日東周今日秦。咸陽煙火洛陽塵。百年蟻穴蜂衙裏。笑煞崑崙頂上人。
半紙虛名百戰身。轉頭高塚臥麒麟。山間曾見漁樵說。辛苦淩烟閣上人。

內鄉雜詩

行吟溪北復溪南。風日烘人酒易酣。無限春愁與誰語。梅花嬌小杏花憨。

夢中作

其一 夢人請賦四禽語。泥滑滑也。

春泥滑滑滿春山。慚媿幽禽喚客還。安得便乘雙翼去。綠陰淸晝伴君閑。

同兒輩賦未開海棠

枝間新綠一重重。小蕾深藏數點紅。愛惜芳心莫輕吐。且敎桃李鬧春風。

楡社硤口邨早發

瘦馬長途嬾著鞭。客懷牢落五更天。幾時不屬雞聲管。睡徹東窗日影偏。

楊柳

楊柳靑靑溝水流。鶯兒調舌弄嬌柔。桃花記得題詩客。斜倚春風笑不休。

詩詞治要卷一

國學治要六

詩十五家

高啟

明長洲人。字季迪。張士誠據吳。名士嚮集。啟獨依外家居吳淞江之青邱。自號青邱子。洪武初。爲編修。與修元史。復命敎授諸王。尋擢戶部右侍郎。啟自陳年少不敢當重任。乃賜白金放還。啟嘗賦詩有所諷刺。帝嗛之。未發也。及歸居青邱。授書自給。知府魏觀爲移其家郡中。旦夕延見甚歡。觀以改修府治獲譴。帝見啟所作上梁文。因發怒。腰斬於市。時年三十有九。啟警敏有文武才。書無不讀。尤工詩。雄健渾涵。上逼古人。一洗元季纖靡之弊。爲明代作者之冠。有大全集。鳧藻集。

寓感

天旋海水運。日月馳奔輝。不知此往來。伊誰斡其機。諒由任元氣。推遷不能違。人生處宇內。行止無定依。唯當乘大化。逍遙隨所歸。

志士徇功業。貪夫訖輕肥。亦有逃羣子。矯矯與時違。彼此更共笑。不知誰是非。達人體自然。出處兩忘機。浮雲遊天表。舒卷有餘輝。

送劉明府

賤士寡諧世。放居江海邊。朋儔漸乖暌。憔悴不自妍。顧影鮮懽趣。惡離倍當年。它人亦以悲。

況復如子賢。荒途風霜交。歲晏增慨然。亂雀噪叢棘。驚鴻逝長天。斗酒豈足陳。薄意聊以宣。出處道既殊。不得長周旋。誰謂非遐方。浮雲阻山川。何以慰飢渴。令名期可傳。

讀書所爲錫山朱隱君子敬賦

高士寡所嗜。雅情竹素間。北窗夏陰敷。散帙欣燕閒。流觀古始來。治忽儼未刪。重華去已遠。鳴鳳何時還。徵言雖能尋。往躅那可攀。當感既拊懷。遇得亦解顏。詠歌南風前。至樂孰與班。方爾對聖賢。俗子毋扣關。

西臺慟哭詩

越人謝翺嘗爲宋丞相文山公之客。公死之十二年。登釣臺祭公以哭。自爲文識其哀曰西臺慟哭記。東陽張兼持示求詩。僕感其誼。遂賦一首。

峩峩子陵臺。其下大江奔。何人此登高。慟哭白日昏。哀哉宋遺臣。舊客丞相門。丞相既死節。有身恥空存。北望萬里天。再拜奠酒尊。險雲暮飛來。恍如載忠魂。所哭豈窮途。中抱千古寃。上悲宗周隕。下念國士恩。淒涼當世事。感慨平生言。空山誰知哀。惟有猴與猿。豈不畏衆驚。聲發不忍吞。人言天有耳。此哭寧不聞。願因長風還。吹此血淚痕。往墮燕山隅。一灑宿草根。田橫去已遠。茲道不復論。作歌悼往事。庶使薄俗敦。

送家兄西遷

昔別歸有期。此別去何極。西遷屬事變。咎責非已得。家貧無行資。空橐辭故國。忽忽逐徙旅。宛宛謝親識。牽攣不能留。慟哭野水側。離鴻爲迴翔。浮雲愁暮色。別時雖云苦。未若別後憶。願行勿憂家。養親自我職。殊方氣候異。炎霧秋未息。委命毋怨尤。長年强飡食。

答內寄

落月入曉閨。相思不須啼。我非秋胡子。君豈蘇秦妻。風從故鄉來。吹詩達京縣。讀之見君心。寧徒見君面。拔草不易絕。割水終難開。行雲會有時。飛下巫陽臺。莫信長安道。花枝滿樓好。白馬繫春風。離愁坐將老。

效樂天

誰言我久賤。明時已叨祿。誰言我苦貧。空倉尚餘粟。辭闕是引退。還鄉豈遷逐。舊宅一架書。荒園數叢菊。俗緣任妻子。家事煩僮僕。性懶宜早閑。何須暮年促。猶著朝士冠。新裁野人服。杯深午醉重。被暖朝眠熟。旁人笑寂寞。寂寞吾所欲。終老亦何求。但懼無此福。功名如美味。染指已云足。何待厭飽餘。腸胃生疢毒。請看留侯退。遠勝主父族。我師老子言。知足故不辱。

塞下曲

日落五原塞。蕭條亭堠空。漢家討狂虜。籍役滿山東。去年出飛狐。今年出雲中。得地不足耕。殺人以爲功。登高望衰草。感歎意何窮。

登西城門

登城望神州。風塵暗淮楚。江山帶睥睨。烽火接樓櫓。并吞何時休。白骨易寸土。向來禾黍地。雨露長榛莽。不見征戰場。那知邊人苦。馬驚西風笳。鳥散落日鼓。嗚嗚城下水。流恨自今古。

廣陵孫孝子愛日堂

昔自中原兵甲動。志士憂時久心痛。千村殺戮雞狗無。骨肉誰家保相共。揚州受禍聞最深。徒恃堅城鐵爲甕。城中義丁一百萬。坐委溝谿不成用。至今草長髑髏臺。月黑精靈尙哀慟。君時負親獨竄匿。何異網魚逢脫縱。遠道秋風舊橐空。長江暮雨孤帆重。竭來吾鄉今十年。孝友爭傳似張仲。雖嗟故里未能歸。卻喜新堂還可奉。盡歡惟啜小人羹。致養寧須大官俸。只愁老景苦駸駸。羲馭西馳疾飛鞚。晝省花影願遲移。晚聽角聲驚早弄。長繩未解繫飛鳥。每計餘年憂且恐。嗟予少已失庭闈。宰木亂來無地種。欲娛朝夕難再得。誰惜流光去如夢。自慙不及君慶多。灑淚蓼莪空廢誦。寸心猶願時早平。重爲河淸作歌頌。萬國同看化日長。生能養親死能送。

溫陵節婦行（泉州陳氏婦夫泛海溺死守志）

妾家溫陵近南浦。嫁得良人業爲賈。良人長年愛遠遊。不敢新妝映門戶。販寶遙聞去百蠻。朝朝海上望青山。不仁無奈蛟龍橫。漂沒孤舟不得還。君非渡河老狂夫。波濤如山何不顧尋屍便欲赴窮淵。膝下嬌兒誰與哺。十載空閨守寸心。滄溟水淺恨情深。願身不化山頭石。
化作孤飛精衞禽。

北郭秋夜喜徐卿遠來兼南遊

東海徐君我同里。月共周旋接冠履。斯人自是眞可人。不見心憂見之喜。豈容遠別間山岳。
兩歲僅收書一紙。頗聞微祿不自養。霧雨南方疫時起。誰能忽送千里來。舊有飛鴻渡江水。
蟲聲今夜空館涼。秉燭相看疑夢裏。瓊枝何以失舊色。客路風塵亦勞矣。我今不解出門行。
病眼流眵肉生髀。與奪得喪未足較。惟有一貧聊復爾。暫來即去何使然。撫琴東西覓知己。
當時結交豈不多。下車相揖今無幾。願君窮達存此心。勿使千年笑餘耳。

明皇秉燭夜遊圖

華萼樓頭日初墮。紫衣催上宮門鎖。大家今夕燕西園。高爇銀盤百枝火。海棠欲睡不得成。
紅妝照見殊分明。滿庭紫燄作春霧。不知有月空中行。新譜霓裳試初按。內使頻呼燒燭換。
知更宮女報銅籤。歌舞休催夜方半。共言醉飲終此宵。明日且免羣臣朝。只憂風露漸欲冷。
妃子衣薄愁成嬌。琵琶羯鼓相追續。白日君心歡不足。此時何暇化光明。去照逃亡小家屋。
姑蘇臺上長夜歌。江都宮裏飛螢多。一般行樂未知極。烽火忽至將如何。可憐蜀道歸來客。
南內淒涼頭盡白。孤燈不照返魂人。梧桐夜雨秋蕭瑟。

王明君

都門塵拂春風面。臨別看花淚如霰。君王惆悵恰蛾眉。不似前時畫中見。白髮呼韓感漢恩。寧胡謾號閼支尊。氈裘肉食本異俗。不如但嫁巫山村。黃沙白雪無城闕。手冷鵾弦夜彈歇。相隨萬里到穹廬。只有長門舊時月。妾語還憑歸使傳。妾身沒虜不須憐。願君莫殺毛延壽。留畫商巖夢裏賢。

車遙遙

鵾雞啼霜海城白。征夫趣裝牛上軛。天生兩轂轉長途。那得令君不爲客。出門已遠第一程。耳中鳴鐸漸無聲。房戶寧嗟寂寞守。山川唯念苦辛行。欲車不行願車覆。還愁損我車中玉。安得身如芳草多。相隨千里車前綠。

大梁行

大梁四面平如砥。西去咸陽一千里。魏王此地昔爲都。宮闕中天碧雲起。車聲輷輷夜未休。帶甲十萬名蒼頭。撞鐘列鼎宴上客。奉金走幣連諸侯。信陵眞是賢公子。富貴不驕天下士。已訪侯嬴到里門。復迎朱亥經屠市。傾身折節世莫同。緩急竟賴斯人功。邯鄲秦軍一椎破。七國震動聞英風。古城重過爲搔首。幾度秋風落楊柳。沼上應無鴻雁來。苑中只有狐狸走。立馬塵沙日欲昏。悲歌慷慨向夷門。豪華多少同銷歇。獨有高名今尙存。

張中丞廟

延秋門上烏啼霜。羯奴曉登天子牀。江頭老臣淚暗滴。萬乘西去關山長。公卿相率作降虜。草間拜泣如羣羊。當時不識顏平原。豈復知有張睢陽。孤城落日百戰後。瘦馬食尾人裹瘡。男兒竟爲忠義死。碧血滿地嗟誰藏。賀蘭不斬上方劍。英雄有恨何時忘。千年海上見祠廟。古苔叢木秋風荒。摩挲畫壁塵網裏。勇氣燁燁虬鬚張。巫歌人招客酹酒。忠魂或能來故鄉。

牧牛詞

爾牛角彎環。我牛尾禿速。共拈短笛與長鞭。南隴東岡去相逐。日斜草遠牛行遲。牛勞牛飢唯我知。牛上唱歌牛下坐。夜歸還向牛邊臥。長年牧牛百不憂。但恐輸租賣我牛。

賣花詞

綠盆小樹枝枝好。花比人家別開早。陌頭擔得春風行。美人出簾聞叫聲。移去莫愁花不活。賣與還傳種花訣。餘香滿路日暮歸。猶有蜂蝶相隨飛。買花朱門幾迴改。不如擔上花長在。

空城雀

空城雀。何局促。城頭飛。城下宿。百匝得一枝。千啄逢一粟。衆雛隨啾啁。所欲各易足。不須羨彼珍羽禽。翩翩高集珠樹林。一朝身陷虞羅裏。回首空城不如爾。

青丘子歌

江上有青丘。予徙家其南。因自號青丘子。閒居無事。終日苦吟。間作青丘子歌言其意。以解詩之嘲。

青丘子。臞而清。本是五雲閣下之仙卿。何年降謫在世間。向人不道姓與名。躡屩厭遠遊。荷鋤懶躬耕。有劍任羞澁。有書任縱橫。不肯折腰爲五斗米。不肯掉舌下七十城。但好覓詩句。自吟自酬賡。田間曳杖復帶索。傍人不識笑且輕。謂是魯迂儒楚狂生。青丘子聞之不分意。吟聲出吻不絕咿咿鳴。朝吟忘其飢。暮吟散不平。當其苦吟時。兀兀如被酲。頭髮不暇櫛。家事不及營。兒啼不知憐。客至不果迎。不憂回也空。不慕猗氏盈。不慙被寬褐。不羨垂華纓。不問龍虎苦戰鬬。不受烏兔忙奔傾。向水際獨坐。林中獨行。斲元氣。搜元精。造化萬物難隱情。冥茫八極遊心兵。坐令無象作有聲。微如破懸蝨。壯若屠長鯨。清同及沆瀣。險比排崢嶸。靄靄晴雲披。軋軋凍草萌。高攀天根探月窟。犀照牛渚萬怪呈。妙意俄同鬼神會。佳景每與江山爭。星虹助光氣。烟露滋華英。聽音諧韶樂。咀味得大羹。世間無物爲我娛。自出金石相轟鏗。江邊茅屋風雨時。閉門睡足詩初成。叩壺自高歌。不顧俗耳驚。欲呼君山老父。攜諸仙所弄之長笛。和我此歌吹月明。但愁欻忽波浪起。鳥獸駭叫山搖崩。天帝聞之怒。下遣白鶴迎。不容在世作狡獪。復結飛珮還瑤京。

登金陵雨花臺望大江

大江來從萬山中。山勢盡與江流東。鍾山如龍獨西上。欲破巨浪乘長風。江山相雄不相讓。形勝爭誇天下壯。秦皇空此瘞黃金。佳氣葱葱至今王。我懷鬱塞何由開。酒酣走上城南臺。坐覺蒼茫萬古意。遙自荒煙落日之中來。石頭城下濤聲怒。武騎千羣誰敢渡。黃旗入洛竟何祥。鐵鎖橫江未爲固。前三國。後六朝。草生宮闕何蕭蕭。英雄來時務割據。幾度戰血流寒潮。我生幸逢聖人起南國。禍亂初平事休息。從今四海永爲家。不用長江限南北。

林間避暑

自愛甃藤滑。閑舒臥石苔。松風催暑去。竹月送涼來。石氣生琴薦。泉香入茗杯。卻憐行路子。愁暍向黃葵。

秋夜宿周記室草堂送王才

相別還相戀。秋宵暫對牀。人情貧後見。客況醉中忘。池柳疏含翠。江雲薄護霜。離舟待明發。愁思劇茫茫。

送謝恭

涼風起江海。萬樹盡秋聲。搖落豈堪別。躊躇空復情。帆過京口渡。砧響石頭城。爲客歸宜早。高堂白髮生。

郊墅雜賦

幽事向誰誇。孤吟對晚沙。浣衣江動月。繫艇岸垂花。行蟻如知路。歸鳧自識家。一尊茅屋底。隨意答春華。

送舒徵士考禮畢歸四明

寄語關門吏。休輕尙布衣。叔孫聊應召。周黨竟辭歸。赤日京城遠。蒼煙海樹微。送君還自歎。老卻故山薇。

客舍喜姪庸至

客裏逢人喜。相過況阿宜。遠遊驚歲晚。多難惜門衰。帆落江橋近。鐘來野店遲。一杯燈下語。渾似在家時。

牧

一笛去茫茫。平郊綠草長。但知牛背穩。應笑馬蹄忙。度隴銜朝雨。歸村帶夕陽。相逢休挾策。回首恐忘羊。

登涵空閣

袞袞波濤漠漠天。曲闌高棟此山顚。置身直在浮雲上。縱目長過去鳥前。數杵秋聲荒苑樹。一帆暝色太湖船。老僧不識興亡恨。只向遊人說晚年。

送張徵君南遊

故人多去不堪留。況復看君更遠遊。流落正逢搖落景。亂離還値別離愁。夕陽亭上匆匆酒。寒雨江邊渺渺舟。此後衡門應獨掩。詩篇寂寞有誰酬。

岳王墓

大樹無枝向北風。千年遺恨泣英雄。班師詔已來三殿。射虜書猶說兩宮。每憶上方誰請劍。空嗟高廟自藏弓。棲鴉嶺上今回首。不見諸陵白露中。

送徐山人還蜀山兼寄張靜居

我因解紱遠辭京。君爲修琴暫入城。偶爾相逢春酒熟。飄然忽去暮煙生。山頭學嘯猶聞響。世上留詩不寫名。西磵煩詢張靜者。年來注易幾爻成。

逢倪徵士

數千里外久相違。十八灘頭偶獨歸。自說病來辭幕府。只因愁絕念庭闈。吳歌重把還鄉酒。蠻布猶穿過嶺衣。話盡三年遊歷事。滿庭風雨送斜暉。

闔閭墓

水銀爲海接黃泉。一穴曾勞萬卒穿。謾說深機防盜賊。難令朽骨化神仙。空山虎去秋風後。廢榭烏啼夜月邊。地下應知無敵國。何須深葬劍三千。

題雜畫

空山萬株木。靄靄秋多晦。屋在白雲中。人歸白雲外。

淵源堂夜飲

懸燈照清夜。葉落堂下雨。客醉已無言。秋蛩自相語。

夢中作

悠悠衆擾去。寂寂孤吟歇。雨過滿窗涼。高林上明月。

題楞伽山寺壁

惆悵空山裏。寒梅應自開。雲中何處覓。須待雪晴來。

秋柳

欲挽長條已不堪。都門無復舊毿毿。此時愁煞桓司馬。暮雨秋風滿漢南。

送賈麟歸江上

別淚紛紛逐斷猿。貧交無贈只多言。離愁正似蘼蕪草。一路隨君到故園。

廢宅芍藥

昔年花發要人催。今日無人花自開。猶有園丁憐國色。時容閒客借看來。

湖上見月憶家兄

望月思兄意轉迷。孤帆應宿楚雲西。夜深愁向湖邊立。爲有寒鴻相並棲。

送陳秀才歸沙上看墓

滿衣血淚與塵埃。亂後還鄉亦可哀。風雨梨花寒食過。幾家墳上子孫來。

荀彧

晚惜彤弓勢已難。空期魏武作齊桓。猶緣死沮奸雄意。竊鼎遲延到五官。

春暮西園

綠池芳草滿晴波。春色都從雨裏過。知是人家花落盡。菜畦今日蝶來多。

涼州曲

關外垂楊早換秋。行人落日旆悠悠。隴山高處愁西望。只有黃河入海流。

詩詞治要卷一

國學治要六

詩十五家

吳偉業　明太倉人字駿公號梅村崇禎進士官至少詹事與馬士英阮大鋮不合假歸清康熙初有司力迫入都累官國子祭酒工詩年六十三卒遺命葬於靈巖鄧尉間碣曰詩人吳梅村之墓曰吾詩雖不足傳而詩中之寄託良苦後世讀吾詩而知吾心則吾不死矣案偉業之詩專學唐人格調少時才華豔發所作多婉麗風流迨閱歷興亡暮年蕭瑟乃蒼涼激楚興象深微論者方之庾信當時與之齊名者有錢謙益龔鼎孳稱江左三大家然獨偉業所作尤膾炙於人口爲海內學者宗仰焉有梅村集太倉十子詩選

毛子晉齋中讀吳匏庵手鈔宋謝翺西臺慟哭記

扁舟訪奇書夜月南湖宿主人開東軒磊落三萬軸別庋加收藏前賢矜手錄北堂學士鈔南宋遺民牘言過富春渚登望文山哭子陵留高臺西面滄江綠婦翁爲神仙天子共游學攜家就赤城高舉淩黃鵠尙笑君房癡寧甘子雲辱七里溪光淸千仞松風謖盧陵赴急難幕府從羈僕運去須武侯君存卽文叔臣心誓弗諼漢祚憂難復昆陽大風雨虎豹如蝟縮詭譎滹沱冰倉卒蕪亭粥所以恢黃圖無乃資赤伏卽今錢塘潮莫救厓山麓空坑戰士盡柴市孤臣戮一死之靡他百身其奚贖龔生夭天年翟公滿家族會稽處士星求死得亦足

安能期故人。共臥容加腹。巢許而蕭曹。遭遇全高躅。文山竟以殉。趙社終爲屋。海上悲田橫。國中痛王蠋。門人蒿里歌。故吏平陵曲。彼存君臣義。此製朋友服。相國誠知人。舉事何顛蹷。丈夫失時命。無以辭碌碌。看君書一編。俾我愁千斛。禹績荒煙霞。越臺走麋鹿。不圖疊山傳。再向嚴灘續。配食從方干。豐碑繼梅福。主人更命酒。哀吟同擊筑。四座皆涕零。霜風激羣木。嗟乎誠義士。已矣不忍讀。

閬州行贈楊學博爾緒

四坐且勿喧。聽吾歌閬州。閬州天下勝。十二錦屏樓。歌舞巴渝盛。江山士女游。我有同年翁。閬中舊鄉縣。送客蒼溪船。讀書玉臺觀。忽乘相如車。謂受文翁薦。游宦非不歸。十載成都亂。只君爲愛子。相思不相見。相見隔長安。干戈徒步難。金牛盤七坂。鐵馬斷千山。敢辭道路難。早向妻兒訣。一身上鳥道。全家傍虎穴。君自爲尊章。豈得顧妻子。分攜各努力。妾當爲君死。淒淒復切切。苦語不能答。好寄武昌書。莫買秦淮妾。巴水急若箭。巴船去如葉。兩岸蒼崖高。孤帆望中沒。二月到漢口。三月下揚州。揚州花月地。烽火似邊頭。驛路逢老親。遷官向閩越。謂逼公車期。蚤看長安月。再拜不忍去。趣使嚴裝發。河山一朝異。復作它鄉別。別後竟何如。飄零少定居。愁中鄉信斷。不敢望來書。盡道是葭萌。殺人滿川陸。積屍峩嵋平。千村惟鬼哭。客有自秦關。傳言且悲喜。來時聞君婦。貞心視江水。江水流不極。猿聲哀。豈聞將書封斷指血淚染羅裙。五內爲崩摧。買舟急迎取。相逢惟一慟。不料吾見汝。拭眼問舅姑。雲山復何處。淚盡日南天。死生不相遇。汝有親弟兄。提攜思共濟。姊妹四五人。扶持結衣袂。懷裏孤雛癡。啼呼不知避。失散倉皇間。骨肉都拋棄。悠悠彼蒼天。於人抑何酷。城中十萬戶。白骨滿崖谷。官軍收成都。千里見榛莽。設官尹猿猱。半以飼豺虎。尚道是閬州。此地差安堵。民少官則多。莫恤蜀人苦。淒涼漢祖廟。寂寞滕王臺。子規叫夜月。城郭生蒿萊。只有嘉陵江。江聲自浩浩。我欲竟此曲。流涕不復道。

讀史雜詩

東漢昔云季。黃門擅權勢。積忿召外兵。癰決身亦潰。雖自撥本根。庶幾蕩殘穢。誰云承敝起。仍出刑餘裔。孟德沾匄養。門資列朝貴。憑藉盜弄兵。豈曰唯才智。追王故長秋。無鬚而配帝。鉤黨諸名賢。子孫爲皁隸。

下相懷古

驅車馬陵山。落日見下相。憶昔楚項王。拔山氣何壯。太息取祖龍。大言竟非妄。破釜救邯鄲。功居入關上。殺降復父讎。不比諸侯將。杯酒釋沛公。殊有君人量。胡爲去咸陽。遭人扼其吭。亞父無諍言。奇計非所望。重瞳顧柔仁。隆準至暴抗。脫之掌握中。骨肉俱無恙。所以哭魯兄。仍具威儀葬。古來名與色。英雄不能忘。力戰兼悲歌。西風起酸愴。廢廟枕荒岡。虞兮侍幃帳。

烏雖伏座傍踣地哀鳴狀。我來訪遺迹。登高見芒碭。長陵竟坏土。萬事同惆悵。

罄清湖

罄清湖者。西連陳湖。南接陳墓。其先褚氏之所居也。罄清者。土人以水清疑其下有罄石。故名。或曰范蠡去越。取道於此。湖名范。遷以音近而譌。世遠莫得而考也。太湖居吾郡之北。有大山衝擊風濤。湍悍。而陳湖諸水。渟泓演迤。居人狎而安焉。煙村水市。若鳧雁之著波面。千百於其中。土沃以厚。畝收二鍾。有魚蝦菱芡之利。資船以出入。科徭視他境差緩。故其民日以饒。不爲盜。吾宗之繇倩青房公兄弟居於此四世矣。余以乙酉五月。聞亂倉皇。攜百口投之。中流風雨大作。扁舟撇篋。榜人不辨水門故處。久之。始達主人。開門延宿。雞黍酒漿。將迎灑掃。其居前榮後寢。葭蘆掩映。榆柳蕭疏。月出柴門。漁歌四起。杳然不知有人世事矣。是時姑蘇送款。兵至不戮一人。消息流傳。緩急互異。湖中煙火晏然。予將卜築買田。耦耕終老。居兩月而陳墓之變作。於是流離遷徙。僅而後免。事定。將踐前約。尋以世故牽挽。流滯登車。疾病顚連。關河阻隔。比三載得歸。而青房過訪草堂。見予髮白齒落。深怪早衰。又以其窮愁煢獨。妻妾相繼下世。因話昔年湖山兵火。奔走提攜。心力枉枯。骨肉安在。太息者久之。青房亦以毁家紓役。舊業蕩然。水鳥樹林。依稀如故。而居停數椽。斷甎零甓。罔有存者。

人世盛衰聚散之故。豈可問邪。撫今追昔。詮次爲五言長詩。用識吾慨。且以明舊德於不忘也。

吾宗老孫子。住在礬清湖。湖水清且漣。其地皆膏腴。隄栽百株柳。池種千石魚。教僮數鵝鴨。遶屋開芙蕖。有書足以讀。有酒易以沽。終老寡送迎。頭髮可不梳。相傳范大夫。三徙由中吳。一舸從此去。在理或不誣。嗟予遇兵火。百口如飛鳧。避地何所投。扁舟指菰蒲。北風晚正急。煙港生模糊。船小吹雨來。衣薄無朝餔。前村似將近。路轉忽又無。倉皇値漁火。欲問心已孤。俄見葭菼邊。主人出門呼。開柵引我船。掃室容我徒。我家兩衰親。上奉高堂姑。艱難總頭白。動止需人扶。妻妾病伶仃。嘔吐當中塗。長女僅九齡。餘泣猶呱呱。入君所居室。燈火映窗疏。寬閒分數寢。嬉笑喧諸雛。縛帚東西廂。行李安從奴。前窗張罟網。後壁挂耒鋤。苦辭村地僻。客舍無精麤。翦韭烹伏雌。斫鱠炊彫胡。床頭出濁醪。人倦消幾壺。睡起日已高。曉色開煙蕪。漁灣一兩家。點染江村圖。沙嘴何人舟。消息傳姑蘇。或云江州下。不比揚州屠。早晚安集掾。鞍馬來南都。或云移民房。插箭下嚴符。囊橐歸他人。婦女充軍俘。里老獨晏然。催辦今年租。饁耕看賽社。醵飲聽呼盧。軍馬總不來。里巷相爲娛。而我遊其間。坦腹行徐徐。見人盡恭敬。不識誰賢愚。魚蝦盈小市。鳧雁充中廚。月出浮溪光。萬象疑沾濡。放棹淩滄浪。笑弄驪龍珠。夷猶發浩唱。禮法胡能拘。東南雖板蕩。此地其黃虞。世事有反覆。變亂興須臾。草草十數人。

盟歃起里閭。免園一老生。自詭讀穰苴。漁翁爭坐席。有力爲專諸。舴艋餘於（於當作餘）。皇簑笠裝犀渠。大笑擲釣竿。赤手搏於菟。欲奪夫差宮。坐擁專城居。予又出子門。十步九崎嶇。脫身白刃間。性命輕錙銖。我去子亦行。後各還其廬。官軍雖屢到。尚未成丘墟。生涯免溝壑。身計謀樵漁。買得百畝田。從子學長沮。天意不我從。世網將人驅。親朋盡追送。涕泣登征車。吾生罹干戈。猶與骨肉俱。一官受逼迫。萬事堪欷歔。倦策既歸來。入室翻次且。念我平生人。慘澹留羅襦。秋雨君叩門。一見驚清癯。我苦不必言。但坐觀髭鬚。歲月曾幾何。筋力遠不如。遭亂若此衰。豈得勝奔趨。十年顧妻子。心力都成虛。分離有定分。久暫理不殊。翻笑危急時。奔走徒區區。君時聽我語。顏色慘不舒。亂世畏盛名。薄俗容小儒。生來遠朝市。謂足逃沮洳。長官誅求急。姓氏屬里胥。夜半聞叩門。瓶盎少所儲。豈不惜堂構。其奈愁征輸。庭樹好追涼。翦伐存枯株。池荷久不開。歲久塡泥淤。廢宅劚爲田。薺麥生階除。當時棲息地。零落今無餘。生還愛節物。高會逢茱萸。好採籬下菊。且讀囊中書。中懷苟自得。外物非吾須。君觀鴟夷子。眷戀傾城姝。千金亦偶然。奚足稱陶朱。不如棄家去。漁釣山之隅。江湖至廣大。何惜安微軀。揮手謝時輩。愼勿空躊躇。

直溪吏

直溪雖鄉村。故是尚書里。短棹經其門。叫聲忽盈耳。一翁被束縛。苦辭橐如洗。吏指所居堂。

卽貧誰信爾。呼人好作計。緩且受鞭箠。穿漏四五間。中已無窗几。屋梁紀月日。仰視殊自恥。昔也三年成。今也一朝毀。貽我風雨愁。飽汝歌呼喜。官逋依舊在。府帖重追起。旁人共欷歔。感歎良有以。東家瓦漸稀。西舍墻半圮。生涯分應盡。遲速總一理。居者今何栖。去者將安徙。明歲留空村。極目唯流水。

臨頓兒

臨頓誰家兒。生小矜白晳。阿爺負官錢。棄置何倉卒。給我適誰家。朱門臨廣陌。囑儂且好住。跳弄無知識。獨怪臨去時。摩首如憐惜。三年教歌舞。萬里離親戚。絕伎逢侯王。寵異施恩澤。高堂紅氍毹。華燈布瑤席。授以紫檀槽。吹以白玉笛。文錦縫我衣。珍珠裝我額。瑟瑟珊瑚枝。曲罷恣狼藉。我本貧家子。邂逅遭拋擲。一身被驅使。兩口無消息。縱賞千黃金。莫救餓死骨。歡樂居它鄉。骨肉誠何益。

行路難

君不見無須將閭叫呼天。賜錢請葬驪山邊。父爲萬乘子。黔首不得耕種咸陽田。君不見金墉城頭高百尺。河閒成都弄刀戟。草木萌芽殺長沙。狂風烈烈吹枯骨。人生骨肉那可保。富貴榮華幾時好。龍子作事非尋常。奪棗爭梨天下擾。金床玉几不得眠。一朝零落同秋草。

永和宮詞

揚州明月杜陵花。夾道香塵迎麗華。舊宅江都飛燕井。新侯關內武安家。雅步纖腰初召入。
鈿合金釵定情日。豐容盛鬋固無雙。蹴踘彈碁復第一。上林花鳥寫生綃。禁本鍾王點素毫。
楊柳風微春試馬。梧桐露冷暮吹簫。君王宵旰無歡思。宮門夜半傳封事。玉几金床少晏眠。
陳娥衞豔誰頻侍。貴妃明慧獨承恩。宜笑宜愁慰至尊。皓齒不呈微索問。蛾眉欲蹙又温存。
本朝家法修清讌。房帷久絕珍奇薦。敕使惟追陽羨茶。內人數減昭陽膳。維揚服製擅江南。
小閣爐煙沈水含。私買瓊花新樣錦。自修水遞進黃柑。中宮謂得君王意。銀鐶不妒温成貴。
早日艱難護大家。比來歡笑同良娣。奉使龍樓賈佩蘭。往還偶失兩宮歡。雖云樊嫕能辭令。
欲得昭儀喜怒難。綠綈小字書成印。瓊函自署充華進。請罪長教聖主憐。含辭欲得君王愠。
君王內顧惜傾城。故劍還存敵體恩。手詔玉人蒙詰問。自來階下拭啼痕。外家官拜金吾尉。
平生游俠多輕利。縛客因催博進錢。當筵便殺彈箏伎。班姬才調左姬賢。霍氏驕奢竇氏專。
涕泣微聞椒殿詔。笑談豪奪灞陵田。有司奏削將軍俸。貴人冷落宮車夢。永巷傳聞去玩花。
景和門裏誰陪從。天顏不懌侍人愁。后促黃門詔共遊。初勸官家伴不應。玉車早到殿西頭。
兩王最小牽衣戲。長者讀書少者弟。聞道羣臣譽定陶。獨將多病憐如意。豈有神君語帳中。
漫云王母降離宮。巫陽莫救蒼舒恨。金鎖彫殘玉筯紅。從此君王慘不樂。叢臺置酒風蕭索。
已報河南失數州。況經少子傷零落。貴妃瘦損坐匡牀。慵髻啼眉掩洞房。荳蔻湯温冰簟冷。

茘枝漿熱玉魚涼。病不經秋淚沾臆。裴回自絕君王膝。苔沒長門有夢歸。花飛寒食應相憶。玉匣珠襦啟便房。薤歌無異葬同昌。君王欲製哀蟬賦。詠筆詞臣有謝莊。頭白宮娥暗顰蹙。庸知朝露非爲福。宮草明年戰血腥。當時莫向西陵哭。窮泉相見痛倉黃。還向官家問永王。幸免玉環逢喪亂。不須銅雀怨興亡。自古豪華如轉轂。武安若在憂家族。愛子雖添北渚愁。外家已葬驪山足。夜雨椒房陰火青。杜鵑啼血濯龍門。漢家伏后知同恨。止少當年一貴人。碧殿淒涼新木拱。行人尚識昭儀冢。麥飯冬青問茂陵。斜陽蔓草埋殘壠。昭丘松檟北風哀。南內春深擁夜來。莫奏霓裳天寶曲。景陽宮井落秋槐。

鴛湖曲

鴛鴦湖畔草黏天。二月春深好放船。柳葉亂飄千尺雨。桃花斜帶一溪煙。煙雨迷離不知處。舊隄卻認門前樹。樹上流鶯三兩聲。十年此地扁舟住。主人愛客錦筵開。水閣風吹笑語來。畫鼓隊催桃葉伎。玉簫聲出柘枝臺。輕鞾窄袖嬌妝束。脆管繁絃競追逐。雲鬟子弟按霓裳。雪面參軍舞鸜鵒。酒盡移船曲樹西。滿湖燈火醉人歸。朝來別奏新翻曲。更出紅妝向柳隄。歡樂朝朝兼暮暮。七貴三公何足數。十幅蒲帆幾尺風。吹君直上長安路。長安富貴玉驄驕。侍女熏香護早朝。分付南湖舊花柳。好留煙月伴歸橈。那知轉眼浮生夢。蕭蕭日影悲風動。中散彈琴竟未終。山公啟事成何用。東市朝衣一旦休。北邙坏土亦難留。白楊尚作他人樹。

紅粉知非舊日樓。烽火名園竄狐兔。畫閣偸窺老兵怒。寧使當時沒縣官。不堪朝市都非故。我來倚棹向湖邊。煙雨臺空倍惘然。芳草乍疑歌扇綠。落英錯認舞衣鮮。人生苦樂皆陳迹。年去年來堪痛惜。聞笛休嗟石季倫。銜杯且效陶彭澤。君不見白浪掀天一葉危。收竿還怕轉船遲。世人無限風波苦。輸與江湖釣叟知。

圓圓曲

鼎湖當日棄人間。破敵收京下玉關。慟哭六軍俱縞素。衝冠一怒爲紅顏。紅顏流落非吾戀。逆賊天亡自荒讌。電埽黃巾定黑山。哭罷君親再相見。相見初經田竇家。侯門歌舞出如花。許將戚里箜篌伎。等取將軍油壁車。家本姑蘇浣花里。圓圓小字嬌羅綺。夢向夫差苑裏遊。宮娥擁入君王起。前身合是采蓮人。門前一片橫塘水。橫塘雙槳去如飛。何處豪家强載歸。此際豈知非薄命。此時只有淚沾衣。熏天意氣連宮掖。明眸皓齒無人惜。奪歸永巷閉良家。教就新聲傾坐客。坐客飛觴紅日暮。一曲哀絃向誰訴。白皙通侯最少年。揀取花枝屢回顧。早攜嬌鳥出樊籠。待得銀河幾時渡。恨殺軍書底死催。苦留後約將人誤。相約恩深相見難。一朝蟻賊滿長安。可憐思婦樓頭柳。認作天邊粉絮看。徧索綠珠圍內第。强呼絳樹出雕闌。若非壯士全師勝。爭得蛾眉匹馬還。蛾眉馬上傳呼進。雲鬟不整驚魂定。蠟炬迎來在戰場。啼粧滿面殘紅印。專征簫鼓向秦川。金牛道上車千乘。斜谷雲深起畫樓。散關月落開粧鏡。

傳來消息滿江鄉。烏桕紅經十度霜。教曲妓師憐尙在。浣紗女伴憶同行。舊巢共是銜泥燕。飛上枝頭變鳳皇。長向尊前悲老大。有人夫壻擅侯王。當時祇受聲名累。貴戚名豪競延致。一斛珠連萬斛愁。關山漂泊腰支細。錯怨狂風颺落花。無邊春色來天地。嘗聞傾國與傾城。翻使周郎受重名。妻子豈應關大計。英雄無奈是多情。全家白骨成灰土。一代紅粧照汗青。君不見館娃初起鴛鴦宿。越女如花看不足。香逕塵生鳥自啼。屧廊人去苔空綠。換羽移宮萬里愁。珠歌翠舞古梁州。爲君別唱吳宮曲。漢水東南日夜流。

捉船行

官差捉船爲載兵。大船買脫中船行。中船蘆港且潛避。小船無知唱歌去。郡符昨下吏如虎。快槳追風搖急櫓。村人露肘捉頭來。背似土牛耐鞭苦。苦辭船小要何用。爭執洶洶路人擁。前頭船見不敢行。曉事篙師斂錢送。船戶家家壞十千。官司查點候如年。發回仍索常行費。另派門攤云雇船。君不見官舫嵬峩無用處。打鼓插旗馬頭住。

退谷歌

我家乃在莫釐之下具區之東。洞庭煙鬟七十二。天際杳杳聞霜鐘。豈無巢居子。長嘯呼赤松。後來高臥不可得。無乃此世非洪濛。元氣茫茫鬼神鑿。黃虞既沒巢由窮。逆旅逢孫登。自稱北海翁。攜手共上徐無峯。仰天四顧指而笑。此下卽是宜春宮。若教天子廣苑囿。吾地應入甘泉中丈夫蹤跡貴狡獪。何必萬里游崆峒。君不見抱石沈焚山死。被髮佯狂棄妻子。匡廬峰成都市。欲逃名姓竟誰是。少微無光客星暗。四皓衣冠只如此。使我山不得高水不得深。鳥不得飛魚不得沈。武陵洞口聞野哭。蕭斧斫盡桃花林。仙人得道古來宅。劫火到處相追尋。不如三輔內此地。依青門。非朝非市非沈淪。鄠杜豈闕蕭相請。茂陵不厭相如貧。飲君酒。就君宿。羨君逍遙之退谷。花好須隨禁苑開。泉清不讓溫湯浴。中使敲門爲放鷹。羽林下馬因尋鹿。我生亦胡爲。白頭苦碌碌。送君還山識君屋。庭草彷彿江南綠。客心歷亂登高目。噫嚱乎歸哉。我家乃在莫釐之下。具區之東。側身長望將安從。

悲歌贈吳季子

人生千里與萬里。黯然銷魂別而已。君獨何爲至於此。山非山兮水非水。生非生兮死非死。十三學經并學史。生在江南長紈綺。詞賦翩翩衆莫比。白璧青蠅見排詆。一朝束縛去上書。難自理。絕塞千山斷行李。送吏淚不止。流人復何倚。彼尚愁不歸。我行定已矣。八月龍沙雪花起。槖駝垂腰馬沒耳。白骨皚皚經戰壘。黑河無船渡者幾。前憂猛虎後蒼兕。土穴偸生若螻蟻。大魚如山不見尾。張鬐爲風沫爲雨。日月倒行入海底。白晝相逢半人鬼。噫嘻乎悲哉。生男聰明愼莫喜。倉頡夜哭良有以。憂患祇從讀書始。君不見吳季子。

讀史雜感三首

北寺讒成獄。西園賄拜官。上書休討賊。進爵在迎鑾。相國爭開第。將軍罷築壇。空餘蘇武節。
流涕向長安。

聞築新宮就。君王擁麗華。尙言虛內主。廣欲選良家。使者螭頭舫。才人豹尾車。可憐青冢月。
已照白門花。

偏師過采石。突騎滿新林。已設牽羊禮。難爲刑馬心。孤軍摧韋粲。百戰死王琳。極目蕪城遠。
滄江莫雨深。

送王子彥

失意獨焉往。自憐歸計非。無家忘別苦。多難愛書稀。白首投知己。青山負布衣。秋風秣陵道。
惆悵素心違。

遇舊友

已過纔追問。相看是故人。亂離何處見。消息苦難眞。拭眼驚魂定。銜杯笑語頻。移家就吾住。
白首兩遺民。

湖中懷友

渺渺晴波晚。青青芳草時。遠帆看似定。獨樹去何遲。花落劉根廟。雲生柳毅祠。香蓴正可擷。
欲寄起相思。

送湘陰沈旭輪謫判深州

豈不貪高臥。其如世路非。故園先業在。多難幾時歸。遇事愁官長。逢人羨布衣。君看洞庭雁。日夜向南飛。

送穆苑先南還

舍弟今年別。臨分恰杪秋。苦將前日淚。重向故人流。海國愁安枕。鄉田喜薄收。相期裁數紙。春雨便歸舟。

過韓蘄王墓

訪古思天塹。江聲戰鼓中。全家知轉鬬。健婦笑臨戎。汗馬歸諸將。疲驢念兩宮。淒涼岳少保。宿草起悲風。

哭亡女三首

喪亂才生汝。全家竄道邊。畏啼思便棄。得免意加憐。兒女關餘劫。干戈逼少年。興亡天下事。追感倍淒然。

一慟憐渠幼。他鄉失母時。止因身未殞。每恨兒無期。白骨投懷抱。黃泉訴別離。相依三尺土。腸斷孝娥碑。

扶病常聞亂。漂零實可憂。危時難共濟。短算亦良謀。訣絕頻攜手。傷心但舉頭。昨宵還勸我。

不必淚長流。

梅村

枳籬茅舍掩蒼苔。乞竹分花手自栽。不好詣人貪客過。慣遲作答愛書來。閒窗聽雨攤詩卷。獨樹看雲上嘯臺。桑落酒香盧橘美。釣船斜繫草堂開。

悼亡

秋風蕭索響空幃。酒醒更殘淚滿衣。辛苦共嘗偏早去。亂離知否得同歸。君親有媿吾還在。生死無端事總非。最是傷心看穉女。一窗燈火照鳴機。

陳青雷以半圃索題走筆戲贈

半間茅屋半牀書。半賦閒游半索居。領略溪山應不盡。平分風月復何如。黠癡互有纔忘世。廉讓中間好結廬。自是圖全非易事。與君隨意狎樵漁。

投贈督府馬公

十年重到石城頭。細雨孤帆載客愁。累檄久應趨幕府。扁舟今始識君侯。青山舊業安常稅。白髮衰親畏遠遊。慚媿推賢蕭相國。邵平只合守瓜邱。

自歎

誤盡平生是一官。棄家容易變名難。松筠敢厭風霜苦。魚鳥猶思天地寬。鼓枻有心逃甪里。

推車何事出長干。旁人休笑陶弘景。神武當年早挂冠。

臺城

形勝當年百戰收。子孫容易失神州。金川事去家還在。玉樹歌殘恨未休。徐鄧功勳誰甲第。方黃骸骨總荒邱。可憐一片秦淮月。曾照降旛出石頭。

將至京師寄當事諸老二首

柴門秋色草蕭蕭。幕府驚傳折簡招。敢向煙霞堅笑傲。卻貪耕鑿久逍遙。楊彪病後稱遺老。周黨歸來話聖朝。自是璽書修盛舉。此身只合伴漁樵。

平生蹤迹儘由天。世事浮名總棄捐。不召豈能逃聖代。無官敢卽傲高眠。匹夫志在何難奪。君相恩深自見憐。記送鐵崖詩句好。白衣宣至白衣還。

贈遼左故人二首

短轅一哭暮雲低。雪窖冰天路慘悽。青史幾年朝玉馬。白頭何日放金雞。燕支塞遠春難到。木葉山高鳥亂啼。百口總行君莫歎。免教少婦憶遼西。

齊女門前萬里臺。傷心砧杵北風哀。一官誤汝高門累。半子憐渠快壻才。失母況經關塞別。從夫只好夢魂來。摩挲老眼千行淚。望斷寒雲凍不開。

懷古兼弔侯朝宗

河洛風塵萬里昏。百年心事向夷門。氣傾市俠收奇用。策動宮娥報舊恩。多見攝衣稱上客。幾人刎頸送王孫。死生總負侯嬴諾。欲滴椒漿淚滿樽。自注。朝宗歸德人。貽書約終隱不出。余爲世所逼。自負夙諾。故及之。

蕭何

蕭相營私第。他年畏勢家。豈知未央殿。壯麗只棲鴉。

采石磯

石壁千尋險。江流一矢爭。曾聞飛將上。落日弔開平。

子夜詞

憶歡教儂書。少小推無力。別郎欲郎憐。修箋自雕飾。

古意

歡似機中絲。織作相思樹。儂似衣上花。春風吹不去。

亂後過湖上山水盡矣感賦一絕

柳榭桃蹊事已空。斷槎零落敗垣風。莫嗟客鬢重遊改。恰有青山似鏡中。

觀棋和韻

莫將絕藝向人誇。新勢斜飛一角差。局罷兒童閒數子。不知勝負落誰家。

臨清大雪

白頭風雪上長安。裋褐疲驢帽帶寬。辜負故園梅樹好。南枝開放北枝寒。

題二禽圖

舊巢雖去主人空。翦雨捎風自在中。卻笑雪衣貪玉粒。羽毛憔悴閉雕籠。

送友人出塞

此去流人路幾千。長虹亭外草連天。不知黑水西風雪。可有江南問渡船。

一舸

霸越亡吳計已行。論功何物賞傾城。西施亦有弓藏懼。不獨鴟夷變姓名。

出塞

玉關秋盡雁連天。磧裏明駝路幾千。夜半李陵臺上月。可能還似漢宮圓。

古意

豆蔻梢頭二月紅。十三初入萬年宮。可憐同望西陵哭。不在分香賣履中。

詩詞治要卷一

詩十五家

王士禛

清山東新城人。字貽上。號阮亭。別號漁洋山人。順治進士。由揚州司理累官刑部尚書。卒年七十八。諡文簡。士禎善古文。兼工詞。其幹濟風節。多有可傳。而尤以詩鳴當時。其詩大抵推本嚴羽妙悟之說。宗尚王孟。以神韻爲主。當時與之頡頏者。惟秀水朱彝尊。屹然分立南北詩壇者五十年。而得名之盛。終無如士禎。趙執信獨著談龍錄與之齟齬。然核趙所得。更莫能及。其後紀昀嘗評士禎之詩。曰。括其宗旨。不出神韻之一言。雖末流剿襲。使模山範水之語。處處可移。論者不能無同異。要其選言新秀。吐屬天然。不能不推爲詩家一大宗也。有帶經堂集。漁洋詩文集精華錄。古詩選。唐人萬首絕句選。感舊集等書。

懷古　轅固里

漢初尚黃老。儒術闇不章。齊魯誕諸儒。五經如載陽。遐哉清河傅。卓爲羣倫倡。抵掌論湯武。大義非荒唐。曲學誠孫弘。微言詒后蒼。訓詞列學官。星日同琅琅。我生暌千載。桑梓寧異鄉。瘏瘏思哲人。流風一何長。生慙齊魯學。私淑附師匡。

廣武山

朝登廣武山。四望古戰場。黃河泱漭流。寒日無晶光。孤獸索其羣。驚鳥亂無行。平沙轉飛蓬。

白骨堆嚴霜。昔者英雄人。於此分霸王。強弱理無恆。得失爭敖倉。名雖蹶陰陵。萬乘入咸陽。東指芒碭雲。五色成龍章。大風沛上來。遊子悲故鄉。

沈周秋林讀書圖

白露變丹葉。楓林颯高寒。青山出白雲。巖壑增孱顏。何人坐林中。長日頹巾冠。堯舜禹武湯。如櫛羅簡編。最愛青牛翁。至哉五千言。山風日蕭條。楓葉隨我前。瀑布拏蛟龍。赴谷為奔川。川上小石磯。磯頭插綸竿。卷書卽垂釣。得意遂忘筌。我本山中人。見此心依然。何當及秋風。歸翦茅三間。

梁曰緝為言輞川雪中之遊

少志愛山水。夢想懷藍田。終南西峯下。水石餘清妍。憶昔維摩詰。于此曾挂冠。揮手謝時輩。草堂常晏眠。輞水遶舍下。湖光明雲端。繩牀間藥鐺。清齋日蕭然。春鷗漸矯翼。夏木紛綿芊。時尋名僧會。自泛湖中船。嘆息古人沒。風物隨變遷。仙令妙文筆。慨然追昔賢。積雪曜巖阪。秀色曖林巒。數里入谷口。石流已濺濺。水鳥相哀鳴。雙堠渺人烟。卻登華子岡。輞水猶淪漣。花竹散已久。亭館供諸天。王裴杳千載。丘壑亦凋殘。來者復為誰。斯言良足嘆。

定軍山諸葛公墓下作

高密起南陽。文終從（自注去聲）高祖。暴繫本見疑。數衄亦非武。堂堂諸葛公。魚水託心膂。二表匹謨訓。一德追伊呂。覗操但如鬼。畏蜀還如虎。嗟彼巾幗徒。與公豈儔伍。紫色復蛙聲。抵隙各爲主。火井方三炎。赤伏更（自注平聲）典午。志士恥帝秦。祭器猶存魯。陰平一失險。面縛忘奔莒。知公抱遺恨。龍臥成千古。峨峨定軍山。悠悠沔陽滸。鬱鬱冬青林。哀哀號杜宇。耕餘拾敗鏃。月黑聞軍鼓。譙侯寧足誅。激昂淚如雨。

龍門閣

衆山如連鼇。突兀上龍背。鱗鬣中怒張。風雨晝晦昧。出爪作之而。神奇始何代。亂水趨嘉陵。波濤勢交滙。萬壑爭一門。雷霆走其內。直跨背上行。四顧氣什倍。夕陽下岷峨。天彭光破碎。咫尺劍門關。益州此絕塞。子陽昔躍馬。妖夢成佁儗。區區王與孟。泥首終一概。李特亦雄兒。僭竊竟何在。

送徐武令

人生如飛蓬。飄轉不得住。與君十載別。紫髯已非故。邂逅蔓草間。爲君歌零露。歌聲未及已。離觴忽復御。淼淼江上波。離離海門樹。悵望秋風時。客帆此中去。雁飛京口驛。潮落西興渡。幾日罷淸砧。閨中理紈素。

初入五老峯謁白鹿洞呈湯佐平先生

忽忽遠城市。浩浩臨滄洲。良辰愜奇賞。始遂廬山遊。威紆屢轉壑。窈窕時經丘。潺潺風瀑瀉。

蒼蒼石川流。騎牛緬往迹。眠鹿欽前修。風景宛猶昔。年運倏已遒。唯有五老峯。屹立忘春秋。
紫芝驚漢帝。黃石招留侯。泉石不我遐。桂樹生山幽

彭澤雨泊有懷陶公

陶公令彭澤。柴桑一舍耳。猶對匡廬山。共飲西江水。一朝悟昨非。扁舟歸栗里。笑指故山雲。
吾心亦如此。我來彭澤縣。秫田沒沙嘴。急雨送寒潮。三歎顏延誄

丹徒行弔宋武帝

曲阿之北京口東。寄奴王者眞英雄。新洲伐荻殺龍子。大業遂建丹徒宮。桓家小兒亂天紀。
投袂勤王夜中起。樗蒲百萬皆人豪。龍行虎步非凡理。從茲大運屬彭城。中原趙魏歸經營。
硤口千軍五龍涸。藍田一戰二崤平。南北推移幾千載。太息雄圖竟何在。宿麥寒原少昔人。
神鵶社鼓成空塞。王氣銷殘帝宅荒。悠悠江水不勝長。忠臣徒歎袁開府。天命還歸蕭建康。

葉紉庵自吳中寄予長歌並示金山見憶之作奉答

昔者我登浮玉山。大江駭浪流潺湲。岷峨萬里在眼底。荆門郢樹浮杯間。彭城蘭陵一朝盡。
令我慨歎愁心顏。此時側望天北極。漁陽莽蕩連雄關。玉堂美人侍帝側。兩年不見飛鴻翼。
海內憑誰論素心。夢裏思君見顏色。蒼梧慘淡雲氣深。九疑緜邈瀟湘陰。重瞳南巡忽寂寞。
園花陵草俱沾襟。聞道高陵變深谷。卽看碧海飛黃塵。雲霄侍從幾人在。飛蓬落葉愁春心。

夫子盛年何婉孌。日夕含香玉皇殿。衆中獻賦欲淩雲。御前騎馬如飛電。卽今蕉萃百不如。落拓江湖復相見。吁嗟哉。人生遇合亦偶然。雄飛雌伏皆可憐。不見東方曼倩號大隱。金門據地歌向天。又不見開元天子盛文藻。隴西王孫稱謫仙。調羹未罷夜郎謫。至今青山采石垂千年。君家況近崑山麓。二陸臺邊結茅屋。放鶴朝從西鹿歸。采蓴夜向南湖宿。感遇終懷國士恩。憂時莫效長沙哭。三山圖畫一江分。何日題詩共夕曛。妙高臺上江如練。南望姑蘇是白雲。

南將軍廟行 自注。在泗州。南公霽雲乞師處。

范陽戰鼓如轟雷。東都已破潼關開。山東大半爲賊守。常山平原安在哉。睢陽獨遏江淮勢。義激諸軍動天地。時危戰苦陣雲深。裂眦不見官軍至。誰與健者南將軍。包胥一哭通風雲。抽矢誓仇已慷慨。拔劍墮指何嶙峋。賀蘭未滅將軍死。嗚呼南八眞男子。中丞侍郎同日亡。碧血斑爛照青史。淮山峨峨淮水深。廟門遙對青楓林。行人下馬拜秋色。一曲淋鈴萬古心。

仇英畫九成宮圖 自注。唐九成宮卽隋仁壽宮。

君不見隋皇初作仁壽宮。累榭穹臺宛相屬。夷山堙塹幾百里。役卒崩騰死崖谷。功成厭見獨孤公。不知怨自封郎築。宮晚車出凡幾載。已見迷樓起相續。虬鬚眞人西入關。剗平六合營長安。青山碧水自無恙。雕牆峻宇猶人間。年年清暑備法駕。千乘萬騎驪孱顏。醴泉瀵出如沆瀣。下入涇渭爲通川。步櫚周流鑿山翠。雲窗霧閣當空懸。化人之臺屹中天。銅烏六月雄風寒。披襟萬仞待颷馭。咸陽宮闕如雲煙。宮娃笑語翠微上。阿監絡繹青冥邊。羽林千牛萬萬輩。解牛放馬紛華旃。從來世事有倚伏。太平倏過開元年。白頭拾遺此駐馬。愁聞林藪啼哀猿。畫圖想見全盛日。今我涕淚雙闌干。

秦鏡詞爲袁松籬作

熒熒古鏡雙盤龍。流傳本出咸陽宮。秦時明月至今在。剝落泥沙露光彩。當年秦并六國時。後宮閉置千雙眉。守宮注臂鏡照膽。三十六年君不知。華陰道上逢山鬼。轀輬東來祖龍死。美人鐘鼓散如煙。此鏡蒼涼閱朝市。憶昔大收天下兵。十二金人初鑄成。還令餘事作奩鑑。太乙下視蛟龍驚。劉與嬴蹶何倉卒。金鑑千秋如一髮。秦鏡虛誇照膽寒。不照長城多白骨。自注。漢祖入咸陽宮。得方鏡。廣四尺九寸。照見五藏。見西京雜記。

元祐黨籍碑

天津橋上啼杜鵑。耕父已見淸泠淵。宮中堯舜不可作。厚陵社飯悲年年。二惇二蔡秉國軸。同文館獄紛鉤連。衣冠相望走嶺表。一網盡矣嗟羣賢。司空手籍元祐黨。自注。京自署司空尚書右僕射兼門下侍郎。大書深刻相磨鐫。彗星下埽文德殿。毀碑夜半何喧闐。攸攸狒狒一兒戲。可惜宋社成南遷。潭州死骨尙有臭。黨人名字光中天。西南荒徼八桂郡。此碑千載人爭傳。上云垂戒萬萬世。其詞何異誅共驩。從來青蠅亂白黑。三代遺直今如弦。小人勿用易所戒。崇寧僨轍無忘旃。

采石太白樓觀蕭尺木畫壁歌

落帆向牛渚。直上太白樓。錦袍烏帽太瀟灑。迴看四壁風颼颼。蕭生何年畫此雪色壁。峰巒出沒煙嵐稠。元氣淋漓眞宰妒。江湖澒洞蛟龍愁。吳觀越觀上海日。蒼烟九點橫齊州。祝融諸峯配朱鳥。瀟湘洞庭放遠遊。峩眉雪照巫峽水。匡廬瀑下彭湖流。須臾使我行萬里。瞥如怒隼凌淸秋。我生海隅近岱畎。西遊曾上瞿唐舟。昨登五老弄瀑布。卻臨三峽窺龍湫。七十二峰身未到。蒼梧已略天南頭。太白遊蹤徧四海。晚愛青山采石聊淹留。丈夫當爲黃鵠舉。下視燕雀徒啁啾。

阮亭秋霽有懷西山寄徐五

孤亭新霽後。藤竹夜涼生。忽憶西峯寺。曾經采藥行。夕陽雲木秀。秋雨石泉清。不見煙霞侶。相思空復情。

武侯琴堂

竹篠娟娟靜。江流漠漠陰。至今籌筆地。猶見出師心。遺恨成銜璧。元聲有故琴。千秋絃指外。髣髴遇高深。

瀼西謁少陵祠二首

白髮三川客新詩百鍊功。飄零逐猿鳥。得失感雞蟲。弟妹干戈裏。朝廷涕淚中。浣花形勝地。回首雪山風。

浩劫遺祠在依然白帝城。岸連巫峽影。門對蜀江聲。太息隆中業。平生庾信情。艱難詩萬首。夔府至今名。

與趙秋水話申堯盟遺事感賦

滏水去涓涓。東流繞墓田。忽驚辰巳夢。重憶甲申年。自注。謂堯盟曾入節愍公甲申殉節。夜雨啼山鬼。青春叫杜鵑。平生趙元叔。白首話燈前。

過長沮桀溺耦耕處

曾讀陶公傳。賽賽沮溺心。耦耕餘故跡。流水抱寒岑。鳥下日將夕。雲歸山半陰。從來避世者。不厭入林深。

曉雨後燕子磯絕頂

岷濤萬里望中收。振策危磯最上頭。吳楚青蒼分極浦。江山平遠入新秋。永嘉南渡人皆盡。建業西風水自流。灑酒重悲天塹險。浴鳧飛鷺滿汀洲。

華州齊雲樓自注。唐昭宗望京處。

齊雲樓上望京師。渭水東流無盡時。父老尚傳行幸日。教坊曾譜斷腸詞。城空祇見雙飛燕。劫敗猶爭一局棋。莫問寒煙十六宅。土花凝碧至今悲。

年來錢牧齋吳梅村周櫟園諸先生鄒訏士陳伯璣方爾止董文友諸同人相繼徂謝棧道感懷愴然有賦

載酒題襟處處同。平生師友廿年中。九原可作思隨會。四海論交憶孔融。春草茫茫人代速。落花寂寂墓門空。白頭騎馬嘉陵路。惟有羊曇恨未窮。

拜李元禮墓

潁水東流去不迴。漢家司隸汜城隈。西園宦爵歸常侍。北部髡鉗記黨魁。一代荀陳師友誼。千秋蕃武死生哀。歲寒謖謖松聲裏。猶似龍門御李來。

和徐健庵宮贊喜吳漢槎入關之作

丁零絕塞鬢毛斑。雪窖招魂再入關。萬古窮荒生馬角。幾人樂府唱刀鐶。天邊魑魅愁遷客。江上蓴鱸話故山。太息梅村今宿草。不留老眼待君還。自注。吳梅村先生昔有送漢槎出塞長句見集中。

贛州謁王文成公祠

新建當年此誓師。森然松柏見靈祠。軍聲不藉條侯壁。籌策唯應漢相知。萬古許孫同廟食。一時張桂太傾危。後來論定煩青史。睍首猶存墮淚碑。

晚登夔府東城樓望八陣圖

永安宮殿莽榛蕪。炎漢存亡六尺孤。城上風雲猶護蜀。江間波浪失吞吳。魚龍夜偃三巴路。蛇鳥秋懸八陣圖。搔首桓公憑弔處。猿聲落日滿夔巫。

紫柏山下謁留侯祠

萬木蕭蕭風晝吹。深山忽見留侯祠。清流白石閱今古。雪柏霜筠無歲時。辟穀眞從赤松隱。授書偶作帝王師。也知烏喙逃句踐。未屑鴟夷學子皮。

雪後憶家兄西樵

竹林上斜照。陋巷無車轍。千里暮相思。獨對空庭雪。

青山

晨雨過青山。漠漠寒烟織。不見秣陵城。坐愛秋江色。

國士橋

國士橋邊水。千年恨不窮。如聞柱厲叔。死報莒敖公。

石城橋示倪雁園太史

昔作秦淮客。朱樓賦洞簫。白頭故人盡。重上石城橋。

夜雨題寒山寺寄西樵禮吉二首

日暮東塘正落潮。孤篷泊處雨瀟瀟。疏鐘夜火寒山寺。記過吳楓第幾橋。

楓葉蕭條水驛空。離居千里悵難同。十年舊約江南夢。獨聽寒山半夜鐘。

秦淮雜詩

當年賜第有輝光。開國中山異姓王。莫問萬春園舊事。朱門草沒大功坊。

新歌細字寫冰紈。小部君王帶笑看。千載秦淮嗚咽水。不應仍恨孔都官。自注。弘光時。阮司馬以吳綾作朱絲闌書燕子箋諸劇進宮中。

眞州絕句

曉上江樓最上層。去帆婀娜意難勝。白沙亭下潮千尺。直送離心到秣陵。

趙北口見秋柳感成二首

順治己未。予上公車。與家兄吏部傅彤臣御史賦柳枝詞於此。忽忽十餘年矣。隄柳婆娑無復曩時。不勝攀枝折條之感。因賦是詩。

十二年前乍到時。板橋一曲柳千絲。而今滿目金城感。不見柔條踠地垂。

六載隋隄送客驂。樹猶如此我何堪。銷魂橋上重相見。一樹依依似漢南。自注。予舊賦柳枝有云。銷魂橋上銷魂樹。不到飛花魂亦銷。

馬嵬懷古

巴山夜雨卻歸秦。金粟堆邊草不春。一種傾城好顏色。茂陵終傍李夫人。

蟂磯靈澤夫人祠

霸氣江東久寂寥。永安宮殿莽蕭蕭。都將家國無窮恨。分付潯陽上下潮。

灞橋寄內

太華終南萬里遙。西來無處不魂銷。閨中若問金錢卜。秋雨秋風過灞橋。

東平思王墓

東平幾驛是咸陽。松柏依然指故鄉。帝子不須還悵望。漢家陵闕久淒涼。

下五祖山

雪滿空山下翠微。娛人千里盡清輝。野梅香破半溪水。翠羽一雙相背飛。

謁文忠烈公祠

精神如破貝州時。晚節猶能動四夷。天遣不同韓富沒。姓名留重黨人碑。

詩詞治要卷一

附錄

古詩一十九首

行行重行行。與君生別離。相去萬餘里。各在天一涯。道路阻且長。會面安可知。胡馬依北風。越鳥巢南枝。相去日已遠。衣帶日已緩。浮雲蔽白日。遊子不顧反。思君令人老。歲月忽已晚。棄捐勿復道。努力加餐飯。

青青河畔草。鬱鬱園中柳。盈盈樓上女。皎皎當牕牖。娥娥紅粉妝。纖纖出素手。昔爲倡家女。今爲蕩子婦。蕩子行不歸。空牀難獨守。

青青陵上柏。磊磊磵中石。人生天地間。忽如遠行客。斗酒相娛樂。聊厚不爲薄。驅車策駑馬。遊戲宛與洛。洛中何鬱鬱。冠帶自相索。長衢羅夾巷。王侯多第宅。兩宮遙相望。雙闕百餘尺。極宴娛心意。戚戚何所迫。

今日良宴會。歡樂難具陳。彈箏奮逸響。新聲妙入神。令德唱高言。識曲聽其眞。齊心同所願。含意俱未申。人生寄一世。奄忽若飇塵。何不策高足。先據要路津。無爲守窮賤。轗軻長苦辛。

西北有高樓。上與浮雲齊。交疏結綺窗。阿閣三重階。上有絃歌聲。音響一何悲。誰能爲此曲。

無乃杞梁妻。清商隨風發。中曲正徘徊。一彈再三歎。慷慨有餘哀。不惜歌者苦。但傷知音稀。
願爲雙鳴鶴。奮翅起高飛。

涉江采芙蓉。蘭澤多芳草。采之欲遺誰。所思在遠道。還顧望舊鄉。長路漫浩浩。同心而離居。
憂傷以終老。

明月皎夜光。促織鳴東壁。玉衡指孟冬。衆星何歷歷。白露霑野草。時節忽復易。秋蟬鳴樹間。
元鳥逝安適。昔我同門友。高舉振六翮。不念攜手好。棄我如遺跡。南箕北有斗。牽牛不負軛。
良無盤石固。虛名復何益。

冉冉孤生竹。結根泰山阿。與君爲新婚。兔絲附女蘿。兔絲生有時。夫婦會有宜。千里遠結婚。
悠悠隔山陂。思君令人老。軒車來何遲。傷彼蕙蘭花。含英揚光輝。過時而不采。將隨秋草萎。
君亮執高節。賤妾亦何爲。

庭中有奇樹。綠葉發華滋。攀條折其榮。將以遺所思。馨香盈懷袖。路遠莫致之。此物何足貴。
但感別經時。

迢迢牽牛星。皎皎河漢女。纖纖擢素手。札札弄機杼。終日不成章。泣涕零如雨。河漢清且淺。
相去復幾許。盈盈一水間。脈脈不得語。

迴車駕言邁。悠悠涉長道。四顧何茫茫。東風搖百草。所遇無故物。焉得不速老。盛衰各有時。

立身苦不早。人生非金石。豈能長壽考。奄忽隨物化。榮名以爲寶。
東城高且長。逶迤自相屬。迴風動地起。秋草萋以綠。四時更變化。歲暮一何速。晨風懷苦心。蟋蟀傷局促。蕩滌放情志。何爲自結束。燕趙多佳人。美者顏如玉。被服羅裳衣。當戶理清曲。音響一何悲。絃急知柱促。馳情整巾帶。沈吟聊躑躅。思爲雙飛燕。銜泥巢君屋。
驅車上東門。遙望郭北墓。白楊何蕭蕭。松柏夾廣路。下有陳死人。杳杳卽長暮。潛寐黃泉下。千載永不寤。浩浩陰陽移。年命如朝露。人生忽如寄。壽無金石固。萬歲更相送。聖賢莫能度。服食求神仙。多爲藥所誤。不如飲美酒。被服紈與素。
去者日以疏。生者日以親。出郭門直視。但見邱與墳。古墓犂爲田。松柏摧爲薪。白楊多悲風。蕭蕭愁殺人。思還故里閭。欲歸道無因。
生年不滿百。常懷千歲憂。晝短苦夜長。何不秉燭遊。爲樂當及時。何能待來茲。愚者愛惜費。但爲後世嗤。仙人王子喬。難可與等期。
凜凜歲云暮。螻蛄夕鳴悲。涼風率已厲。游子寒無衣。錦衾遺洛浦。同袍與我違。獨宿累長夜。夢想見容輝。良人惟古懽。枉駕惠前綏。願得常巧笑。攜手同車歸。既來不須臾。又不處重闈。亮無晨風翼。焉能淩風飛。眄睞以適意。引領遙相睎。徙倚懷感傷。垂涕霑雙扉。
孟冬寒氣至。北風何慘慄。愁多知夜長。仰觀衆星列。三五明月滿。四五蟾兔缺。客從遠方來。

遺我一書札。上言長相思。下言久離別。置書懷袖中。三歲字不滅。一心抱區區。懼君不識察。

客從遠方來。遺我一端綺。相去萬餘里。故人心尚爾。文綵雙鴛鴦。裁爲合歡被。著以長相思。
緣以結不解。以膠投漆中。誰能別離此。

明月何皎皎。照我羅牀幃。憂愁不能寐。攬衣起徘徊。客行雖云樂。不如早旋歸。出戶獨彷徨。
愁思當告誰。引領還入房。淚下沾裳衣。

李陵與蘇武三首

良時不再至。離別在須臾。屏營衢路側。執手野踟躕。仰視浮雲馳。奄忽互相踰。風波一失所。
各在天一隅。長當從此別。且復立斯須。欲因晨風發。送子以賤軀。

嘉會難再遇。三載爲千秋。臨河濯長纓。念子悵悠悠。遠望悲風至。對酒不能酬。行人懷往路。
何以慰我愁。獨有盈觴酒。與子結綢繆。

攜手上河梁。遊子暮何之。徘徊蹊路側。悢悢不得辭。行人難久留。各言長相思。安知非日月。
弦望自有時。努力崇明德。皓首以爲期。

蘇武古詩四首

骨肉緣枝葉。結交亦相因。四海皆兄弟。誰爲行路人。況我連枝樹。與子同一身。昔爲鴛與鴦。
今爲參與辰。昔者常相近。邈若胡與秦。惟念當離別。恩情日以新。鹿鳴思野草。可以喻嘉賓。

我有一罇酒。欲以贈遠人。願子留斟酌。敘此平生親。

黃鵠一遠別。千里顧徘徊。胡馬失其羣。思心常依依。何況雙飛龍。羽翼臨當乖。幸有絃歌曲。可以喻中懷。請爲遊子吟。泠泠一何悲。絲竹厲清聲。慷慨有餘哀。長歌正激烈。中心愴以摧。欲展清商曲。念子不能歸。俛仰內傷心。淚下不可揮。願爲雙黃鵠。送子俱遠飛。

結髮爲夫妻。恩愛兩不疑。歡娛在今夕。嬿婉及良時。征夫懷往路。起視夜何其。參辰皆已沒。去去從此辭。行役在戰場。相見未有期。握手一長歎。淚爲生別滋。努力愛春華。莫忘歡樂時。生當復來歸。死當長相思。

燭燭晨明月。馥馥秋蘭芳。芬馨良夜發。隨風聞我堂。征夫懷遠路。遊子戀故鄉。寒冬十二月。晨起踐嚴霜。俯觀江漢流。仰視浮雲翔。良友遠離別。各在天一方。山海隔中州。相去悠且長。嘉會難再遇。歡樂殊未央。願君崇令德。隨時愛景光。

玄冥

以下三首爲郊廟歌辭之漢郊祀歌。　案宋郭茂倩纂樂府詩集一百卷。總括歷代樂府。上起陶唐。下迄五代。分爲十二類。一郊廟歌辭。二燕射歌辭。三鼓吹歌辭。四橫吹曲辭。五相和歌辭。六清商曲辭。七舞曲歌辭。八琴曲歌辭。九雜曲歌辭。十近代曲辭。十一雜謠歌辭。十二新樂府辭。網羅賅博。每題以古辭居前。擬作居後。其古辭多漢魏六朝間無名氏所作。措辭敘事。別饒風趣。與古詩十九首及蘇李諸篇同工異曲。並爲歷代詩家沈浸含咀之所取資。今因據郭集各類中采其尤佳而可誦者九十餘首。以示一斑焉。

玄冥凌陰。蟄蟲蓋藏。草木零落。抵冬降霜。易亂除邪。革正異俗。兆民反本。抱素懷樸。條理信義。望禮五嶽。籍斂之時。掩收嘉穀。

天馬

太一況。（同貺。）天馬下。霑赤汗。沫流赭。志俶儻。精權奇。籋（音業。）浮雲。晻上馳。體容與。迣（即逝字。）萬里。今安匹。龍爲友。

天馬徠。從西極。涉流沙。九夷服。天馬徠。出泉水。虎脊兩。化若鬼。天馬徠。歷無草。經千里。循東道。天馬徠。執徐時。將搖舉。誰與期。天馬徠。開遠門。竦予身。逝昆侖。天馬徠。龍之媒。游閶闔。觀王臺。

戰城南（以下三首。爲鼓吹曲辭之漢鐃歌。）

戰城南。死郭北。野死不葬烏可食。爲我謂烏。且爲客豪。野死諒不葬。腐肉安能去子逃。水聲激激。蒲葦冥冥。梟騎戰鬬死。駑馬徘徊鳴。梁築室。何以南。何以北。禾黍不穫君何食。願爲忠臣安可得。思子良臣。良臣誠可思。朝行出攻。暮不夜歸。

有所思

有所思。乃在大海南。何用問遺君。雙珠玳瑁簪。用玉紹繚之。聞君有他心。拉雜摧燒之。摧燒之。當風揚其灰。從今已往。勿復相思。相思與君絕。雞鳴狗吠。兄嫂當知之。妃呼豨。秋風肅肅晨風颸。東方須臾高知之。

上邪

上邪。我欲與君相知。長命無絕。衰山無陵。江水爲竭。冬雷震震。夏雨雪。天地合。乃敢與君絕。

企喻歌辭二首 以下二十一首橫吹曲辭之梁鼓角橫吹曲。

男兒欲作健。結伴不須多。鷂子經天飛。羣雀兩向波。

男兒可憐蟲。出門懷死憂。尸喪狹谷中。白骨無人收。

瑯琊王歌辭二首

新買五尺刀。懸著中梁柱。一日三摩挲。劇於十五女。

客行依主人。願得主人彊。猛虎依深山。願得松柏長。

隔谷歌二首

兄在城中弟在外。弓無弦。箭無栝。食糧乏盡若爲活。救我來。救我來。

兄爲俘虜受困辱。骨露力疲食不足。弟爲官吏馬食粟。何惜錢刀來我贖。

地驅樂歌、

月明光光星墮。欲來不來早語我。

捉搦歌四首

粟穀難舂付石臼。弊衣難護付巧婦。男兒千凶飽人手。老女不嫁只生口。
誰家女子能行步。反著裌襌後裙露。天生男女共一處。願得兩箇成翁嫗。
華陰山頭百丈井。下有流水徹骨冷。可憐女子能照影。不見其餘見斜領。
黃桑柘屐蒲子履。中央有系兩頭繫。小時憐母大憐婿。何不早嫁論家計。

折楊柳歌辭二首

遙看孟津河。楊柳鬱婆娑。我是虜家兒。不解漢兒歌。
健兒須快馬。快馬須健兒。䟿跋黃塵下。然後別雄雌。

折楊柳枝歌四首

上馬不捉鞭。反拗楊柳枝。下馬吹長笛。愁殺行客兒。
門前一株棗。歲歲不知老。阿婆不嫁女。那得孫兒抱。
敕敕何力力。女子臨窗織。不聞機杼聲。只聞女歎息。
問女何所思。問女何所憶。阿婆許嫁女。今年無消息。

幽州馬客吟歌辭

快馬常苦瘦。勦兒常苦貧。黃禾起羸馬。有錢始作人。

隴頭歌辭

朝發欣城。暮宿隴頭。寒不能言。舌卷入喉。

木蘭詩二首（後一首唐韋元甫擬作。）

唧唧復唧唧。（一作促織何唧唧。）木蘭當戶織。不聞機杼聲。唯聞女歎息。問女何所思。問女何所憶。女亦無所思。女亦無所憶。昨夜見軍帖。可汗大點兵。軍書十二卷。卷卷有爺名。阿爺無大兒。木蘭無長兄。願爲市鞍馬。從此替爺征。東市買駿馬。西市買鞍韉。南市買轡頭。北市買長鞭。旦（一作朝。）辭爺孃去。暮宿黃河邊。不聞爺孃喚女聲。但聞黃河流水鳴濺濺。旦辭黃河去。暮至（一作宿。）黑山頭。不聞爺孃喚女聲。但聞燕山胡騎鳴啾啾。萬里赴戎機。關山度若飛。朔氣傳金柝。寒光照鐵衣。將軍百戰死。壯士十年歸。歸來見天子。天子坐明堂。策勳十二轉。賞賜（一作賜物。）百千彊。可汗問所欲。木蘭不用尚書郎。願馳千里足。（段成式酉陽雜俎云。願借明駝千里足。）送兒還故鄉。爺孃聞女來。出郭相扶將。阿姊聞妹來。當戶理紅妝。小弟聞姊來。磨刀霍霍向豬羊。開我東閣門。坐我西間牀。脫我戰時袍。著我舊時裳。當窗理雲鬢。挂（一作對。）鏡帖花黃。出門看火伴。火伴皆（一作始。）驚忙。同行十二年。不知木蘭是女郎。雄兔腳撲朔。雌兔眼迷離。雙（一作兩。）兔傍地走。安能辨我是雄雌。

木蘭抱杼嗟。借問復爲誰。欲聞所慼慼。感激彊其顏。老父隸兵籍。氣力日衰耗。豈足萬里行。有子復尚少。胡沙沒馬足。朔風裂人膚。老父舊羸病。何以彊自扶。木蘭代父去。秣馬備戎行。

易卻紈綺裳。洗卻鉛粉妝。馳馬赴軍幕。慷慨攜干將。朝屯雪山下。暮宿青海傍。夜襲燕支虜。更攜于闐羌。將軍得勝歸。士卒還故鄉。父母見木蘭。喜極成悲傷。木蘭能承父母顏。卻御巾鞲理絲簧。昔爲烈士雄。今復嬌子容。親戚持酒賀。父母始知生女與男同。門前舊軍都。十年共崎嶇。本結兄弟交。死戰誓不渝。今也見木蘭。言聲雖是顏貌殊。驚愕不敢前。歎重徒嘻吁。世有臣子心。能如木蘭節。忠孝兩不渝。千古之名焉可滅。

箜篌引（此首爲相和歌辭相和六引之一。）

公無渡河。公竟渡河。墮河而死。當奈公何。

江南（以下五首爲相和歌辭之相和曲。）

江南可採蓮。蓮葉何田田。魚戲蓮葉間。魚戲蓮葉東。魚戲蓮葉西。魚戲蓮葉南。魚戲蓮葉北。

薤露歌

薤上露。何易晞。露晞明朝更復落。人死一去何時歸。

蒿里曲

蒿里誰家地。聚斂魂魄無賢愚。鬼伯一何相催促。人命不得少踟躕。

雞鳴

雞鳴高樹巔。狗吠深宮中。蕩子何所之。天下方太平。刑法非有貸。柔協正亂名。黃金爲君門。

璧玉爲軒堂。上有雙尊酒。作使邯鄲倡。劉王碧青甓。後出郭門王。舍後有方池。池中雙鴛鴦。鴛鴦七十二。羅列自成行。鳴聲何啾啾。聞我殿東廂。兄弟四五人。皆爲侍中郎。五日一時來。觀者滿路傍。黃金絡馬頭。熲熲何煌煌。桃生露井上。李樹生桃傍。蟲來齧桃根。李樹代桃殭。樹木身相代。兄弟還相忘。

陌上桑 一曰豔歌羅敷行。

日出東南隅。照我秦氏樓。秦氏有好女。自名爲羅敷。羅敷憙蠶桑。採桑城南隅。青絲爲籠系。桂枝爲籠鉤。頭上倭墮髻。耳中明月珠。緗綺爲下裙。紫綺爲上襦。行者見羅敷。下擔捋髭鬚。少年見羅敷。脫帽著帩頭。畊者忘其犂。鋤者忘其鋤。來歸相怨怒。但坐觀羅敷。使君從南來。五馬立踟蹰。使君遣吏往。問是誰家姝。秦氏有好女。自名爲羅敷。羅敷年幾何。二十尚不足。十五頗有餘。使君謝羅敷。寧可共載不。羅敷前致詞。使君一何愚。使君自有婦。羅敷自有夫。東方千餘騎。夫壻居上頭。何用識夫壻。白馬從驪駒。青絲繫馬尾。黃金駱馬頭。腰中鹿盧劍。可值千萬餘。十五府小吏。二十朝大夫。三十侍中郎。四十專城居。爲人潔白皙。鬑鬑頗有鬚。盈盈公府步。冉冉府中趨。坐中數千人。皆言夫壻殊。

長歌行 連下首爲相和歌辭之平調曲。

青青園中葵。朝露待日晞。陽春布德澤。萬物生光輝。常恐秋節至。焜黃華葉衰。百川東到海。

何時復西歸。少壯不努力。老大徒傷悲。

君子行

君子防未然。不處嫌疑間。瓜田不納履。李下不正冠。嫂叔不親授。長幼不比肩。勞謙得其柄。和光甚獨難。周公下白屋。吐哺不及餐。一沐三握髮。後世稱聖賢。

相逢行 此首爲相和歌辭之清調曲。一曰相逢狹路行。一曰長安有狹斜行。

相逢狹路間。道隘不容車。不知何年少。夾轂問君家。君家誠易知。易知復難忘。黃金爲君門。白玉爲君堂。堂上置尊酒。作使邯鄲倡。中庭生桂樹。華燈何煌煌。兄弟兩三人。中子爲侍郎。五日一來歸。道上自生光。黃金絡馬頭。觀者盈道傍。入門時左顧。但見雙鴛鴦。鴛鴦七十二。羅列自成行。音聲何噰噰。鶴鳴東西廂。大婦織綺羅。中婦織流黃。小婦無所爲。挾瑟上高堂。大人且安坐。調絲方未央。

善哉行 以下十四首爲相和歌辭之瑟調曲。

來日大難。口燥脣乾。今日相樂。皆當喜歡。經歷名山。芝草翩翩。仙人王喬。奉藥一丸。自惜袖短。內手知寒。慙無靈輒。以報趙宣。月沒參橫。北斗闌干。親交在門。飢不及餐。歡日尙少。戚日苦多。以何忘憂。彈箏酒歌。淮南八公。要道不煩。參駕六龍。遊戲雲端。

隴西行 一曰步出夏門行。

天上何所有。歷歷種白楡。桂樹夾道生。青龍對道隅。鳳凰鳴啾啾。一母將九雛。顧視世間人。爲樂甚獨殊。好婦出迎客。顏色正敷愉。伸腰再拜跪。問客平安不。請客北堂上。坐客氈氍毹。清白各異樽。酒上正華疏。酌酒持與客。客言主人持。卻略再拜跪。然後持一杯。談笑未及竟。左顧敕中廚。促令辦麤飯。愼莫使稽留。廢禮送客出。盈盈府中趨。送客亦不遠。足不過門樞。取婦得如此。齊姜亦不如。健婦持門戶。亦勝一丈夫。

步出夏門行

邪徑過空廬。好人常獨居。卒得神仙道。上與天相扶。過謁王父母。乃在太山隅。離天四五里。道逢赤松俱。攬轡爲我御。將吾上天遊。天上何所有。歷歷種白楡。桂樹夾道生。青龍對伏趺。

折楊柳行

默默施行違。厥罰隨事來。末喜殺龍逄。桀放於鳴條。祖伊言不用。紂頭懸白旄。指鹿用爲馬。胡亥以喪軀。夫差臨命絕。乃云負子胥。戎王納女樂。以亡其由余。璧馬禍及虢。二國俱爲墟。三夫成市虎。慈母投杼趨。卞和之刖足。接輿歸草廬。

西門行二首

出西門。步念之。今日不作樂。當待何時。夫爲樂。爲樂當及時。何能坐愁怫鬱。當復待來茲。飲醇酒。炙肥牛。請呼心所歡。可用解愁憂。人生不滿百。常懷千歲憂。晝短而夜長。何不秉燭遊。

自非仙人王子喬。計會壽命難與期。自非仙人王子喬。計會壽命難與期。人壽非金石。年命安可期。貪財愛惜費。但爲後世嗤。此曲晉樂所奏。

出西門。步念之。今日不作樂。當待何時。逮爲樂。逮爲樂。當及時。何能愁怫鬱。當復待來茲。釀美酒。炙肥牛。請呼心所懽。可用解憂愁。人生不滿百。常懷千歲憂。晝短苦夜長。何不秉燭遊。遊行去去如雲除。敝車羸馬爲自儲。此曲本辭。

東門行二首

出東門。不顧歸。來入門。悵欲悲。盎中無斗儲。還視桁上無懸衣。拔劍出門去。兒女牽衣啼。他家但願富貴。賤妾與君共餔糜。共餔糜。上用滄浪天故。下爲黃口小兒。今時清廉。難犯教言。君復自愛莫爲非。今時清廉。難犯教言。君復自愛莫爲非。行吾去爲遲。平慎行。望君歸。此曲晉樂所記。

出東門。不顧歸。來入門。悵欲悲。盎中無斗米儲。還視架上無懸衣。拔劍東門去。舍中兒母牽衣啼。他家但願富貴。賤妾與君共餔糜。上用滄浪天故。下當用此黃口兒。今非。咄。行。吾去爲遲。白髮時下難久居。此曲本辭。

飲馬長城窟行二首一云前首漢蔡邕作。後首陳琳作。

青青河畔草。緜緜思遠道。遠道不可思。宿昔夢見之。夢見在我傍。忽覺在他鄉。他鄉各異縣。展轉不相見。枯桑知天風。海水知天寒。入門各自媚。誰肯相爲言。客從遠方來。遺我雙鯉魚呼兒烹鯉魚。中有尺素書。長跪讀素書。書中竟何如。上言加餐飯。下言長相憶。

飲馬長城窟。水寒傷馬骨。往謂長城吏。愼莫稽留太原卒。官作自有程。舉築諧汝聲。男兒寧當格鬬死。何能怫鬱築長城。長城何連連。連連三千里。邊城多健少。內舍多寡婦。作書與內舍。便嫁莫留住。善事新姑嫜。時時念我故夫子。報書往邊地。君今出語一何鄙。身在禍難中。何爲稽留他家子。生男愼莫舉。生女哺用脯。君獨不見長城下。死人骸骨相撐拄。結髮行事君。慊慊心意關。邊地苦。賤妾何能久自全。

婦病行

婦病連年累歲。傳呼丈人前一言。當言未及得言。不知淚下一何翩翩。屬累君兩三孤子。莫我兒飢且寒。有過愼莫笪笞。行當折搖。思復念之。亂曰。抱時無衣。襦復無裏。閉門塞牖。舍孤兒到市。道逢親交。泣坐不能起。從乞求與孤買餌。對交啼泣。淚不可止。我欲不傷悲不能已。探懷中錢持授交。入門見孤兒。啼索其母抱。徘徊空舍中。行復爾耳。棄置勿復道。

孤兒行

孤兒生。孤子遇生。命獨當苦。父母在時。乘堅車。駕駟馬。父母已去。兄嫂令我行賈。南到九江。東到齊與魯。臘月來歸。不敢自言苦。頭多蟣蝨。面目多塵。大兄言辦飯。大嫂言視馬。上高堂。行取殿下堂。孤兒淚下如雨。使我朝行汲。暮得水來歸。手爲錯。足下無菲。愴愴履霜。中多蒺藜。拔斷蒺藜腸肉中。愴欲悲。淚下渫渫。清涕纍纍。冬無複襦。夏無單衣。居生不樂。不如早去。下從地下黃泉。春氣動。草萌芽。三月蠶桑。六月收瓜。將是瓜車。來到還家。瓜車反覆。助我者少。啗瓜者多。願還我蔕。兄與嫂嚴。獨且急歸。當興校計。亂曰。里中一何譊譊。願欲寄尺書。將與地下父母。兄嫂難與久居。

豔歌何嘗行 一曰飛鵠行。

飛來雙白鵠。乃從西北來。十十五五。羅列成行。妻卒被病。行不能相隨。五里一反顧。六里一徘徊。吾欲銜汝去。口噤不能開。吾欲負汝去。毛羽何摧頹。樂哉新相知。憂來生別離。躇躊顧羣侶。淚下不自知。念與君離別。氣結不能言。各各重自愛。遠道歸還難。妾當守空房。閉門下重關。若生當相見。亡者會黃泉。今日樂相樂。延年萬歲期。

豔歌行

翩翩堂前燕。冬藏夏來見。兄弟兩三人。流宕在他縣。故衣誰當補。新衣誰當綻。賴得賢主人。覽取為吾組。夫婿從門來。斜柯西北眄。語卿且勿眄。水清石自見。石見何纍纍。遠行不如歸。

白頭吟二首 以下三首。為相和歌辭之楚調曲。

皚如山上雪。皎若雲間月。聞君有兩意。故來相決絕。平生共城中。何嘗斗酒會。今日斗酒會。明旦溝水頭。蹀躞御溝上。溝水東西流。郭東亦有樵。郭西亦有樵。兩樵相推與。無親為誰驕。

淒淒重淒淒。嫁娶亦不啼。願得一心人。白頭不相離。竹竿何嫋嫋。魚尾何離簁。男兒欲相知。何用錢刀爲。齕如（如字下或有五字。）馬噉萁川上高士嬉。今日相對樂。延年萬歲期。（晉樂所奏。）

皚如山上雪。皎若雲間月。聞君有兩意。故來相決絕。今日斗酒會。明旦溝水頭。蹀蹀御溝上。溝水東西流。淒淒復淒淒。嫁娶不須啼。願得一心人。白頭不相離。竹竿何嫋嫋。魚尾何簁簁。男兒重意氣。何用錢刀爲。（此曲本辭。一云司馬相如妻卓文君作。）

怨詩行

天德悠且長。人命一何促。百年未幾時。奄若風吹燭。嘉賓難再遇。人命不可續。齊度遊四方。各繫太山錄。人間樂未央。忽然歸東嶽。當須盪中情。遊心恣所欲。

滿歌行二首（此二首爲相和歌辭之大曲。）

爲樂未幾時。遭世險巇。逢此百罹。零丁荼毒。愁懣難支。遙望辰極。天曉月移。憂來塡心。誰當我知。戚戚多思慮。耿耿不寧。禍福無形。唯念古人。遜位躬耕。遂我所願。以茲自寧。自鄙山棲。守此一榮。莫秋烈風起。西蹈滄海。心不能安。攬衣起瞻夜。北斗闌干。星漢照我。去去自無他。奉事二親。勞心可言。窮達天所爲。智者不愁。多爲少憂。安貧樂正道。師彼莊周。遺名者貴。子熙同巇。往者二賢。名垂千秋。飲酒歌舞。不樂何須。善哉照觀。日月日月馳驅。轗軻世間。何有何無。貪財惜費。此何一愚。命如鑿石見火。居世竟能幾時。但當歡樂自娛。盡心極所嬉怡。安善養君德性。百年保此期頤。此曲晉樂所奏。

爲樂未幾時。遭時嶮巇。逢此百離。伶丁荼毒。愁苦難爲。遙望極辰。天曉月移。憂來塡心。誰當我知。戚戚多思慮。耿耿殊不寧。禍福無形。惟念古人。遜位躬耕。遂我所願。以自寧。自鄙棲棲。守此末榮。莫秋列風。昔蹈滄海。心不能安。攬衣瞻夜。北斗闌干。星漢照我。去自無他。奉事二親。勞心可言。窮達天爲。智者不愁。多爲少憂。安貧樂道。師彼莊周。遺名者貴。子遐同遊。往者二賢。名垂千秋。飲酒歌舞。樂復何須。照視日月。日月馳驅。轗軻人間。何有何無。貪財惜費。此一何愚。鑿石見火。居代幾時。爲當懽樂。心得所喜。安神養性。得保遐期。此曲本辭。

子夜歌五首

晉宋齊辭。以下二十四首。爲清商曲辭之吳聲歌曲。

見娘喜一作善。容媚。願得結金蘭。空織無經緯。求匹理自難。

始欲識郎時。兩心望如一。理絲入殘機。何悟不成匹。

自從別郎來。何日不咨嗟。黃檗鬱成林。當奈苦心多。

年少當及時。蹉跎日就老。若不信儂語。但看霜下草。

誰能思不歌。誰能飢不食。日冥當戶倚。惆悵底不憶。

子夜四時歌十二首

晉宋齊辭。

春林花多媚。春鳥意多哀。春風復多情。吹我羅裳開。

昔別雁集渚。今還燕巢梁。敢辭歲月久。但使逢春陽。

自從別歡後。歎音不絕響。黃蘗向春生。苦心隨日長。以上春歌。

田蠶事已畢。思婦猶苦身。當暑理絺服。持寄與行人。

春桃初發紅。惜色恐儂擿。朱夏花落去。誰復相尋覓。

春傾桑葉盡。夏開蠶務畢。晝夜理機縛。知欲早成匹。以上夏歌。

金風扇素節。玉露凝成霜。登高去來雁。惆悵客心傷。

白露朝夕生。秋風淒長夜。憶郎須寒服。乘月擣白素。

秋夜入窗裏。羅帳起飄颺。仰頭看明月。寄情千里光。以上秋歌。

淵冰厚三尺。素雪覆千里。我心如松柏。君情復何似。

塗澀無人行。冒寒往相覓。若不信儂時。但看雪上跡。

果欲結金蘭。但看松柏林。經霜不墮一作墜。地。歲寒無異心。以上冬歌。

華山畿四首

華山畿。君既爲儂死。獨生爲誰施。歡若見憐時。棺木爲儂開。

未敢便相許。夜聞儂家論。不持儂與汝。

相送勞勞渚。長江不應滿。是儂淚成許。

松上蘿。願君如行雲。時時見經過。

讀曲歌三首

桃花落已盡。愁思猶未央。春風難期信。託情明月光。

百度不一回。千書信不歸。春風吹楊柳。華豔空徘徊。

十期九不果。常抱懷恨生。然燈不下炷。有油那得明。

烏夜啼三首 此三首爲清商曲辭之西曲歌。

長檣鐵鹿子。布帆阿那起。詫儂安在間。一去數千里。

辭家遠行去。儂歡獨離居。此日無啼音。裂帛作還書。

可憐烏臼鳥。彊言知天曙。無故三更啼。歡子冒闇去。

獨漉篇 以下二首爲舞曲歌辭。

獨漉獨漉。水深泥濁。泥濁尚可。水深殺我。雍雍雙雁。遊戲田畔。我欲射雁。念子孤散。翩翩浮萍。得風搖輕。我心何合。與之同并。空牀低帷。誰知無人。夜衣錦繡。誰別爲眞。刀鳴削中。倚牀無施。父寃不報。欲活何爲。猛虎班班。遊戲山間。虎欲齧人。不避豪賢。

淮南王篇

淮南王。自言尊。百尺高樓與天連。後園鑿井銀作牀。金瓶素綆汲寒漿。汲寒漿。飲少年。少年。

窈窕何能賢。揚聲悲歌音絕天。我欲渡河河無梁。願化雙黃鵠。還故鄉。還故鄉。入故里。徘徊故鄉。苦身不已。繁舞寄聲無不泰。徘徊桑梓遊天外。

傷歌行 以下七首爲雜曲歌辭。

昭昭素明月。輝光燭我牀。憂人不能寐。耿耿夜何長。微風吹閨闥。羅帷自飄揚。攬衣曳長帶。屣履下高堂。東西安所之。徘徊以彷徨。春鳥翻一作向。南飛。翩翩獨翱翔。悲聲命儔匹。哀鳴傷我腸。感物懷所思。泣涕忽霑裳。佇立吐高吟。舒憤訴穹蒼。

悲歌

悲歌可以當泣。遠望可以當歸。思念故鄉。鬱鬱纍纍。欲歸家無人。欲渡河無船。心思不能言。腸中車輪轉。

東飛伯勞歌 此首及下一首亦梁武帝作。

東飛伯勞西飛燕。黃姑織女時相見。誰家兒女對門居。開顏發豔照里閭。南牕北牖桂月光。羅帷綺帳脂粉香。女兒年幾十五六。窈窕無雙顏如玉。三春已暮花從風。空留可憐誰與同。

西洲曲

憶梅下西洲。折梅寄江北。單衫杏子紅。雙鬢鴉雛色。西洲在何處。兩槳橋頭渡。日暮伯勞飛。風吹烏臼樹。樹下卽門前。門中露翠鈿。開門郎不至。出門採紅蓮。採蓮南塘秋。蓮花過人頭。

低頭弄蓮子。蓮子青如水。置蓮懷袖中。蓮心徹底紅。憶郎郎不至。仰首望飛鴻。鴻飛滿西洲。望郎上青樓。樓高望不見。盡日欄干頭。欄干十二曲。垂手明如玉。卷簾天自高。海水搖空綠。海水夢悠悠。君愁我亦愁。南風知我意。吹夢到西洲。

焦仲卿妻

孔雀東南飛。五里一徘徊。十三能織素。十四學裁衣。十五彈箜篌。十六誦詩書。十七爲君婦。心中常苦悲。君既爲府吏。守節情不移。雞鳴入機織。夜夜不得息。三日斷五匹。大人故嫌遲。非爲織作遲。君家婦難爲。妾不堪驅使。徒留無所施。便可白公姥。及時相遣歸。府吏得聞之。堂上啟阿母。兒已薄祿相。幸復得此婦。結髮同枕席。黃泉共爲友。共事二三年。始爾未爲久。女行無偏斜。何意致不厚。阿母謂府吏。何乃太區區。此婦無禮節。舉動自專由。吾意久懷忿。汝豈得自由。東家有賢女。自名秦羅敷。可憐體無比。阿母爲汝求。便可速遣之。遣去愼莫留。府吏長跪告。伏惟啟阿母。今若遣此婦。終老不復取。阿母得聞之。槌牀便大怒。小子無所畏。何敢助婦語。吾已失恩義。會不相從許。府吏默無聲。再拜還入戶。舉言謂新婦。哽咽不能語。我自不驅卿。逼迫有阿母。卿但暫還家。吾今且報府。不久當歸還。還必相迎取。以此下心意。愼勿違吾語。新婦謂府吏。勿復重紛紜。往昔初陽歲。謝家來貴門。奉事循公姥。進止敢自專。晝夜勤作息。伶俜縈苦辛。謂言無罪過。供養卒大恩。仍更被驅遣。何言復來還。妾有繡腰襦。

葳蕤自生光。紅羅複斗帳。四角垂香囊。箱簾六七十。綠碧青絲繩。物物各自異。種種在其中。
人賤物亦鄙。不足迎後人。留待作遺施。於今無會因。時時爲安慰。久久莫相忘。雞鳴外欲曙。
新婦起嚴妝。著我繡裌裙。事事四五通。足下躡絲履。頭上玳瑁光。腰若流紈素。耳著明月璫。
指如削葱根。口如含珠丹。纖纖作細步。精妙世無雙。上堂謝阿母。母聽去不止。昔作女兒時。
生小出野里。本自無教訓。兼愧貴家子。受母錢帛多。不堪母驅使。今日還家去。念母勞家裏。
卻與小姑別。淚落連珠子。新婦初來時。小姑始扶牀。今日被驅遣。小姑如我長。勤心養公姥。
好自相扶將。初七及下九。嬉戲莫相忘。出門登車去。涕落百餘行。府吏馬在前。新婦車在後。
隱隱何甸甸。俱會大道口。下馬入車中。低頭共耳語。誓不相隔卿。且暫還家去。吾今且赴府。
不久當還歸。誓天不相負。新婦謂府吏。感君區區懷。君既若見錄。不久望君來。君當作磐石。
妾當作蒲葦。蒲葦紉如絲。磐石無轉移。我有親父兄。性行暴如雷。恐不任我意。逆以煎我懷。
舉手長勞勞。二情同依依。入門上家堂。進退無顏儀。阿母大拊掌。不圖子自歸。十三教汝織。
十四能裁衣。十五彈箜篌。十六知禮儀。十七遣汝嫁。謂言無誓違。汝今無罪過。不迎而自歸。
蘭芝慚阿母。兒實無罪過。阿母大悲摧。還家十餘日。縣令遣媒來。云有第三郎。窈窕世無雙。
年始十八九。便言多令才。阿母謂阿女。汝可去應之。阿女銜淚答。蘭芝初還時。府吏見丁寧。
結誓不別離。今日違情義。恐此事非宜。自可斷來信。徐徐更謂之。阿母白媒人。貧賤有此女。

始適還家門。不堪吏人婦。豈合令郎君。幸可廣問訊。不得便相許。媒人去數日。尋遣丞請還。說有蘭家女。承籍有宦官。云有第五郎。嬌逸未有婚。遣丞爲媒人。主簿通語言。直說太守家。有此令郎君。既欲結大義。故遣來貴門。阿母謝媒人。女子先有誓。老姥豈敢言。阿兄得聞之。悵然心中煩。舉言謂阿妹。作計何不量。先嫁得府吏。後嫁得郎君。否泰如天地。足以榮汝身。不嫁義郎體。其往欲何云。蘭芝仰頭答。理實如兄言。謝家事夫壻。中道還兄門。處分適兄意。那得自任專。雖與府吏要。渠會永無緣。登卽相許和。便可作婚姻。媒人下牀去。諾諾復爾爾。還部白府君。下官奉使命。言談大有緣。府君得聞之。心中大歡喜。視曆復開書。便利此月內。六合正相應。良吉三十日。今已二十七。卿可去成婚。交語速裝束。絡繹如浮雲。青雀白鵠舫。四角龍子幡。婀娜隨風轉。金車玉作輪。躑躅青驄馬。流蘇金鏤鞍。齎錢三百萬。皆用青絲穿。雜綵三百匹。交廣市鮭珍。從人四五百。鬱鬱登郡門。阿母謂阿女。適得府君書。明日來迎汝。何不作衣裳。莫令事不舉。阿女默無聲。手巾掩口啼。淚落便如瀉。移我琉璃榻。出置前牕下。左手持刀尺。右手執綾羅。朝成繡裌裙。晚成單羅衫。晻晻日欲暝。愁思出門啼。府吏聞此變。因求假暫歸。未至二三里。摧藏馬悲哀。新婦識馬聲。躡履相逢迎。悵然遙相望。知是故人來。舉手拍馬鞍。嗟歎使心傷。自君別我後。人事不可量。果不如先願。又非君所詳。我有親父母。逼迫兼弟兄。以我應他人。君還何所望。府吏謂新婦。賀卿得高遷。磐石方且厚。可以卒千年。

蒲葦一時紉。便作旦夕間。卿當日勝貴。吾獨向黃泉。新婦謂府吏。何意出此言。同是被逼迫。君爾妾亦然。黃泉下相見。勿違今日言。執手分道去。各各還家門。生人作死別。恨恨那可論。念與世間辭。千萬不復全。府吏還家去。上堂拜阿母。今日大風寒。寒風摧樹木。嚴霜結庭蘭。兒今日冥冥。令母在後單。故作不良計。勿復怨鬼神。命如南山石。四體康且直。阿母得聞之。零淚應聲落。汝是大家子。仕宦於臺閣。愼勿爲婦死。貴賤情何薄。東家有賢女。窈窕豔城郭。阿母爲汝求。便復在旦夕。府吏再拜還。長歎空房中。作計乃爾立。轉頭向戶裏。漸見愁煎迫。其日牛馬嘶。新婦入青廬。奄奄黃昏後。寂寂人定初。我命絕今日。魂去尸長留。攬裙脫絲履。舉身赴清池。府吏聞此事。心知長別離。徘徊庭樹下。自掛東南枝。兩家求合葬。合葬華山傍。東西植松柏。左右種梧桐。枝枝相覆蓋。葉葉相交通。中有雙飛鳥。自名爲鴛鴦。仰頭相向鳴。夜夜達五更。行人駐足聽。寡婦起傍徨。多謝後世人。戒之愼勿忘。

枯魚過何泣

枯魚過河泣。何時悔復及。作書與魴鱮。相教愼出入。

古歌

秋風蕭蕭愁殺人。出亦愁。入亦愁。座中何人。誰不懷憂。令我白頭。胡地多飇風。樹木何修修。離家日趨遠。衣帶日趨緩。心思不能言。腸中車輪轉。

詩詞治要卷二

詞九家 附錄一家

溫庭筠

唐祁人。本名岐。字飛卿。少敏悟。文思神速。作賦八叉手而八韻成。時稱溫八叉。其詩與李商隱齊名。號溫李。尤工詞。根本離騷。託之綺怨。精妙絕倫。爲詞家正宗。(詞之起源。論者多推李白之憶秦娥。張志和之漁歌子。嗣是韋應物戴叔倫王建韓翃白居易劉禹錫等先後繼起。創調塡詞。然至今所存無幾。詞調亦多未工。妥惟庭筠拔出晚唐蔚然自爲一家)。然薄於行。無檢幅。公卿無賴子弟相𢭏飲狎昵。數舉進士不中。大中末。授方山尉。徐商鎭襄陽。奏署巡官。不得志。去歸江東。廢棄終身。有握蘭集金荃集漢南眞稿。

菩薩蠻五首

玉樓明月長相憶。柳絲裊娜春無力。門外草萋萋。送君聞馬嘶。　畫羅金翡翠。香燭銷成淚。花落子規啼。綠窗殘夢迷。

鳳凰相對盤金縷。牡丹一夜經微雨。明鏡照新妝。鬢輕雙臉長。　畫樓相望久。欄外垂絲柳。意信不歸來。社前雙燕迴。

牡丹花謝鶯聲歇。綠楊滿院中庭月。相憶夢難成。背窗燈半明。　翠鈿金壓臉。寂寞香閨掩。人遠淚闌干。燕飛春又殘。

滿宮明月梨花白。故人萬里關山隔。金雁一雙飛。淚痕沾繡衣。　小園芳草綠。家住越溪曲。楊柳色依依。鸞歸君不歸。

寶函鈿雀金鸂鶒。沈香關上吳山碧。楊柳又如絲。驛橋春雨時。　畫樓音信斷。芳草江南岸。鸞鏡與花枝。此情誰得知。

更漏子三首

柳絲長。春雨細。花外漏聲迢遞。驚塞雁。起城烏。畫屏金鷓鴣。　香霧薄。透簾幕。惆悵謝家池閣。紅燭背。繡簾垂。夢長君不知。

星斗稀。鐘鼓歇。簾外曉鶯殘月。蘭露重。柳風斜。滿庭堆落花。　虛閣上。倚闌望。還似去年惆悵。春欲暮。思無窮。舊歡如夢中。

玉爐香。紅蠟淚。偏照畫堂秋思。眉翠薄。鬢雲殘。夜長衾枕寒。　梧桐樹。三更雨。不道離情正苦。一葉葉。一聲聲。空階滴到明。

酒泉子

羅帶惹香。猶繫別時紅豆。淚痕新。金縷舊。斷離腸。　一雙嬌燕語雕梁。還是去年時節。綠陰濃。芳草歇。柳花狂。

定西番

漢使昔年離別。攀弱柳。折寒梅。上高臺。　千里玉關春雪。雁來人不來。羌笛一聲愁絕。月徘徊。

清平樂二首

上陽春晚。宮女愁蛾淺。新歲清平思同輦。爭那長安路遠。　鳳帳鴛被徒燻。寂寞花鏁千門。竟把黃金買賦。爲妾將上明君。

洛陽愁絕。楊柳花飄雪。終日行人爭攀折。橋下水流嗚咽。　上馬爭勸離觴。南浦鶯聲斷腸。愁殺平原年少。迴首揮淚千行。

遐方怨

憑繡檻。解羅幃。未得君書。腸斷瀟湘春雁飛。不知征馬幾時歸。海棠花謝也。雨霏霏。

夢江南二首

千萬恨。恨極在天涯。山月不知心裏事。水風空落眼前花。搖曳碧雲斜。

梳洗罷。獨倚望江樓。過盡千帆皆不是。斜暉脈脈水悠悠。腸斷白蘋洲。

南歌子二首

轉眄如波眼。娉婷似柳腰。花裏暗相招。憶君腸欲斷。恨春宵。

懶拂鴛鴦枕。休縫翡翠裙。羅帳罷爐燻。近來心更切。爲思君。

李煜　南唐中主景子。徐州人。字重光。史稱後主。少聰悟。喜讀書屬文。工書畫。知音律。尤長於詞。似不經意。所爲。而風流自賞。悽婉動人。論者推爲千古絕唱。既卽位。怏怏以國蹙爲憂。日與羣臣酣宴。愁思悲歌不已。性驕侈。好聲色。又喜浮屠高談不恤國事奉宋正朔稱江南國主尋爲太祖所滅在位十六年封隴西郡公卒年四十二。

擣練子二首

深院靜。小庭空。斷續寒砧斷續風。無奈夜長人不寐。數聲和月到簾櫳。

雲鬟亂。晚妝殘。帶恨眉兒遠岫攢。斜托香顋春筍嫩。爲誰和淚倚欄杆。

阮郎歸

東風吹水日銜山。春來長是閑。落花狼籍酒闌珊。笙歌醉夢間。　春睡覺。晚妝殘。無人整翠鬟。留連光景惜朱顏。黃昏獨倚闌。

應天長

一鉤初月臨妝鏡。蟬鬢鳳釵慵不整。重簾靜。層樓迴。惆悵落花風不定。　柳隄芳草徑。夢斷轆轤金井。昨夜更闌酒醒春愁過卻病

臨江仙

櫻桃落盡春歸去。蝶翻輕粉雙飛。子規啼月小樓西。玉鉤羅幕。惆悵暮煙垂。　別巷寂寥人散後。望殘煙草低迷爐香閑裊鳳凰兒。空持羅帶。回首恨依依

長相思

一重山。兩重山。山遠天高煙水寒。相思楓葉丹。　菊花開。菊花殘。塞雁高飛人未還。一簾風月閒。

清平樂

別來春半。觸目愁腸斷。砌下落梅如雪亂。拂了一身還滿。　雁來音信無憑。路遙歸夢難成。離恨恰如春草。更行更遠還生。

相見歡二首

林花謝了春紅。太匆匆。無奈朝來寒雨。晚來風。　胭脂淚。相留醉。幾時重。自是人生長恨。水長東。

無言獨上西樓。月如鉤。寂寞梧桐深院。鎖清秋。　翦不斷。理還亂。是離愁。別是一般滋味。在心頭。

憶江南二首

多少恨。昨夜夢魂中。還似舊時遊上苑。車如流水馬如龍。花月正春風。

多少淚。霑袖復橫頤。心事莫將和淚滴。鳳笙休向月明吹。腸斷更無疑。

浪淘沙二首

簾外雨潺潺。春意闌珊。羅衾不耐五更寒。夢裏不知身是客。一餉貪歡。　獨自莫凭欄。無限江山。別時容易見時難。流水落花春去也。天上人間。

往事只堪哀。對景難排。秋風庭院蘚侵階。一桁珠簾閒不卷。終日誰來。　金劍已沈埋。壯氣蒿萊。晚涼天淨月華開。想得玉樓瑤殿影。空照秦淮。

虞美人二首

風回小院庭蕪綠。柳眼春相續。凭闌半日獨無言。依舊竹聲新月似當年。　笙歌未散尊罍在。池面冰初解。燭明香暗畫樓深。滿鬢清霜殘雪思難禁。

春花秋葉何時了。往事知多少。小樓昨夜又東風。故國不堪回首月明中。　彫欄玉砌應猶在。只是朱顏改。問君還有幾多愁。恰是一江春水向東流。

菩薩蠻

人生愁恨何能免。消魂獨我情何限。故國夢重歸。覺來雙淚垂。　高樓誰與上。長記秋晴望。往事已成空。還如一夢中。

錦堂春

昨夜風兼雨。簾幃颯颯秋聲。燭殘漏滴頻欹枕。起坐不能平。　世事漫隨流水。算來一夢浮生。醉鄉路穩宜頻到。此外不堪行。

漁父

一櫂春風一葉舟。一綸繭縷一輕鉤。花滿渚。酒滿甌。萬頃波中得自由。

山花子二首 此二首一本云李中主景作

菡萏香銷翠葉殘。西風愁起綠波間。還與韶光共憔悴。不堪看。 細雨夢回雞塞遠。小樓吹徹玉笙寒。多少淚珠何限恨。倚闌干。

手捲珠簾上玉鉤。依前春恨鎖重樓。風裏落花誰是主。思悠悠。 青鳥不傳雲外信。丁香空結雨中愁。回首綠波三峽暮。接天流。

歐陽修 宋廬陵人。字永叔。晚號六一居士。舉進士甲科。慶曆初召知諫院。改右正言知制誥。時杜衍韓琦范仲淹富弼相繼罷去。修上書極諫。出知滁州。徙揚州潁州。還爲翰林學士。嘉祐間拜參知政事。與韓琦同心輔政。熙寧初與王安石不合。以太子少師致仕。卒年六十六。修博通經史。其古文力變當時舊格。與唐韓愈並稱。詩亦佳。詞則視爲小技。未嘗別闢門庭。然婉約風流。接踵溫李。不失詞之本色。爲南派之大宗。有新唐書五代史詩文詞筆記若干種。

踏沙行 相別

候館梅殘。溪橋柳細。草芳風暖搖征轡。離愁漸遠漸無窮。迢迢不斷如春水。 寸寸柔腸。盈盈粉淚。樓高莫近危闌倚。平蕪盡處是春山。行人更在春山外。

蝶戀花 春晚

庭院深深深幾許。楊柳堆煙。簾幕無重數。玉勒雕鞍遊冶處。樓高不見章臺路。　雨橫風狂三月暮。門掩黃昏。無計留春住。淚眼問花花不語。亂紅飛過秋千去。

又 春情

海燕雙雙歸畫棟。簾幕無風。花影頻移動。半醉騰騰春睡重。綠鬟堆枕香雲擁。　翠被雙盤金縷鳳。憶得前春。有個人人共。花裏鶯聲時一弄。日斜驚起相思夢。

又 清明

六曲闌干偎碧樹。楊柳風輕。展盡黃金縷。誰把鈿箏移玉柱。穿簾海燕雙飛去。　滿眼遊絲兼落絮。紅杏開時。一霎清明雨。濃醉覺來鶯亂語。驚殘好夢無尋處。

又

回旋落花風蕩漾。柳重烟深。雪絮飛來往。雨後輕寒猶未放。春愁酒病成惆悵。　枕畔屏山圍碧浪。翠袂華燈。夜夜空相向。寂寞起來褰繡幌。月明正在梨花上。

又

臘雪初銷梅蕊綻。梅雪相和。喜鵲穿花轉。睡起夕陽迷醉眼。新愁長向東風亂。　瘦覺玉肌羅帶緩。紅杏梢頭。二月春猶淺。望極不來芳信斷。音書縱有爭如見。

玉樓春 別恨

春山斂黛低歌扇。暫解吳鉤登祖宴。畫樓鐘動已魂消。何況馬嘶芳草岸。　青門柳色隨人遠。望欲斷時腸已斷。洛城春色待君來。莫待落花飛似霰。

又

洛陽正值芳菲節。穠豔清香相間發。游絲有意苦相縈。垂柳無端爭贈別。　杏花紅處青山缺。山畔行人山下歇。今宵誰肯遠相隨。惟有寂寥孤館月。

又

蝶飛芳草花飛路。把酒已嗟春色暮。當時枝上落殘花。今日水流何處去。　樓前獨遶鳴蟬樹。憶把芳條吹暖絮。紅蓮綠芰亦芳菲。不奈金風兼玉露。

浪淘沙

把酒祝東風。且共從容。垂楊紫陌洛城東。總是當時攜手處。遊遍芳叢。　聚散苦忽忽。此恨無窮。今年花勝去年紅。可惜明年花更好。知與誰同。

定風波

把酒花前欲問公。對花何事訴金鍾。為問去年春甚處。虛度。鶯聲撩亂一場空。　今歲春來須愛惜。難得。須知花面不長紅。待得酒醒君不見。千片。不隨流水卽隨風。

又

把酒花前欲問君。世間何計可留春。縱使青春留得住。虛語。無情花對有情人。　任是好花須落去。今古。紅顏能得幾時新。暗想浮生何事好。唯有清歌一曲倒金樽。

浣溪沙　湖景

湖上朱橋響畫輪。溶溶春水浸春雲。碧琉璃滑淨無塵。　當路遊絲縈醉客。隔花啼鳥喚行人。日斜歸去奈何春。

又　春半

青杏園林煮酒香。佳人初試薄羅裳。柳絲搖曳燕飛忙。　乍雨乍晴花自落。閑愁閑悶日偏長。爲誰消瘦減容光。

採桑子　潁州西湖

羣芳過後西湖好。狼籍殘紅。飛絮濛濛。垂柳闌干盡日風。　笙歌散盡遊人去。始覺春空。垂下簾櫳。雙燕歸來細雨中。

又

輕舟短棹西湖好。綠水逶迤。芳草長隄。隱隱笙歌處處隨。　無風水面琉璃滑。不覺船移。微動漣漪。驚起沙禽掠岸飛。

歸自謠

何處笛。深夜夢回情脈脈。竹風簷雨寒窗隔　離人幾歲無消息。今頭白。不眠特地重相憶。

臨江仙

柳外輕雷池上雨。雨聲滴碎荷聲。小樓西角斷虹明。闌干倚處。待得月華生。　燕子飛來窺畫棟。玉鉤垂下簾旌。涼波不動簟紋平。水精雙枕。傍有墮釵橫。

訴衷情　眉意

淸晨簾幕捲輕霜。呵手試梅粧。都緣自有離恨。故畫作遠山長。　思往事。惜流芳。易成傷。擬歌先咽。欲笑還顰。最斷人腸。

蘇軾

小傳見前詩十五家。案蘇詞世稱爲北派大宗。紀昀許之曰。軾以歌行縱橫之筆。盤屈而爲詞。跌宕排奡。一變唐五代之舊格。遂爲辛棄疾一派。開山尋溯源流。不能不謂之別調。然亦不能謂之不工。識者皆許爲知言

念奴嬌　赤壁懷古

大江東去。浪淘盡千古風流人物。故壘西邊。人道是三國周郎赤壁。亂石穿空。驚濤拍岸。捲起千堆雪。江山如畫。一時多少豪傑。　遙想公瑾當年。小喬初嫁了。雄姿英發。羽扇綸巾談笑處。檣艣灰飛煙滅。故國神遊。多情應笑我。早生華髮。人生如夢。一樽還酹江月。

水調歌頭　丙辰中秋。歡飲達旦。大醉。作此篇。兼懷子由。

明月幾時有。把酒問青天。不知天上宮闕。今夕是何年。我欲乘風歸去。只恐瓊樓玉宇。高處不勝寒。起舞弄清影。何似在人間。　轉朱閣。低綺戶。照無眠。不應有恨。何事偏向別時圓。人有悲歡離合。月有陰晴圓缺。此事古難全。但願人長久。千里共嬋娟

又 快哉亭

落日繡簾捲。亭下水連空。知君爲我新作。窗戶溼青紅。長記平山堂上。欹枕江南烟雨。杳杳沒孤鴻。認得醉翁語。山色有無中。　一千頃。都鏡淨。倒碧峯。忽然浪起。掀舞一葉白頭翁。堪笑蘭臺公子。未解莊生天籟。剛道有雌雄。一點浩然氣。千里快哉風

洞仙歌

序云。僕七歲時。見眉州老尼。姓朱。忘其名。年九十餘。自言嘗隨其師入蜀主孟昶宮中。一日大熱。主與花蘂夫人夜起。避暑摩訶池上。作一詞。朱具能記之。今四十年。朱已死久矣。人無知此詞者。獨記其首兩句。暇日尋味。豈洞仙歌令乎。乃爲足之云。

冰肌玉骨。自清涼無汗。水殿風來暗香滿。繡簾開。一點明月窺人。人未寢。欹枕釵橫鬢亂。起來攜素手。庭戶無聲。時見疏星度河漢。試問夜如何。夜已三更。金波淡。玉繩低轉。但屈指西風幾時來。又不道流年暗中偸換。

賀新郎 夏景

乳燕飛華屋。悄無人。桐陰轉午。晚涼新浴。手弄生綃白團扇。扇手一時似玉。漸困倚孤眠清熟。簾外誰來推繡戶。枉教人夢斷瑤臺曲。又卻是風敲竹。　石榴半吐紅巾蹙。待浮花浪蘂

都盡。伴君幽獨。穠豔一枝君看取。芳心千重似束。又恐被西風驚綠。若待得君來向此花前。對酒不忍觸。共粉淚。兩蔌蔌。

水龍吟 次韻章質夫楊花詞

似花還似非花。也無人惜從教墜。拋家傍路。思量卻是無情。有思。縈損柔腸。困酣嬌眼。欲開還閉。夢隨風萬里。尋郎去處。又還被鶯呼起。　不恨此花飛盡。恨西園落紅難綴。曉來風過。遺蹤何在。一池萍碎。春色三分。二分塵土。一分流水。細看來不是楊花。點點是離人淚。

臨江仙

夜飲東坡醒復醉。歸來彷彿三更。家僮鼻息已雷鳴。敲門都不應。倚杖聽江聲。　長恨此身非我有。何時忘卻營營。夜闌風靜縠紋平。小舟從此去。江海寄餘生。

江神子 送述古

翠蛾羞黛怯人看。掩霜紈。淚偷彈。且盡一尊。收淚唱陽關。謾道帝城天樣遠。天易見。見君難。畫堂新締近孤山。曲闌干。為誰安。飛絮落花。春色屬明年。欲棹小舟尋舊事。無處問。水連天。

又 春別

天涯流落思無窮。既相逢。卻匆匆。攜手佳人。和淚折殘紅。為問東風餘幾許。春縱在。與誰同。

隋隄三月水溶溶。背歸鴻。去吳中。回望彭城。清泗與淮通。寄我相思千點淚。流不到。楚江東。

菩薩蠻 西湖送述古

秋風湖上蕭蕭雨。使君欲去還留住。今日謾留君。明朝愁殺人。　佳人千點淚。灑向長江水。不用斂雙蛾。路人啼更多。

卜算子

缺月挂疏桐。漏斷人初靜。時見幽人獨往來。縹緲孤鴻影。　驚起卻回頭。有恨無人省。揀盡寒枝不肯棲。楓落吳江冷。

蝶戀花

春事闌珊芳草歇。客裏風光。又過清明節。小院黃昏人憶別。落花處處聞啼鴂。　咫尺江山分楚越。目斷魂消。應是音塵絕。破夢五更心欲折。角聲吹落梅花月

行香子 七里瀨

一葉舟輕。雙槳鴻驚。水天清影湛波平。魚翻藻鑑。鷺點煙汀。過沙溪急。霜溪冷。月溪明。　重重似畫。曲曲如屏。算當年虛老嚴陵。君臣一夢。今古空名。但遠山長。雲山亂。曉山青

滿江紅 東武流盃亭

東武城南。新隄固漣漪初溢。隱隱遍長林高阜。臥紅堆碧。枝上殘花吹盡也。與君試向江邊覓問向前猶有幾多春。三之一。官裏事何時畢。風雨外無多日。相將泛曲水滿城爭出。君不見蘭亭修禊事。當時座上皆豪逸。到而今。修竹滿山陰。空陳迹。

西江月 感懷

世事一場大夢。人生幾度秋涼。夜來風葉已鳴廊。看取眉頭鬢上。酒賤常愁客少。月明多被雲妨。中秋誰與共孤光。把酒淒然北望。

又 重九

點點樓頭細雨。重重江外平湖。當年戲馬會東徐。今日淒涼南浦。莫恨黃花未吐。且教紅粉相扶。酒闌不必看茱萸。俯仰人間今古。

南鄉子 九日

霜降水痕收。淺碧鱗鱗露遠洲。酒力漸消風力軟。颼颼。破帽多情卻戀頭。佳節若爲酬。但把金樽斷送秋。萬事到頭都是夢。休休。明日黃花蝶也愁

如夢令

爲向東坡傳語。人在雪堂深處。別後有誰來。雪壓小橋無路。歸去。歸去。江上一犂春雨。

漁父四首

漁父飲。誰家去。魚蟹一時分付。酒無多少醉爲期。彼此不論錢數。

漁父醉。蓑衣舞。醉裏卻尋歸路。輕舟短棹任橫斜。醒後不知何處。

漁父醒。春江午。夢斷落花飛絮。酒醒還醉醉還醒。一笑人間今古。

漁父笑。輕鷗舉。漠漠一江風雨。江邊騎馬是官人。借我孤舟南渡。

秦觀 宋高郵人。字少游。一字太虛。少豪雋慷慨。溢於文詞。見蘇軾於徐。爲賦黃樓。軾以爲有屈宋才。登第爲定海主簿。元祐初。軾以賢良方正薦於朝。除太學博士。累官國史院編修官。尋坐黨籍削秩。徽宗立。復宣德郎。放還至藤州。出遊華光亭。爲客道夢中長短句。索水欲飲。水至。笑視之而卒。年五十二。觀爲蘇門四君子之一。工詩古文。其詞與黃庭堅齊名。時稱黃七秦九。然觀作清遠婉約。情韻兼勝。實在庭堅之上。有淮海集。

滿庭芳 晚景

山抹微雲。天連衰草。畫角聲斷譙門。暫停征棹。聊共飲離尊。多少蓬萊舊事。空回首煙靄紛紛。斜陽外。寒鴉數點。流水遶孤村。　銷魂當此際。香囊暗解。羅帶輕分。謾贏得秦樓薄倖名存。此去何時見也。襟袖上空染啼痕。傷情處。高城望斷。燈火已黃昏。

又 秋思

碧水澄秋。黃雲凝暮。敗葉零亂空階。洞房人靜。斜月照徘徊。又是重陽近也。幾處處砧杵聲催。重簾外。風搖翠竹。疑是故人來。　情懷增悵望。新歡易失。往事難猜。問籬邊黃菊。知爲誰開。謾道愁須殢酒。酒未醒愁已先回。憑闌久。金波漸轉。白露點蒼苔。

又 春遊

曉色雲開春隨人意。驟雨才過還晴。古臺芳榭。飛燕蹴紅英。舞困榆錢自落。秋千外綠水橋平。東風裏。朱門映柳低按小秦箏。 多情行樂處珠鈿翠蓋玉轡紅纓漸酒空金榼花困蓬瀛。豆蔻梢頭舊恨十年夢屈指堪驚。凭闌久。疏煙淡日寂寞下蕪城

江城子 春別

西城楊柳弄春柔。動離憂。淚難收。猶記多情曾爲繫歸舟。碧野朱橋當日事。人不見。水空流。韶華不爲少年留。恨悠悠幾時休飛絮落花時節一登樓便做春江都是淚流不盡許多愁。

千秋歲

水邊沙外城郭春寒退。花影亂。鶯聲碎。飄零疏酒盞。離別寬衣帶。人不見。碧雲暮合空相對。憶昔西池會鵷鷺同飛蓋攜手處今誰在日邊清夢斷鏡裏朱顏改春去也落紅萬點愁如海。

風流子 初春

東風吹碧草。年華換。行客老滄洲。見梅吐舊英。柳搖新綠。惱人春色。還上枝頭。寸心亂。北隨

雲黯黯。東逐水悠悠。斜日半山。暝煙兩岸。數聲橫笛。一葉扁舟。　青門同攜手。前歡記。渾似夢裏揚州。誰念斷腸南陌。回首西樓。算天長地久有時有盡奈何綿綿此恨無休擬待倩人說與。生怕伊愁。

望海潮

梅英疏淡。冰澌溶洩。東風暗換年華。金谷俊遊。銅駝巷陌。新晴細履平沙。長記誤隨車。正絮翻蝶舞。芳思交加。柳下桃蹊。亂分春色到人家。　西園夜飲鳴笳。有華燈礙月。飛蓋妨花。蘭苑未空。行人漸老。重來事事堪嗟。煙暝酒旗斜。但倚樓極目。時見棲鴉。無奈歸心。暗隨流水到天涯。

踏莎行　郴州旅舍

霧失樓臺。月迷津渡。桃源望斷無尋處。可堪孤館閉春寒。杜鵑聲裏斜陽暮。　驛寄梅花。魚傳尺素。砌成此恨無重數。郴江幸自遶郴山。為誰流下瀟湘去。

鷓鴣天

枝上流鶯和淚聞。新啼痕間舊啼痕。一春魚雁無消息。千里關山勞夢魂。　無一語。對芳尊。安排腸斷到黃昏。甫能炙得燈兒了。雨打梨花深閉門

海棠春

流鶯窗外啼聲巧。睡未足。把人驚覺。翠被曉寒輕。寶篆沈煙裊。 宿醒未解。宮娥報道。別院笙歌會早。試問海棠花。昨夜開多少。

畫堂春

落紅堆徑。水平池。弄晴小雨霏微。杏園憔悴杜鵑啼。無奈春歸。 柳外畫樓獨上。凭欄手撚花枝。放花無語對斜暉。此恨誰知。

菩薩蠻 秋思

蛩聲泣露喧秋枕。羅幃淚溼鴛鴦錦。獨臥玉肌涼。殘更與恨長。 陰風翻翠幔。雨溼燈花暗。畢竟不成眠。鴉啼金井寒。

浣溪沙

漠漠輕寒上小樓。曉鶯無賴似窮秋。淡煙流水畫屏幽。 自在飛花輕似夢。無邊絲雨細如愁。寶簾閒挂小銀鉤。

桃源憶故人

玉樓深鎖多情種。清夜悠悠誰共。羞見枕衾鴛鳳。悶即和衣擁。 無端畫角嚴城動。驚破一番新夢。窗外月華霜重。聽徹梅花弄。

如夢令四首

遙夜月明如水。風緊驛亭深閉。夢破鼠窺燈。霜送曉寒侵被。無寐無寐。門外馬嘶人起。
樓外殘陽紅滿。春入柳條將半。桃李不禁風。回首落英無限。腸斷腸斷。人與楚天俱遠。
池上春歸何處。滿目落花飛絮。孤館悄無人。夢斷月隄歸路。無緒無緒。簾外五更風雨。
鶯嘴啄花紅溜。燕尾點波綠皺。指冷玉笙寒。吹徹小梅春透。依舊依舊。人與綠楊俱瘦。

周邦彥

宋錢塘人。字美成。疏雋少檢。不為州里推重。而博涉百家之書。元豐初。遊京師。獻汴都賦。召為大樂正。居五歲不遷。益盡力於辭章。徽宗時。累官徽猷閣待制。復知順州。徙處州。卒。邦彥好音樂。能自度曲。其樂府長短句皆精深華麗。體兼蘇秦。為北宋詞家一大宗。有片玉集。

六醜　薔薇謝後作

正單衣試酒。悵客裏光陰虛擲。願春暫留。春歸如過翼。一去無迹。為問家何在。夜來風雨。葬楚宮傾國。釵鈿墮處遺香澤。亂點桃蹊。輕翻柳陌。多情更誰追惜。但蜂媒蝶使。時叩窗隔。東園岑寂。漸蒙籠暗碧。靜遶珍叢底。成歎息。長條故惹行客。似牽衣待話。別情無極。殘英小。強簪巾幘。終不似一朵。釵頭顫裊。向人欹側。漂流處。莫趁潮汐。恐斷紅尚有相思字。何由見得。

蘭陵王　柳

柳陰直。烟裏絲絲弄碧。隋隄上。曾見幾番。拂水飄綿送行色。登臨望故國。誰識京華倦客。長亭路年去歲來。應折柔條過千尺。 閑尋舊蹤跡。又酒趁哀絃。燈照離席。梨花榆火催寒食。愁一箭風快。半篙波暖。回頭迢遞便數驛。望人在天北。 悽惻恨堆積。漸別浦縈迴。津堠岑寂。斜陽冉冉春無極。記月榭攜手。露橋聞笛。沈思前事。似夢裏。淚暗滴。

花犯 梅花

粉牆低。梅花照眼。依然舊風味。露痕輕綴。疑淨洗鉛華。無限清麗。去年勝賞曾孤倚。冰盤同宴喜。更可惜。雪中高樹。香篝熏素被。 今年對花太匆匆。相逢似有恨。依依愁悴。凝望久。青苔上。旋看飛墜。相將見脆圓薦酒。人正在空江煙浪裏。但夢想。一枝瀟灑。黃昏斜照水。

意難忘 美人

衣染鶯黃。愛停歌駐拍。勸酒持觴。低鬟蟬影動。私語口脂香。荷露滴。竹風涼。拚劇飲淋浪。夜漸深。籠燈就月。子細端相。 知音見說無雙。解移宮換羽。未怕周郎。長顰知有恨。貪耍不成妝。些箇事。惱人腸。待說與何妨。又恐伊尋消問息。瘦損容光。

西河 金陵懷古

佳麗地。南朝盛事誰記。山圍故國。遶清江。髻鬟對起。怒濤寂寞打空城。風檣遙度天際。 斷崖樹。猶倒倚。莫愁艇子曾繫。空餘舊迹。鬱蒼蒼。霧沈半壘。夜深月過女牆來。傷心東望淮水。
酒旗戲鼓甚處。是想依稀。王謝鄰里。燕子不知何世。向尋常巷陌人家相對。如說興亡斜陽裏。

解連環 怨別

怨懷難託。嗟情人斷絕。信音遼邈。縱妙手能解連環。似風散雨收。霧輕雲薄。燕子樓空。暗塵鎖一牀絃索。想移根換葉。盡是舊時手種紅藥。　汀洲漸生杜若。料舟依岸曲。人在天角。記得當日音書。把閑語閑言。待總燒卻。水驛春回。望寄我江南梅萼。拚今生對花對酒。爲伊淚落

浪淘沙慢

曉陰重霜凋岸草。霧隱城堞。南陌脂車待發。東門帳飲乍闋。正拂面垂楊堪攬結。掩紅淚玉手親折。念漢浦離鴻去何許。經時信音絕。　情切。望中地遠天闊。向露冷風清無人處。耿耿寒漏咽。嗟萬事難忘。惟是輕別。翠罇未竭。憑斷雲留取。西樓殘月。羅帶光銷紋衾疊。連環解。舊香頓歇。怨歌永瓊壺敲盡缺。恨春去不與人期。弄夜色空餘滿地梨花雪。

夜飛鵲

何橋送人處。良夜何其。斜月遠墮餘輝。銅盤燭淚已流盡。霏霏涼露霑衣。相將散離會處。探風前津鼓。樹杪參旗。花驄會意。縱揚鞭亦自行遲。　迢遞路迴清野。人語漸無聞。空帶愁歸。何意重經前地。遺鈿不見。斜徑都迷。兔葵燕麥。向斜陽影與人齊。但徘徊班草。欷歔酹酒。極

望天西。

滿庭芳 夏景

風老鶯雛。雨肥梅子。午陰嘉樹淸圓。地卑山近。衣潤費爐煙。人靜烏鳶自樂。小橋外新綠濺濺。憑闌久。黃蘆苦竹。疑泛九江船。 年年如社燕。漂流瀚海。來寄修椽。且莫思身外。長近尊前。憔悴江南倦客。不堪聽急管繁絃。歌筵畔。先安簟枕。容我醉時眠。

一寸金 新定作

州夾蒼崖。下枕江山是城郭。望海霞接日。紅翻水面。晴風吹草。青搖山腳。波暖鳧鷖作。沙痕退。夜潮正落。疏林外。一點炊煙。渡口參差正寥廓。 自歎勞生。經年何事。京華信漂泊。念渚蒲汀柳。空歸閑夢。風輪雨楫。終辜前約。情景牽心眼。流連處。利名易薄。回頭謝。冶葉倡條。便入漁釣樂。

蝶戀花 早行

月皎驚烏棲不定。更漏將闌。轣轆牽金井。喚起兩眸淸炯炯。淚花落枕紅綿冷。 執手霜風吹鬢影。去意徘徊。別語愁難聽。樓上闌干橫斗柄。露寒人遠雞相應。

少年遊

并刀如水。吳鹽勝雪。纖指破新橙。錦幄初溫。獸香不斷。相對坐調笙。 低聲問。向誰行宿。城

上巳三更馬滑霜濃不如休去直是少人行

點絳脣

孤館迢迢暮天草露霑衣潤夜來秋近月暈通風信 今日原頭黃葉飛成陣知人悶故來相趁共結臨岐恨

辛棄疾 宋歷城人字幼安號稼軒居士金主亮卒中原豪傑並起耿京聚兵山東棄疾爲掌書記勸京奉表歸宋會張安國殺京降金棄疾趣金營縛之以歸獻俘行在授承務郎時年二十三孝宗時以大理少卿出爲湖南安撫治軍有聲仕至龍圖閣待制卒謚文敏棄疾性豪爽尚氣節素與朱熹友善熹沒時黨禁方嚴棄疾獨爲文往哭之雅善長短句縱橫慷慨亦復濃纖綿密世與蘇軾並稱謂之蘇辛有稼軒集

摸魚兒 淳熙己亥自湖北漕移湖南同官王正之置酒小山亭賦

更能消幾番風雨怱怱春又歸去惜春長怕花開早何況落紅無數春且住見說道天涯芳草無歸路怨春不語算只有殷勤畫檐蛛網盡日惹飛絮 長門事準擬佳期又誤蛾眉曾有人妬千金縱買相如賦脈脈此情誰訴君莫舞君不見玉環飛燕皆塵土閒愁最苦休去倚危闌斜陽正在煙柳斷腸處

念奴嬌 書東流村壁

野塘花落又匆匆過了清明時節剗地東風欺客夢一枕雲屏寒怯曲岸持觴垂楊繫馬此

地曾輕別。樓空人去。舊游飛燕能說。 聞道綺陌東頭。行人曾見。簾底纖纖月。舊恨春江流不盡。新恨雲山千疊。料得明朝。尊前重見。鏡裏花難折。也應驚問。近來多少華髮。

滿江紅

敲碎離愁。紗窗外風搖翠竹。人去後。吹簫聲斷。倚樓人獨。滿眼不堪三月暮。舉頭已覺千山綠。但試把一紙寄來書。從頭讀。 相思字。空盈幅。相思意。何時足。滴羅襟點點。淚珠盈掬。芳草不迷行路客。垂楊只礙離人目。最苦是立盡月黃昏。闌干曲。

又 感興

過眼溪山。怪都似舊時曾識。還記得。夢中行遍。江南江北。佳處徑須攜杖去。能消幾兩平生屐。笑塵勞三十九年非。長爲客。 吳楚地。東南坼。英雄事。曹劉敵。被西風吹盡了無陳迹。樓觀甫成人已去。旌旗未卷頭先白。歎人生哀樂轉相尋。今猶昔。

永遇樂 京口北固亭懷古

千古江山。英雄無覓孫仲謀處。舞榭歌臺。風流總被雨打風吹去。斜陽草樹。尋常巷陌。人道寄奴曾住。想當年金戈鐵馬。氣吞萬里如虎。 元嘉草草。封狼居胥。贏得倉皇北顧。四十三年。望中猶記。烽火揚州路。可堪回首。佛狸祠下。一片神鴉社鼓。憑誰問。廉頗老矣。尚能飯否。

祝英臺近

寶釵分。桃葉渡。煙柳暗南浦。怕上層樓。十日九風雨。斷腸點點飛紅。都無人管。更誰勸流鶯聲住。鬢邊覷。試把花卜歸期。才簪又重數。羅帳燈昏。哽咽夢中語。是他春帶愁來。春歸何處。卻不解帶將愁去。

木蘭花慢　送張仲固帥興元

漢中開漢業。問此地。是耶非。想劍指三秦。君王得意。一戰東歸。興亡事今不見。但山川滿目淚沾衣。落日胡塵未斷。西風塞馬空肥。　一篇書是帝王師。小試去征西。更草草離筵。悤悤去路。愁滿旌旗。君思我回首處。正江涵秋影雁初飛。安得車輪四角。不堪帶減腰圍。

又　送滁州范倅

老來情味減。對別酒。惜流年。況屈指中秋。十分好月。不照人圓。無情水都不管。共西風只管送歸船。秋晚蓴鱸江上。夜深兒女燈前。　征衫便好去朝天。玉殿正思賢。想夜半承明。留教視草。卻遣籌邊。長安故人問我。道愁腸殢酒只依然。目斷秋霄落雁。醉來時響空弦。

賀新郎　別茂嘉十二弟

綠樹聽啼鴂。更那堪鷓鴣聲住。杜鵑聲切。啼到春歸無尋處。苦恨芳菲都歇。算未抵人間離別。馬上琵琶關塞黑。更長門翠輦辭金闕。看燕燕。送歸妾。　將軍百戰聲名裂。向河梁回頭萬里。故人長絕。易水蕭蕭西風冷。滿座衣冠似雪。正壯士悲歌未徹。啼鳥還知如許恨。料不

啼淸淚長啼血誰共我醉明月

又 賦琵琶

鳳尾龍香撥自開元霓裳曲罷幾番風月最苦潯陽江頭客畫舸亭亭待發記出塞黃雲堆雪馬上離愁三萬里望昭陽宮殿孤鴻沒絃解語恨難說 遼陽驛使音塵絕瑣窗寒輕攏慢撚淚珠盈睫推手含情還卻手一抹涼州哀徹千古事雲飛煙滅賀老定場無消息想沈香亭北繁華歇彈到此爲嗚咽

又 自述

甚矣吾衰矣悵平生交遊零落只今餘幾白髮空垂三千丈一笑人間萬事問何物能令公喜我見青山多嫵媚料青山見我應如是情與貌略相似 一尊搔首東窗裏想淵明停雲詩就此時風味江左沈酣求名者豈識濁醪妙理回首叫雲飛風起不恨古人吾不見恨古人不見吾狂耳知我者二三子

水龍吟 壽韓南澗

渡江天馬南來幾人眞是經綸手長安父老新亭風景可憐依舊夷甫諸人神州沈陸幾曾回首算平戎萬里功名本是眞儒事君知否 況有文章山斗對桐陰滿庭淸晝當年墮地而今試看風雲奔走綠野風煙平泉草木東山歌酒待他年整頓乾坤事了爲先生壽

水調歌頭 盟鷗

帶湖吾甚愛。千丈翠奩開。先生杖履無事。一日走千回。凡我同盟鷗鷺。今日既盟之後。來往莫嫌猜。白鶴在何處。嘗試與偕來。 破青萍。排翠藻。立蒼苔。窺魚笑汝癡計。不解舉吾杯。廢沼荒邱疇昔。明月清風此夜。人世幾懽哀。東岸綠陰少。楊柳更須栽。

沁園春 退閒

三徑初成。鶴怨猿驚。稼軒未來。甚雲山自許。平生意氣。衣冠人笑。抵死塵埃。意倦須還。身閒貴早。豈爲蓴羹鱸鱠哉。秋江上。看驚弦鴈避。駭浪船回。 東岡更葺茅齋。好都把軒窗臨水開。要小舟行釣。先應種柳。疏籬護竹。莫礙觀梅。秋菊堪餐。春蘭可佩。留待先生手自栽。沈吟久。怕君恩未許。此意徘徊。

又 將止酒戒酒杯

杯汝來前。老子今朝。點檢形骸。甚長年抱渴。咽如焦釜。于今喜溢。氣似奔雷。漫說劉伶。古今達者。醉後何妨死便埋。渾如許。歎汝於知己。眞少恩哉。 更憑歌舞爲媒。算合作人間鴆毒猜。況疾無小大。生於所愛。物無美惡。過則爲災。與汝成言。勿留亟退。吾力猶能肆汝杯。杯再拜。道麾之卽去。招則須來。

鷓鴣天 秋意

枕簟溪堂冷欲秋。斷雲依水晚來收。紅蓮相倚渾如醉。白鳥無言定自愁。 書咄咄。且休休。
一邱一壑也風流。不知筋力衰多少。但覺新來懶上樓

菩薩蠻 書江西造口壁

鬱孤臺下淸江水。中間多少行人淚。西北是長安。可憐無數山。 青山遮不住。畢竟東流去。
江晚正愁余。山深聞鷓鴣。

又

稼軒日向兒童說。帶湖買得閒風月。頭白早歸來。種花花已開。 功名渾是錯。更莫思量着。
見說小樓東。好山千萬重。

蝶戀花 送祐之弟

衰草殘陽三萬頃。不算飄零。天外孤鴻影。幾許淒涼須痛飲。行人自向江頭醒。 會少離多
看兩鬢。萬縷千絲。何況新來病。不是離愁難整頓。被他引惹其他恨。

又戊申元日立春

誰向椒盤簪彩勝。整整韶華。爭上春風鬢。往日不堪重記省。爲花常抱新春恨。 春未來時
先借問。晚恨開遲。早又飄零近。今歲花期消息定。只愁風雨無憑準。

淸平樂 村居

茅簷低小。溪上青青草。醉裏吳音相媚好。白髮誰家翁媼。　大兒鋤豆溪東。中兒正織雞籠。最喜小兒無賴。溪頭臥剝蓮蓬

姜夔　宋鄱陽人。字堯章。寓居武康。與白石洞天為鄰。因號白石道人。又號石帚。嫻音律。其詩風格高秀。詞尤精深華妙。音節文彩。冠絕一時。有白石道人詩詞集續書譜。

揚州慢　淳熙丙申至日過揚州

淮左明都。竹西佳處。解鞍少駐初程。過春風十里。盡薺麥青青。自胡馬窺江去後。廢池喬木。猶厭言兵。漸黃昏。清角吹寒。都在空城。　杜郎俊賞。算如今重到須驚。縱豆蔻詞工。青樓夢好難賦深情。二十四橋仍在。波心蕩冷月無聲。念橋邊紅藥。年年知為誰生。

暗香　石湖詠梅

舊時月色。算幾番照我。梅邊吹笛。喚起玉人。不管清寒與攀摘。何遜而今漸老。都忘卻春風詞筆。但怪得竹外疏花。香冷入瑤席。　江國正寂寂。歎寄與路遙。夜雪初積。翠尊易泣。紅萼無言耿相憶。長記曾攜手處。千樹壓西湖寒碧。又片片吹盡也。幾時見得。

疏影　又

苔枝綴玉。有翠禽小小。枝上同宿。客裏相逢。籬角黃昏。無言自倚修竹。昭君不慣胡沙遠。但暗憶江南江北。想佩環月夜歸來。化作此花幽獨。　猶記深宮舊事。那人正睡裏。飛近蛾綠。

莫似春風。不管盈盈。早與安排金屋。還教一片隨波去。又卻怨玉龍哀曲。等恁時重覓幽香。已入小窗橫幅。

一萼紅 人日登長沙定王臺

古城陰。有官梅幾許。紅萼未宜簪。池面冰膠。牆腰雪老。雲意還又沈沈。翠藤共閒穿徑竹。漸笑語。驚起臥沙禽。野老林泉。故王臺榭。呼喚登臨。 南去北來何事。蕩湘雲楚水。目極傷心。朱戶黏雞。金盤簇燕。空歎時序侵尋。記曾共西樓雅集。想垂柳還裊萬絲金。待得歸鞍到時。只怕春深。

長亭怨慢 自序云。桓大司馬曰。昔年種柳。依依漢南。今看搖落。悽愴江潭。樹猶如此。人何以堪。此語余深愛之。

漸吹盡枝頭香絮。是處人家。綠深門戶。遠浦縈迴。暮帆零亂向何許。閱人多矣。誰得似長亭樹。樹若有情時。不會得青青如此。 日暮望高城不見。只見亂山無數。韋郎去也。怎忘得玉環分付。第一是早早歸來。怕紅萼無人為主。算只有并刀。難翦離愁千縷。

齊天樂 蟋蟀

庾郎先自吟愁賦。淒淒更聞私語。露溼銅鋪。苔侵石井。都是曾聽伊處。哀音似訴。正思婦無眠。起尋機杼。曲曲屏山。夜涼獨自甚情緒。 西窗又吹暗雨。為誰頻斷續。相和砧杵。候館吟秋。離宮弔月。別有傷心無數。豳詩謾與。笑籬落呼燈。世間兒女。寫入琴絲。一聲聲更苦。

念奴嬌　荷花

鬧紅一舸。記來時長與。鴛鴦爲侶。三十六陂人未到。水佩風裳無數。翠葉吹涼。玉容消酒。更灑菰蒲雨。嫣然搖動。冷香飛上詩句。　日暮青蓋亭亭。情人不見。爭忍淩波去。只恐舞衣寒易落。愁入西風南浦。高柳垂陰。老魚吹浪。留我花間住。田田多少。幾回沙際歸路。

琵琶仙　吳興感遇

雙槳來時。有人似舊曲桃根桃葉。歌扇輕約飛花。蛾眉正奇絕。春漸遠汀洲自綠。更添了幾聲啼鴂。十里揚州。三生杜牧。前事休說。　又還是宮燭分煙。奈愁裏匆匆換時節。都把一襟芳思。與空階榆莢。千萬縷藏鴉細柳。爲玉尊起舞迴雪。想見西出陽關。故人初別。

翠樓吟　武昌安遠樓成

月冷龍沙。塵清虎落。今年漢酺初賜。新翻胡部曲。聽氈幕元戎歌吹。層樓高峙。看檻曲縈紅。簷牙飛翠。人姝麗。粉香吹下。夜寒風細。　此地宜有詞仙。擁素雲黃鶴。與君游戲。玉梯凝望久。歎芳草萋萋千里。天涯情味。仗酒祓清愁。花消英氣。西山外。晚來還捲。一簾秋霽。

八歸　湖中送胡德華

芳蓮墜粉。疏桐吹綠。庭院暗雨乍歇。無端抱影銷魂處。還見篠牆螢暗。蘚階蛩切。送客重尋西去路。問水面琵琶誰撥。最可惜一片江山。總付與啼鴂。　長恨相從未款。而今何事。又對西風離別。渚寒煙淡。棹移人遠。縹緲行舟如葉。想文君望久。倚竹愁生步羅襪。歸來後。翠尊雙飲。下了珠簾。玲瓏閒看月。

淸波引 梅

冷雲迷浦。倩誰喚玉妃起舞。歲華如許。野梅弄眉嫵。屐齒印蒼蘚。漸爲尋花來去。自隨秋雁南來。望江國。渺何處。新詩謾與。好風景長是暗度。故人知否。抱幽恨難語。何時共漁艇。莫負蒼浪烟雨。況有淸夜啼猿。怨人良苦。

淡黃柳 客合肥

空城曉角。吹入垂楊陌。馬上單衣寒惻惻。看盡鵝黃嫩綠。都是江南舊相識。正岑寂。明朝又寒食。強攜酒。小橋宅。怕梨花落盡成秋色。燕燕飛來。問春何在。唯有池塘自碧。

玉梅令 石湖畏寒不出作此戲之

疏疏雪片。散入溪南苑。春寒鎖。舊家亭館。有玉梅幾樹。背立怨東風。高花未吐。暗香已遠。公來領客。梅花能勸。花長好。願公更健。便揉春爲酒。翦雪作新詩。拚一日。繞花千轉。

踏莎行 金陵感夢

燕燕輕盈。鶯鶯嬌軟。分明又向華胥見。夜長爭得薄情知。春初早被相思染。別後書詞。別時針線。離魂暗逐郎行遠。淮南皓月冷千山。冥冥歸去無人管。

驀山溪　題錢氏溪月

與鷗爲客。綠野留吟屐。兩行柳垂陰。是當年仙翁手植。一亭寂寞。烟外帶愁横。荷苒苒。展涼雲。横臥虹千尺。　才因老盡。秀句君休覓。萬綠正迷人。更愁入山陽夜笛。百年心事。惟有玉闌知。吟未了。放船回。月下空相憶。

點絳脣　丁未冬過吳松

燕雁無心。太湖西畔隨雲去。數峯清苦。商略黃昏雨。　第四橋邊。擬共天隨住。今何許。凭闌懷古。殘柳參差舞。

少年遊　戲張斗甫

雙螺未合。雙蛾先斂。家在碧雲西。別母情懷。隨郎滋味。桃葉渡江時。　扁舟載了。匆匆去。今夜泊前溪。楊柳津頭。梨花牆外。心事兩人知。

張炎　宋成紀人。俊五世孫。家於臨安。字叔夏。號玉田。又號樂笑翁。宋亡。潛迹不仕。縱遊浙東西。落拓以終。工長短句。以春水詞得名。人稱張春水。宋亡以後。撫時感事。所作尤蒼莽悲涼。以之接武姜夔。可云後勁。有山中白雲詞。樂府指迷。

高陽臺　西湖春感

接葉巢鶯。平波卷絮。斷橋斜日歸船。能幾番遊。看花又是明年。東風且伴薔薇住。到薔薇。春已堪憐。更淒然。萬綠西泠。一抹荒煙。　當年燕子知何處。但苔深韋曲。草暗斜川。見說新愁。如今也到鷗邊。無心再續笙歌夢。掩重門淺醉閒眠。莫開簾。怕見飛花。怕聽啼鵑。

南浦　春水

波暖綠粼粼。燕飛來。好是蘇隄纔曉。魚沒浪痕圓。流紅去。翻笑東風難埽。荒橋斷浦。柳陰撐出扁舟小。回首池塘青欲徧。絕似夢中芳草。　和雲流出空山。甚年年淨洗。花香不了。新綠乍生時。孤村路。猶憶那回曾到。餘情渺渺。茂林觴詠如今悄。前度劉郎從去後。溪上碧桃多少。

壺中天　夜渡古黃河與沈堯道曾子敬同賦

揚舲萬里。笑當年底事。中分南北。須信平生無夢到。卻向而今遊歷。老柳官河。斜陽古道。風定波猶直。野人驚問。泛槎何處狂客。　迎面綠葉蕭蕭。水流沙共遠。都無行迹。衰草淒迷秋更綠。惟有閒鷗獨立。浪挾天浮。山邀雲去。銀浦橫空碧。扣舷歌斷。海蟾飛上孤白。

臺城路　庚辰秋九月之北遇汪菊坡因賦此詞

十年前事翻疑夢。重逢可憐俱老。水國春空。山城歲晚。無語相看一笑。荷衣換了。任京洛塵沙。冷凝風帽。見說吟情。近來不到謝池草。　懽遊曾步翠窈。亂紅迷紫曲。芳意多少。舞扇招香。歌橈喚玉。猶憶錢塘蘇小。無端暗惱。又幾度留連。燕昏鶯曉。回首妝樓。甚時重去好。

又 送周方山遊吳

朗吟未了西湖酒。驚心又歌南浦。折柳官橋。呼船野渡。還憶五湖風雨。漂流最苦。況如此江山。此時情緒。怕有鴟夷笑人何事載詩去。　荒臺祇今在否。登臨休望遠。都是愁處。暗草埋沙。明波洗月。誰念天涯羈旅。荷陰未暑。快料理歸程。再盟鷗鷺。只恐空山近來無杜宇。

甘州 餞沈堯道并寄趙學舟

記玉關踏雪事清遊。寒氣脆貂裘。傍枯林古道。長河飲馬。此意悠悠。短夢依然江表。老淚灑西州。一字無題處。落葉都愁。　載取白雲歸去。問誰留楚佩。弄影中洲。折蘆花贈遠。零落一身秋。向尋常野橋流水。待招來。不是舊沙鷗。空懷感。有斜陽處。卻怕登樓。

渡江雲 山陰久客。一再逢春。回憶西杭。渺然愁思。

山空天入海。倚樓望極。風急暮潮初。一簾鳩外雨。幾處閒田。隔水動春鉏。新煙禁柳。想如今綠到西湖。猶記得當年深隱。門掩兩三株。　愁余。荒洲古溆。斷梗疏萍。更漂流何處。空自覺圍羞帶減。影怯燈孤。常疑卽見桃花面。甚近來翻笑無書。書縱遠。如何夢也都無。

又 懷歸

江山居未定。貂裘已敝。空自帶愁歸。亂花流水外。訪里尋鄰。都是可憐時。橋邊燕子。似輭語斜日江籬。休問我如今心事。錯認鏡中誰。　還思。新煙驚換。舊雨難招。做不成春意。渾未省誰家芳草。猶夢吟詩。一株古柳觀魚。港傍清深足可幽棲。閒趣好。白鷗尚識天隨。

慶清朝 韓亦顏歸隱兩水之濱。予從之遊散懷吟眺。一任所適。太白去後三百年。無此樂也。

淺草猶霜。融泥未燕。晴梢潤葉初乾。閒扶短策。鄰家小聚清歡。錯認籬根是雪。梅花過了一番寒。風還峭。較遲芳信。卻是春殘。　此境此時此意。待攜琴獨去。石冷慵彈。飄飄爽氣飛鳥相與俱還。醉裏不知何處。好詩盡在夕陽山。山深杳。更無人到。流水花閒。

解連環 孤雁

楚江空晚。悵離羣萬里。恍然驚散。自顧影欲下寒塘。正沙淨草枯。水平天遠。寫不成書。只寄得相思一點。歎因循誤了。殘氈擁雪。故人心眼。　誰憐旅愁荏苒。謾長門夜悄。錦箏彈怨。想伴侶猶宿蘆花。也曾念春前。去程應轉。暮雨相呼。怕驀地玉關重見。未羞他雙燕歸來。畫簾半捲。

憶舊遊 登蓬萊閣

問蓬萊何處。風月依然。萬里江清。休說神仙事。便神仙縱有。卽是閒人。笑我幾番醒醉。石磴埽松陰。任狂客難招。采芳誰贈。且自微吟。　俯仰成陳迹。歎百年誰在。闌檻孤憑。海日生殘夜。看臥龍和夢。飛入秋冥。還聽水聲東去。山冷不生雲。正目極空寒。蕭蕭漢柏愁茂陵。

月下笛 孤遊萬竹山中。閒門落葉。愁思黯然。因動黍離之感。時寓甬東積翠山舍。

萬里孤雲。清游漸遠。故人何處。寒窗夢裏。曾記經行舊時路。連昌約略無多柳。第一是難聽夜雨。謾驚回淒悄。相看燭影。擁衾誰語。　張緒歸何暮。伴冷落依依。短橋鷗鷺。天涯倦旅。此時心事良苦。只愁重灑西州淚。問杜曲人家在否。恐翠袖正天寒。猶倚梅花那樹。

長亭怨　舊居有感

望花外小橋流水。門巷愔愔。玉簫聲絕。鶴去臺空。珮環何處弄明月。十年前事。愁千折心情頓別。露粉風香誰爲主。都成消歇。　淒咽。曉窗分袂處。同把帶鴛親結。江空歲晚。便忘了尊前曾說。恨西風不庇寒蟬。便掃盡一林殘葉。謝他楊柳多情。還有綠陰時節。

聲聲慢　寄葉書隱

百花洲畔。十里湖邊。沙鷗未許盟寒。舊隱琴書。猶記渭水長安。蒼雲數千萬疊。卻依然一笑人間。似夢裏。對清尊白髮。秉燭更闌。　渺渺煙波無際。喚扁舟欲去。且與憑闌。此別何如。能消幾度陽關。江南又聽夜雨。怕梅花零落孤山。歸最好。甚閒人猶自未閒。

附錄一家

李清照　宋濟南人。李格非女。號易安居士。湖州守趙明誠妻。工詩文。尤以詞擅名。嘗著論譏彈前輩所作。多中其病。朱子亦推其爲本朝婦人能文章者之最。一日寄其夫以醉花陰重九詞。明誠自愧弗如。乃忘寢食三日夜。得十五闋。雜易安作以示陸德夫。德夫玩之再三。曰只有莫道不銷魂三句絕佳。正易安作也。有漱玉集。

漁家傲 記夢

天接雲濤連曉霧。星河欲轉千帆舞。彷彿夢魂歸帝所。聞天語。殷勤問我歸何處。 我報路長嗟日暮。學詩謾有驚人句。九萬里風鵬正舉。風休住。蓬舟吹取三山去。

一剪梅 別愁

紅藕香殘玉簟秋。輕解羅裳。獨上蘭舟。雲中誰寄錦書來。雁字回時。月滿西樓。 花自飄零水自流。一種相思。兩處閒愁。此情無計可消除。才下眉頭。卻上心頭。

如夢令 酒興

常記西亭日暮。沈醉不知歸路。興盡晚回舟。誤入藕花深處。爭渡爭渡。驚起一行鷗鷺。

又

昨夜雨疏風驟。濃睡不消殘酒。試問卷簾人。卻道海棠依舊。知否知否。應是綠肥紅瘦。

醉花陰 九日

薄霧濃雰愁永晝。瑞腦噴金獸。佳節又重陽。寶枕紗廚。半夜涼初透。 東籬把酒黃昏後。有暗香盈袖。莫道不銷魂。簾卷西風。人似黃花瘦。

念奴嬌 春情

蕭條庭院。又斜風細雨。重門須閉。寵柳嬌花寒食近。種種惱人天氣。險韻詩成。扶頭酒醒。別是閒滋味。征鴻過盡萬千心事難寄。　樓上幾日春寒。簾垂四面。玉闌干慵倚。被冷香銷新夢覺。不許愁人不起。清露晨流。新桐初引。多少遊春意。日高烟斂。更看今日晴未。

蝶戀花　離情

暖雨和風初破凍。柳潤梅輕。已覺春心動。酒意詩情誰與共。淚融殘粉花鈿重。　乍試夾衣金縷縫。山枕欹斜。枕損釵頭鳳。獨抱濃愁無好夢。夜闌猶剪燈花弄。

鳳凰臺上憶吹簫

香冷金猊。被翻紅浪。起來慵自梳頭。任寶奩塵滿。日上簾鉤。生怕離懷別苦。多少事欲說還休。新來瘦。非干病酒。不是悲秋。　休休。這回去也。千萬遍陽關。也則難留。念武陵人遠。烟鎖秦樓。惟有樓前流水。應念我終日凝眸。凝眸處。從今又添一段新愁。

聲聲慢　秋閨

尋尋覓覓。冷冷清清。淒淒慘慘切切。乍暖還寒時候。最難將息。三杯兩盞淡酒。怎敵他曉來風急。雁過也。正傷心。卻是舊時相識。　滿地黃花堆積。憔悴損。如今有誰堪摘。守着窗兒。獨自。怎生得黑。梧桐更兼細雨。到黃昏點點滴滴。這次第。怎一個愁字了得。

賣花聲

簾外五更風。吹夢無蹤。畫樓重上與誰同。記得玉釵斜撥火。寶篆成空。　回首紫金峰。雨潤煙濃。一江春浪醉醒中。留得羅襟前日淚。彈與征鴻。

武陵春

風住塵香花已盡。日晚倦梳頭。物是人非事事休。欲語淚先流。　聞說雙溪春尚好。也擬汎輕舟。只恐雙溪舴艋舟。載不動許多愁。

浣溪沙

樓上晴天碧四垂。樓前芳草接天涯。勸君莫上最高梯　新筍已成堂下竹。落花都入燕巢泥。忍聽林表杜鵑啼。

蝶戀花

淚溼羅衣脂粉滿。四疊陽關。唱到千千遍。人道山長山又斷。瀟瀟微雨聞孤館。　惜別傷離方寸亂。忘了臨行。酒盞深和淺。好把音書憑過雁。東萊不似蓬萊遠。

臨江仙

庭院深深深幾許。雲窗霧閣常扃。柳梢梅萼漸分明。春歸秣陵樹。人老建康城。　感月吟風多少事。如今老去無成。誰憐憔悴更彫零。試燈無意思。踏雪沒心情。

點絳脣

寂寞深閨。柔腸一寸愁千縷。惜春春去。幾點催花雨。　倚徧闌干。只是無情緒。人何處。連天芳樹。望斷歸來路。

怨王孫

湖上風來波浩渺。秋已暮。紅稀少。水光山色與人親。說不盡。無窮好。　蓮子已成荷葉老。青露洗。蘋花汀草。眠沙鷗鷺不回頭。似也恨。人歸早。

詩詞治要卷三

歷代論詩名著 論詞附

鍾嶸 梁長社人字仲偉好學有思理明於周易仕齊爲南康王國侍郎天監中官西中郎晉安王記室著詩品三卷取漢魏至梁能詩者一百餘人分爲上中下三品各系以論斷妙達文理與文心雕龍並稱

詩品序 幷詩家品次

氣之動物物之感人故搖蕩性情形諸舞詠照燭三才暉麗萬有靈祇待之以致饗幽微藉之以昭告動天地感鬼神莫近於詩昔南風之詞卿雲之頌厥義敻矣夏歌曰鬱陶乎予心楚謠曰名余曰正則雖詩體未全然是五言之濫觴也逮漢李陵始著五言之目矣古詩眇邈人世難詳推其文體固是炎漢之製非衰周之倡也自王楊枚馬之徒詞賦競爽而吟詠靡聞從李都尉迄班婕妤將百年間有婦人焉一人而已詩人之風頓已缺喪東京二百載中惟有班固詠史質木無文降及建安曹公父子篤好斯文平原兄弟鬱爲文棟劉楨王粲爲其羽翼次有攀龍託鳳自致於屬車者蓋將百計彬彬之盛大備於時矣爾後陵遲衰微迄於有晉太康中三張二陸兩潘一左勃爾復興踵武前王風流未沫亦文章之中興也永嘉時貴黃老稍尚虛談於時篇什理過其辭淡乎寡味爰及江表微波尚傳孫綽許詢桓庾

諸公詩皆平典。似道德論。建安風力盡矣。先是郭景純用儁上之才。變創其體。劉越石仗清剛之氣。贊成厥美。然彼衆我寡。未能動俗。逮義熙中。謝益壽斐然繼作。元嘉中有謝靈運。才高詞盛。富豔難蹤。固已含跨劉郭。淩轢潘左。故知陳思爲建安之傑。公幹仲宣爲輔。陸機爲太康之英。安仁景陽爲輔。謝客爲元嘉之雄。顏延年爲輔。斯皆五言之冠冕。文詞之命世也。夫四言文約意廣。取效風騷。便可多得。每苦文繁而意少。故世罕習焉。五言居文詞之要。是衆作之有滋味者也。故云會於流俗。豈不以指事造形。窮情寫物。最爲詳切者邪。故詩有三義焉。一曰興。二曰比。三曰賦。文已盡而意有餘。興也。因物喻志。比也。直書其事。寓言寫物。賦也。宏斯三義。酌而用之。幹之以風力。潤之以丹彩。使味之者無極。聞之者動心。是詩之至也。若專用比興。患在意深。意深則詞躓。若但用賦體。患在意浮。意浮則文散。嬉成流移。文無止泊。有蕪漫之累矣。若乃春風春鳥。秋月秋蟬。夏雲暑雨。冬月祁寒。斯四候之感諸詩者也。嘉會寄詩以親。離羣託詩以怨。至於楚臣去境。漢妾辭宮。或骨橫朔野。或魂逐飛蓬。或負戈外戍。殺氣雄邊。寒客衣單。孀閨淚盡。或士有解佩出朝。一去忘反。女有揚蛾入寵。再盼傾國。凡斯種種。感蕩心靈。非陳詩何以展其義。非長歌何以騁其情。故曰詩可以羣。可以怨。使窮賤易安。幽居靡悶。莫尚於詩矣。故詞人作者。罔不愛好。今之士俗。斯風熾矣。纔能勝衣。甫就小學。必甘心而馳騖焉。於是庸音雜體。人各爲容。至使膏腴子弟。恥文不逮。終朝點綴。分夜呻吟。獨觀謂爲警策。衆觀終淪平鈍。次有輕薄之徒。笑曹劉爲古拙。謂鮑照羲皇上人。謝朓今古獨步。而師鮑照終不及日中市朝滿。學謝朓劣得黃鳥度靑枝。徒自棄於高明。無涉於文流矣。觀王公縉紳之士。每博論之餘。何嘗不以詩爲口實。隨其嗜欲。商榷不同。淄澠並泛。朱紫相奪。喧議競起。準的無依。近彭城劉士章。俊賞之士。疾其淆亂。欲爲當世詩品。口陳標榜其文未遂。感而作焉。昔九品論人。七略裁士。校以賓實。誠多未値。至若詩之爲技。較爾可知。以類推之。殆均博弈。方今皇帝。資生知之上才。體沈鬱之幽思。文麗日月。賞究天人。昔在貴游。已爲稱首。況八紘既奄。風靡雲蒸。抱玉者聯肩。握珠者踵武。以瞰漢魏而不顧。吞晉宋於胸中。諒非農歌轅議。敢致流別。嶸之今錄。庶周旋於閭里。均之於談笑耳。

一品之中。略以世代爲先後。不以優劣爲詮次。又其人既往。其文克定。今所寓言。不錄存者。夫屬詞比事。乃爲通談。若乃經國文符。應資博古。撰德駁奏。宜窮往烈。至乎吟詠情性。亦何貴於用事。思君如流水。既是卽目。高臺多悲風。亦惟所見。淸晨登隴首。羌無故實。明月照積雪。詎出經史。觀古今勝語。多非補假。皆由直尋。顏延謝莊。尤爲繁密。於時化之。故大明泰始中。文章殆同書鈔。近任昉王元長等。詞不貴奇。競須新事。爾來作者。寖以成俗。遂乃句無虛語。語無虛字。拘攣補衲。蠹文已甚。但自然英旨。罕値其人。詞既失高。則宜加事義。雖謝天才。且表學問。亦一理乎。陸機文賦。通而無貶。李充翰林。疏而不切。王微鴻寶。密而無裁。顏延論文。精而難曉。摯虞文志。詳而博贍。頗曰知言。觀斯數家。皆就談文體。而不顯優劣。至於謝客集詩。逢詩輒取。張騭文士。逢文卽書。諸英志錄。並義在文。曾無品第。嶸今所錄。止乎五言。雖然。網羅今古。詞文殆集。輕欲辨彰淸濁。掎摭病利。凡百二十人。預此宗流者。便稱才子。至斯三品升降。差非定制。方申變裁。請寄知者爾。

昔曹劉殆文章之聖。陸謝爲體貳之才。銳精研思。千百年中。而不聞宮商之辨。四聲之論。或謂前達偶然不見。豈其然乎。嘗試言之。古曰詩頌。皆被之金竹。故非調五音。無以諧會。若置酒高堂上。明月照高樓。爲韻之首。故三祖之詞。文或不工。而韻入歌唱。此重音韻之義也。與世之言宮商異矣。今既不被管絃。亦何取於聲律邪。齊有王元長者。嘗謂余云。宮商與二儀俱生。自古詞人不知之。惟顏憲子乃云律呂音調。而其實大謬。唯見范曄謝莊。頗識之耳。嘗欲進知音論。未就。王元長創其首。謝朓沈約揚其波。三賢或貴公子孫。幼有文辯。於是士流景慕。務爲精密。襞積細微。專相陵架。故使文多拘忌。傷其眞美。余謂文製本須諷讀。不可蹇礙。但令淸濁通流。口吻調利。斯爲足矣。至平上去入。則余病未能。蜂腰鶴膝。閭里已具。陳思贈弟。仲宣七哀。公幹思友。阮籍詠懷。子卿雙鳧。叔夜雙鸞。茂先寒夕。平叔衣單。安仁倦暑。景陽苦雨。靈運鄴中。士衡擬古。越石感亂。景純詠仙。王微風月。謝客山泉。叔源離宴。鮑照戍邊。太沖詠史。顏延入洛。陶公詠貧之製。惠連擣衣之作。斯皆五言之警策者也。所以謂篇章之

珠澤。文彩之鄧林

詩家品次

古詩　李陵　班姬　曹植　劉楨　王粲　阮籍　陸機　潘岳　張協　左思　謝靈運以上上品

秦嘉　徐淑秦嘉妻　魏文帝　嵇康　張華　何晏　孫楚　王讚　張翰　潘尼　應璩　陸雲　石崇　曹攄　何劭　劉琨　盧諶　郭璞　袁宏　郭泰機　顧愷之　謝世基　顧邁　戴凱　陶潛　顏延之　謝瞻　謝混　袁淑　王微　王僧達　謝惠連　鮑照　謝朓　江淹　范雲　邱遲　任昉　沈約以上中品

班固　酈炎　趙壹　魏武帝　魏明帝　曹彪　徐幹　阮瑀　歐陽建　應璩　嵇含　阮侃　嵇紹　棗據　張載　傅玄　傅咸　繆襲　夏侯湛　王濟　杜預　孫綽　許詢　戴逵　殷仲文　傅亮　何長瑜　羊曜璠　范曄　宋孝武帝　劉鑠　劉宏　謝莊　蘇寶生　陵脩之　任曇緒　戴法興　區惠恭　惠休　道猷　寶月　齊高帝　張永　王文憲　謝超宗　邱靈鞠　劉祥　檀超　鍾憲　顏則　顧則心　毛伯成　吳邁遠　許瑤之　鮑令暉　韓蘭英　張融　孔稚珪　王融　劉繪　江祏　王巾　卞彬　卞錄　袁嘏　張欣泰　范縝　陸厥　虞羲　江洪　鮑行

卿。孫察　以上下品

劉勰　梁莒人。字彥和。天監中。官東宮通事舍人。篤志好學。昭明太子深愛接之。後出家爲沙門。改名慧地。撰文心雕龍十卷。共五十篇。其末篇序志略謂文章之用。實經典枝條。詳觀近代之論文者。如魏文述典。陳思序書。應瑒論文。陸機文賦。仲洽流別。宏範翰林。又君山公幹之徒。吉甫士龍之輩。汎論文意。往往間出。並未能振葉以尋根。觀瀾而索源。不述先哲之誥。無益後人之慮。此文心所以作也。蓋其自負如是。後世論者。亦皆推爲論文眞書之冠。

明詩　文心雕龍下同

大舜云。詩言志。歌永言。聖謨所析。義已明矣。是以在心爲志。發言爲詩。舒文載實。其在茲乎。詩者。持也。持人情性。三百之蔽。義歸無邪。持之爲訓。有符焉爾。人稟七情。應物斯感。感物吟志。莫非自然。昔葛天氏樂辭云。玄鳥在曲。黃帝雲門。理不空綺（一改作絃）、至堯有大唐（一作章）之歌。舜造南風之詩。觀其二文。辭達而已。及大禹成功。九序惟歌。太康敗德。五子咸怨。順美匡惡。其來久矣。自商暨周。雅頌圓備。四始彪炳。六義環深。子夏監絢素之章。子貢悟琢磨之句。故商賜二子。可與言詩。自王澤殄竭。風人輟采。春秋觀志。諷誦舊章。酬酢以爲賓榮。吐納而成身文。逮楚國諷怨。則離騷爲刺。秦皇滅典。亦造仙詩。漢初四言。韋孟首唱。匡諫之義。繼軌周人。孝武愛文。柏梁列韻。嚴馬之徒。屬辭無方。至成帝品錄。三百餘篇。朝章國采。亦云周備。而辭人遺翰。莫見五言。所以李陵班婕妤見疑於後代也。按召南行露。始肇半章。孺子滄浪。亦有全曲。暇豫優歌。遠見春秋。邪徑童謠。近在成世。閱時取證。則五言久矣。又古詩佳麗。或稱枚叔。其孤竹一篇。則傅毅之詞。比采而推。兩漢之作乎。觀其結體散文。直而不野。婉轉附物。怊悵切情。實五言之冠冕也。至於張衡怨篇。清曲典。（一作）可味。仙詩緩歌。雅有新聲。暨建安初。五言騰踴。文帝陳思。縱轡以騁節。王徐應劉。望路而爭驅。並憐風月。狎池苑。述恩榮。敘酣宴。慷慨以任氣。磊落以使才。造懷指事。不求纖密之巧。驅辭逐貌。唯取昭晰之能。此其所同也。乃正始明道。詩雜仙心。何晏之徒。率多浮淺。唯嵇志清峻。阮旨遙深。故能標焉。若乃應璩百一。獨立不懼。辭譎義貞。亦魏之遺直也。晉世羣才。稍入輕綺。張潘左陸。比肩詩衢。采縟於正始。力柔於建安。或析文以為妙。或流靡以自妍。此其大略也。江左篇製。溺乎玄風。嗤笑徇務之志。崇盛亡機之談。袁孫已下。雖各有雕采。而辭趣一揆。莫與爭雄。所以景純仙篇。挺拔而為俊矣。宋初文詠。體有因革。莊老告退。而山水方滋。儷采百字之偶。爭價一句之奇。情必極貌以寫物。辭必窮力而追新。此近世之所競也。故鋪觀列代。而情變之數可監。撮舉同異。而綱領之要可明矣。若夫四言正體。則雅潤為本。五言流調。則清麗居宗。華實異用。唯才所安。故平子得其雅。叔夜含其潤。茂先凝其清。景陽振其麗。兼善則子建仲宣。偏美則太沖公幹。然詩有恆裁。思無定位。隨性適分。鮮能通圓。若妙識所難。其易也將至。忽之為易。其難也方來。至於三六雜言。則自出篇什。離合之發。則明於圖讖。回文所興。則道原爲始。聯句共韻。則柏梁餘製。巨細或殊。情理同致。總歸詩囿。故不繁云。

贊曰。民生而志。詠歌所含。興發皇世。風流二南。神理共契。政序相參。英華彌縟。萬代永耽。

樂府

樂府者。聲依永。律和聲也。鈞天九奏。既其上帝。葛天八闋。爰乃皇時。自咸英以降。亦無得而論矣。至於塗山歌於候人。始爲南音。有娀謠乎飛燕。始爲北聲。夏甲歎於東陽。東音以發。殷整思于西河。西音以興。音聲推移。亦不一槩矣。匹夫庶婦。謳吟土風。詩官採言。樂盲被律。志感絲簧。氣變金石。是以師曠覘風於盛衰。季札鑒微於興廢。精之至也。夫樂本心術。故響浹肌髓。先王愼焉。務塞淫濫。敷訓冑子。必歌九德。故能情感七始。化動八風。自雅聲浸微。溺音騰沸。秦燔樂經。漢初紹復。制氏紀其鏗鏘。叔孫定其容與。於是武德興乎高祖。四時廣於孝文。雖摹韶夏。而頗襲秦舊。中和之響。闃其不還。暨武帝崇禮。始立樂府。總趙代之音。撮齊楚之氣。延年以曼聲協律。朱馬以騷體製歌。桂華雜曲。麗而不經。赤鴈羣篇。靡而非典。河間薦雅而罕御。故汲黯致譏於天馬也。至宣帝雅頌。詩效鹿鳴。邇及元成。稍廣淫樂。正音乖俗。其難也如此。暨後郊廟。惟雜雅章。辭雖典文。而律非夔曠。至於魏之三祖。氣爽才麗。宰割辭調。音靡節平。觀其北上衆引。秋風列篇。或述酣宴。或傷羈戍。志不出於滔蕩。辭不離於哀思。雖三調之正聲。實韶夏之鄭曲也。逮於晉世。則傳玄曉音。創定雅歌。以詠祖宗。張華新篇。亦充庭萬。然杜夔調律。音奏舒雅。荀勖改懸。聲節哀急。故阮咸譏其離聲。後人驗其銅尺。和樂精妙。固表裏而相資矣。故知詩爲樂心。聲爲樂體。樂體在聲。瞽師務調其器。樂心在詩。君子宜正其文。好樂無荒。晉風所以稱遠。伊其相謔。鄭國所以云亡。故知季札觀辭。不直聽聲而已。若夫豔歌婉孌。怨志詄絕。淫辭在曲。正響焉生。然俗聽飛馳。職競新異。雅詠溫恭。必欠伸魚睨。奇辭切至。則拊髀雀躍。詩聲俱鄭。自此階矣。凡樂辭曰詩。詩聲曰歌。聲來被辭。辭繁難節。故陳思稱李延年閒於增損古辭。多者則宜減之。明貴約也。觀高祖之詠大風。孝武之歎來遲。歌童被聲。莫敢不協。子建士衡。咸有佳篇。並無詔伶人。故事謝絲管。俗稱乖調。蓋未思也。至於斬伎（疑作軒岐）。鼓吹漢世。鐃挽雖戎喪殊事。而並總入樂府。繆襲所致。亦有可算焉。昔子政品文詩與歌別。故略具樂篇。以標區界。

贊曰。八音摛文。樹辭爲體。謳吟坰野。金石雲陛。韶響難追。鄭聲易啟。豈惟觀樂。於焉識禮。

杜甫　小傳見前詩十五家。

論詩絕句十一首

庾信文章老更成。淩雲健筆意縱橫。今人嗤點流傳賦。不覺前賢畏後生。

王楊盧駱當時體。輕薄爲文哂未休。爾曹身與名俱滅。不廢江河萬古流。

縱使盧王操翰墨。劣於漢魏近風騷。龍文虎脊皆君馭。歷塊過都見爾曹。

才力應難跨數公。凡今誰是出羣雄。或看翡翠蘭苕上。未掣鯨魚碧海中。

不薄今人愛古人。清詞麗句必爲鄰。竊攀屈宋宜方駕。恐與齊梁作後塵。

未及前賢更勿疑。遞相祖述復先誰。別裁僞體親風雅。轉益多師是汝師。

沈范早知何水部。曹劉不待薛郎中。獨當省署開文苑。兼泛滄浪學釣翁。自注。水部郎中薛據。

李陵蘇武是吾師。孟子論文更不疑。一飯未曾留俗客。數篇今見古人詩。自注。校書郎雲卿。

復憶襄陽孟浩然。清詩句句盡堪傳。即今耆舊無新語。漫釣槎頭縮項鯿。

陶冶性靈存底物。新詩改罷自長吟。孰知二謝將能事。頗學陰何苦用心。

不見高人王右丞。藍田丘壑漫寒藤。最傳秀句寰區滿。未絕風流相國能。自注。右丞弟今相國縉。

元結　唐河南人。字次山。後魏之裔。天寶進士。肅宗召見。上時議五篇。帝悅之。累遷水部員外郎。代宗時。以親老歸樊上。著書自娛。作元子十篇。晚拜道州刺史。進授容管經略使。罷還京師。卒年五十。文章戛戛自異。變排偶綺麗之習。在韓柳之先。有次山集。

篋中集序

元結作篋中集。或問曰。公所集之詩。何以訂之。對曰。風雅不興。幾及千歲。溺於時者。世無人哉。嗚呼。有名位不顯。年壽不將。獨無知音。不見稱頌。死而已矣。誰云無之。近世作者。更相沿襲。拘限聲病。喜尚形似。且以流易爲辭。不知喪於雅正。然哉。彼則指詠時物。會諧絲竹。與歌兒舞女。生汚惑之聲於私室可矣。若令方直之士。大雅君子。聽而誦之。則未見其可矣。吳興沈千運。獨挺於流俗之中。强攘於已溺之後。窮老不惑。五十餘年。凡所爲文。皆與時異。故朋友後生。稍見師效。能似類者。有五六人。於戲。自沈公及二三子。皆以正直而無祿位。皆以忠信而久貧賤。皆以仁讓而至喪亡。異於是者。顯榮當世。誰爲辯士。吾欲問之。天下興兵。於今六歲。人皆務武。斯焉誰嗣。已長逝者。遺文散失。方阻絕者。不見近作。盡篋中所有。總編次之。命曰篋中集。且欲傳之親故。冀其不亡於今。凡七人。七人。沈千運。王季友。于逖。孟雲卿。張彪。趙微明。元融也。詩二十二首。時乾元三年也。

白居易　小傳見前詩十五家。

與元九書

月日。居易白。微之足下。自足下謫江陵至於今。凡所贈答詩。僅百篇。每詩來。或辱序。或辱書。冠於卷首。皆所以陳古今歌詩之義。且自敍爲文因緣。與年月之遠近也。僕既愛足下詩。又諭足下此意。常欲承答來旨。麤論歌詩大端。并自述爲文之意。總爲一書。致足下。前累歲已來。牽故少暇。間有容隙。或欲爲之。又自思所陳。亦無足下之見。臨紙復罷者數四。卒不能成就其志。以至於今。今俟罪潯陽。除盥櫛食寢外。無餘事。因覽足下去通州日。所留新舊文二十六軸開卷得意忽如會面心所蓄者便欲快言往往自疑不知相去萬里也既而憤悱之氣思有所洩遂追就前志勉爲此書足下幸試爲樸留意一省夫文尙矣三才各有文天之文三光首之地之文五材首之人之文六經首之就六經言詩又首之何者聖人感人心而天下和平感人心者莫先乎情莫始乎言莫切乎聲莫深乎義詩者根情苗言華聲實義上自聖賢下至愚騃微及豚魚幽及鬼神羣分而氣同形異而情一未有聲入而不應情交而不感者聖人知其然因其言經之以六義緣其聲緯之以五音音有韻義有類韻協則言順言順則聲易入類舉則情見情見則感易交於是乎孕大含深貫微洞密上下通而一氣泰憂樂合而百志熙五帝三皇所以直道而行垂拱而理者揭此以爲大柄決此以爲大寶也故聞元首明股肱良之歌則知虞道昌矣聞五子洛汭之歌則知夏政荒矣言者無罪聞者足戒言者聞者莫不兩盡其心焉洎周衰秦興採詩官廢上不以詩補察時政下不以歌洩導人情乃至於諂成之風動救失之道缺於時六義始刓矣國風變爲騷辭五言始於蘇李蘇李騷人皆不遇者各繫其志發而爲文故河梁之句止於傷別澤畔之吟歸於怨思彷徨抑鬱不暇及他耳然去詩未遠梗槩尙存故興離別則引雙鳧一雁爲喻諷君子小人則引香草惡鳥爲比雖義類不具猶得風人之什二三焉於時六義始缺矣晉宋已還得者蓋寡以康樂之奧博多溺於山水以淵明之高古偏放於田園江鮑之流又狹於此如梁鴻五噫

之例者百無一二焉。於時六義寖微矣，陵夷至於梁陳間，率不過嘲風雪弄花草而已。噫！風雪花草之物，三百篇中豈捨之乎？顧所用何如耳。設如北風其涼，假風以刺威虐也；雨雪霏霏，因雪以愍征役也；棠棣之華，感華以諷兄弟也；采采芣苢，美草以樂有子也。皆興發於此而義歸於彼，反是者可乎哉？然則餘霞散成綺，澄江淨如練，離花先委露，別葉乍辭風之什，麗則麗矣，吾不知其所諷焉。故僕所謂嘲風雪弄花草而已。於時六義盡去矣。唐興二百年，其間詩人不可勝數，所可舉者，陳子昂有感遇詩二十首，鮑防有感興詩十五首。又詩之豪者，世稱李杜。李之作才矣奇矣，人不逮矣，索其風雅比興，十無一焉。杜詩最多，可傳者千餘篇，至於貫穿今古，覼縷格律，盡工盡善，又過於李。然撮其新安吏、石壕吏、潼關吏、塞蘆子、留花門之章，朱門酒肉臭，路有凍死骨之句，亦不過三四十首。杜尚如此，況不逮杜者乎？僕嘗痛詩道崩壞，忽忽憤發，或食輟哺，夜輟寢，不量才力，欲扶起之。嗟乎！事有大謬者，又不可一二而言，然亦不能不麤陳於左右。僕始生六七月時，乳母抱弄於書屏下，有指無字之字示僕者，僕雖口未能言，心已默識。後有問此二字者，雖百十其試，而指之不差。則僕宿習之緣，已在文字中矣。及五六歲，便學爲詩，九歲諳識聲韻。十五六始知有進士，苦節讀書。二十已來，晝課賦，夜課書，間又課詩，不遑寢息矣。以至於口舌成瘡，手肘成胝，既壯而膚革不豐盈，未老而齒髮早衰白，瞥瞥然如飛蠅垂珠在眸子中也，動以萬數。蓋以苦學力文所致。又自悲矣。家貧多故。二十七方從鄉試。既第之後。雖專於科試。亦不廢詩。及授校書郎時。已盈三四百首。或出示交友。如足下輩見皆謂之工。其實未窺作者之域耳。自登朝來。年齒漸長。閱事漸多。每與人言。多詢時務。每讀書史。多求理道。始知文章合爲時而著。歌詩合爲事而作。是時皇帝初卽位。宰府有正人。屢降璽書。訪人急病。僕當此日擢在翰林。身是諫官。月請諫紙。啟奏之外。有可以救濟人病。裨補時闕。而難於指言者。輒詠歌之。欲稍稍遞進聞於上。上以廣宸聽。副憂勤。次以酬恩獎。塞言責。下以復吾平生之志。豈圖志未就而悔已生。言未聞而謗已成矣。又請爲左右終言之。凡聞僕賀雨詩。而衆口籍籍。已謂非宜矣。聞僕哭孔戡詩。衆面脈脈。盡不悅矣。聞秦中吟。則權豪貴近者相目而變色矣。聞樂游園寄足下詩。則執政柄者扼腕矣。聞宿紫閣村詩。則扼軍要者切齒矣。大率如此。不可徧舉。不相與者。號爲沽名。號爲詆訐。號爲訕謗。苟相與者。則如牛僧孺之戒焉。乃至骨肉妻孥。皆以我爲非也。其不我非者。舉不過三兩人。有鄧魴者。見僕詩而喜。無何而魴死。有唐衢者。見僕詩而泣。未幾而衢死。其餘則足下。足下又十年來困躓若此。嗚呼。豈六義四始之風。天將破壞。不可支持耶。抑又不知天之意。不欲使下人之病苦聞於上耶。不然。何有志於詩者。不利若此之甚也。然僕又自思關東一男子耳。除讀書屬文外。其他懵然無知。乃至書畫棋博。可以接羣居之歡者。一無通曉。卽其愚拙可知矣。初應進士時。中朝無緦麻之親。達官無半面之舊。策蹇步於利足之途。張空拳於戰文之場。十年之間三登科第。名入衆耳。迹升淸貫。出交賢俊。入侍冕旒。始得名於文章。終得罪於文章。亦其宜也。日者又聞親友間說。禮吏部舉選人多以僕私試賦判傳爲準的。其餘詩句亦往往在人口中。僕惡然自愧。不之信也。及再來長安。又聞有軍使高霞寓者欲聘娼妓。妓大誇曰。我誦得白學士長恨歌。豈同他妓哉。由是增價。又足下書云。到通州日。見江館柱間有題僕詩者。復何人哉。又昨過漢南日。適遇主人集衆樂娛他賓。諸妓見僕來。指而相顧曰。此是秦中吟長恨歌主耳。自長安抵江西三四千里。凡鄉校佛寺逆旅行舟之中。往往有題僕詩者。士庶僧徒孀婦處女之口。每每有詠僕詩者。此誠雕蟲之戲。不足爲多。然今時俗所重。正在此耳。雖前賢如淵雲者。前輩如李杜者。亦未能忘情於其間。古人云。名者公器。不可以多取。僕是何者。竊時之名已多。既竊時名。又欲竊時之富貴。使己爲造物者。肯兼與之乎。今之迍窮。理固然也。況詩人多蹇。如陳子昂杜甫各授一拾遺而迍剝至死。李白孟浩然輩不及一命。窮悴終身。近日孟郊六十終試協律。張籍五十未離一太祝。彼何人哉。彼何人哉。況僕之才又不逮彼。今雖謫在遠郡。而官品至第五。月俸四五萬。寒有衣。飢有食。給身之外。施及家人。亦可謂不負白氏之子矣。微之微之。勿念我哉。僕數月來。檢討囊篋中。得新舊詩。各以類分。分爲卷首。自拾遺來。凡所遇所感。關於美刺興比者。又自武德訖元和。因事立題。題爲新樂府者。共一百五十首。謂之諷諭詩。又或退公獨處。或移病閒居。知足保和。吟翫情性者一百首。謂之閑適詩。又有事務牽於外。情性動於內。隨感遇而形於歎詠者一百首。謂之感傷詩。又有五言七言長句短句自一百韻至兩韻者四百餘首。謂之雜律詩。凡爲十五卷。約八百首。異時相見。當盡致於執事。微之古人云。窮則獨善其身。達則兼濟天下。僕雖不肖。常師此語。大丈夫所守者道。所待者時。時之來也。爲雲龍。爲風鵬。勃然突然。陳力以出。時之不來也。爲霧豹。爲冥鴻。寂兮寥兮。奉身而退。進退出處。何往而不自得哉。故僕志在兼濟。行在獨善。奉而始終之則爲道。言而發明之則爲詩。謂之諷諭詩。兼濟之志也。謂之閑適詩。獨善之義也。故覽僕詩者。知僕之道焉。其餘雜律詩。或誘於一時一物。發於一笑一吟。率然成章。非平生所尚。但以親朋合散之際。取其釋恨佐懽。今銓次之間。未能刪去。他時有爲我編集斯文者。略之可也。微之。夫貴耳賤目。榮古陋今。人之大情也。僕不能遠徵古舊。如近歲韋蘇州歌行。清麗之外。頗近興諷。其五言詩。又高雅閒澹。自成一家之體。今之秉筆者。誰能及之。然當蘇州在時。人亦未甚愛重。必待身後。然後人貴之。今僕之詩。人所愛者。悉不過雜律詩與長恨歌已下耳。時之所重。僕之所輕。至於諷諭者。意激而言質。閒適者。思澹而詞迂。以質合迂。宜人之不愛也。今所愛者。並世而生。獨足下耳。然千百年後。安知無復足下者出而知愛我詩哉。故自八九年來。與足下小通則以詩相戒。小窮則以詩相勉。索居則以詩相慰。同處則以詩相娛。知吾罪吾。率以詩也。如今年春遊城南時。與足下馬上相戲因各誦新豔小律不雜他篇自皇子陂歸昭國里迭吟遞唱不絕聲者二十里餘樊李在傍無所措口知我者以爲詩仙不知我者以爲詩魔何則勞心靈役聲氣連朝接夕不自知其苦非魔而何偶同人當美景或花時宴罷或月夜酒酣一詠一吟不知老之將至雖驂鸞鶴遊蓬瀛者之適無以加於此焉又非仙而何微之微之此吾所以與足下外形骸脫蹤跡傲軒鼎輕人寰者又以此也當此之時足下興有餘力且欲與僕悉索還往中詩取其尤長者如張十八古樂府李二十新歌行盧楊二祕書律詩竇七元八絕句博搜精掇編而次之號元白往還詩集衆君子得擬議於此者莫不踊躍欣喜以爲盛事嗟乎言未終而足下左轉不數月而僕又繼行心期索然何日成就又可爲之歎息矣又僕嘗語足下凡人爲文私於自是不忍於割截或失於繁多其間妍媸益又自惑必待交友有公鑒無姑息者討論而削奪之然後繁簡當否得其中矣況僕與足下爲文尤患其多已尚病之況他人乎今且各纂詩律粗爲卷第待與足下相見日各出所有終前志焉又不知相遇是何年相見在何地溘然而至則如之何微之微之知我心哉潯陽臘月江風苦寒歲暮鮮歡夜長無睡引筆鋪紙悄然燈前有念則書言無次第勿以繁雜爲倦且以代一夕之話也微之知我心哉樂天再拜

元稹　河南人字微之元和初對策舉制科第拜監察御史遇事敢言謫江陵參軍長慶中由監軍崔潭峻進稹

歌詞。擢知制誥。未幾入相。裴度屢劾之。遂俱罷。太和中。官武昌節度使。卒。稹爲詩以平易勝。與白居易齊名。時稱元白。號爲元和體。宮中妃嬪多誦之。呼爲元才子。有元氏長慶集。

樂府古題序

詩訖於周。離騷訖於楚。是後詩之流爲二十四名。賦頌銘贊文誄箴詩行詠吟題怨歎章篇操引謠謳歌曲詞調。皆詩人六義之餘。而作者之旨。由操而下八名。皆起於郊祭軍賓吉凶苦樂之際。在音聲以度詞。審調以節唱。句度短長之數。聲韻平上之差。莫不由之準度。而又區別其在琴瑟者爲操引。採民甿者爲謳謠。備曲度者總得謂之歌曲詞調。斯皆由樂以定詞。非選詞以配樂也。由詩而下九名。皆屬事而作。雖題號不同。而悉謂之爲詩可也。後之審樂者。往往采取其詞。度爲歌曲。蓋選詞以配樂。非由樂以定詞也。而纂撰者。由詩而下十七名。盡編爲樂府等題。除鐃吹橫吹郊祀清商等詞在樂志者。其餘木蘭仲卿四愁七哀之輩。亦未必盡播於管絃明矣。後之文人達樂者少。不復如是配別。但遇興紀題。往往兼以句度短長爲歌詩之異。劉補闕云。樂府肇於漢魏。按仲尼學文王操。伯牙作水僊操。齊沐犢作雉朝飛。衞女作思歸引。則不於漢魏而後始。亦以明矣。況自風雅至於樂流。莫非諷興當時之事。以貽後世之人。沿襲古題。唱和重複。於文或有短長。於義咸爲贅賸。尚不如寓意古題。刺美見事。猶有詩人引古以諷之義焉。曹劉沈鮑之徒。時得如此。亦復稀少。近代惟詩人杜甫悲陳陶哀江頭兵車麗人等。凡所歌行。率皆卽事名篇。無有倚傍。余少時與友人白樂天李公垂輩。謂是爲當。遂不復擬賦古題。昨南梁州見進士劉猛李餘各賦古樂府詩數十首。中一二章。咸有新意。予因選而和之。其有雖用古題。全無古義者。若出門行不言離別。將進酒特書列女之類是也。其或頗同古義。全創新詞者。則田家止述軍輸。捉捕請先螻蟻之類是也。劉李二子方將極意於斯文。因爲粗明古今歌詩同異之旨焉。

白氏長慶集序

白氏長慶集者。太原人白居易之所作。居易字樂天。始言。試指之無二字。能不誤。始旣言。讀書勤敏。與他兒異。五六歲識聲韻。十五志詩賦。二十七舉進士。貞元末。進士尙馳競。不尙文。就中六籍尤擯落。禮部侍郎高郢始用經藝爲進退。樂天一舉擢上第。明年拔萃甲科。由是性習相近遠。求玄珠。斬白蛇劍等賦。及百道判。新進士競相傳於京師矣。會憲宗皇帝冊召天下士。樂天對詔稱旨。又登甲科。未幾入翰林。掌制誥。比比上書言得失。因爲賀雨詩秦中吟等數十章。指言天下事。時人比之風騷焉。予始與樂天同校祕書。前後多以詩章相贈答。會予譴掾江陵。樂天猶在翰林。寄予百韻律詩及雜體前後數十首。是後各佐江通。復相酬寄。巴蜀江楚間洎長安中少年。遞相倣效。競作新詞。自謂爲元和詩。而樂天秦中吟賀雨諷諭閑適等篇。時人罕能知者。然而二十年間。禁省觀寺郵候牆壁之上無不書。王公妾婦牛童馬走之口。無不道。至於繕寫摸勒。衒賣於市井。或持之以交酒茗者。處處皆是。其甚者有至於盜竊名姓。苟求自售。雜亂閒廁。無可奈何。予嘗於平水市中。見村校諸童。競習歌詩。召而問之。皆對曰。先生敎我樂天微之詩。固亦不知予之爲微之也。又雞林賈人。求市頗切。自云本國宰相。每以百金換一篇。其甚僞者。宰相輒能辨別之。自篇章以來。未有如是流傳之廣者。長慶四年。樂天自杭州刺史以右庶子詔還。予時刺會稽。因得盡徵其文。手自排纘。成五十卷。凡二千一百九十一首。前輩多以前集中集爲名。予以爲國家改元長慶。於是因號曰白氏長慶集。大凡人之文。各有所長。樂天之長。可以爲多矣。夫以諷諭之詩長於激。閑適之詩長於遣。感傷之詩長於切。五字律詩百言而上長於贍。五字七字百言而下長於情。賦贊箴戒之類長於當。碑記敍事制詔長於實。啟奏表狀長於直。書檄詞策剖判長於盡。總而言之。不亦多乎哉。至於樂天之官秩景行。與予之交分淺深。非敍文之要也。故不書。長慶四年冬十二月十日。微之序。

唐工部員外郎杜甫墓誌銘

敍曰。余讀詩至杜子美。而知古人之才有所總萃焉。始堯舜之君臣。以賡歌相和。是後詩人繼作。歷夏殷周千餘年。仲尼緝拾選練。取其干預敎化之尤者三百篇。其餘無聞焉。騷人作而怨憤之態繁。然猶去風雅日近。尙相比擬。秦漢以還。采詩之官既廢。天下妖謠民謳歌頌諷賦。曲度嬉戲之詞。亦隨時間作。至漢武帝賦柏梁詩。而七言之體具。蘇子卿李少卿之徒。尤工爲五言。雖句讀文律各異。雅鄭之音亦雜。而詞意闊遠。指事言情。自非有爲而爲。則文不妄作。建安之後。天下之士。遭罹兵戰。曹氏父子。鞍馬間爲文。往往橫槊賦詩。故其遒文壯節。抑揚怨哀悲離之作。尤極於古。晉世風槩稍存。宋齊之間。教失根本。士以簡慢歙習舒徐相尙。文章以風容色澤放曠精淸爲高。蓋吟寫性靈。流連光景之文也。意義格力無取焉。陵遲至梁陳。淫艷刻飾。佻巧小碎之詞。又宋齊之所不取。唐興。學官大振。歷世之文能者互出。而又沈宋之流。研練精切。穩順聲勢。謂之爲律詩。由是而后文體之變極焉。而又好古者遺近。務華者去實。效齊梁則不逮於晉魏。工樂府則力屈於五言。律切則骨格不存。閒暇則纖穠莫備。至于子美。所謂上薄風雅。下該沈宋。言奪蘇李。氣吞曹劉。掩顏謝之孤高。雜徐庾之流麗。盡得古今之體勢。而兼昔人之所獨專矣。如使仲尼考鍛其旨要。尙不知貴其多乎哉。苟以爲能所不能。無可無不可。則詩人已來。未有如子美者。是時山東人李白。亦以奇文取稱。時人謂之李杜。余觀其壯浪縱恣。擺去拘束。模寫物象。及樂府歌詩。誠亦差肩於子美。至若鋪陳終始。排比聲韻。大或千言。次猶數百。詞氣豪邁。而風調淸深。屬對律切。而脫棄凡近。則李尙不能歷其藩翰。況堂奧乎。余嘗欲條析其文體別相附。與來者爲之準。病懶未就。爾適子美之孫嗣業。啟子美之柩。襄祔事於偃師。途次於荊楚。雅知余愛言其大父之爲文。祈余爲誌。辭不可絕。余因系其官閥。而銘其卒葬云。系曰。晉當陽侯杜氏。下十世而生依藝。令鞏。依藝生審言。審言善詩。官至膳部員外郎。審言生閑。閑生甫。爲奉天令。甫字子美。天寶中獻三大禮賦。明皇奇之。命宰相試文。文善。授率府曹屬。京師亂。步謁行在。授左拾遺。歲餘。以直言失官。出爲華州司功。尋遷京兆功曹。劍南節度使嚴武。拔爲工部員外參謀軍事。旋又棄其官。扁舟下荊楚間。竟以寓卒。旅殯岳陽。享年五十九。夫人弘農楊氏女。父曰司農少卿怡。四十九年終。嗣子曰宗武。病不克葬。沒命其子嗣業。以家貧無以給喪。收拾乞匃。焦勞晝夜。去子美沒後餘四十年。然後卒先人之志。亦足爲難矣。銘曰。惟元和之癸巳。粤某月某日之佳辰。合窆我杜子美於首陽之山前。嗚呼。千歲而下。曰此文先生之古墳。

司空圖

唐虞鄉人。字表聖。咸通進士。累官禮部郎中。避亂隱居中條山王官谷。作休休亭。號耐辱居士。日與名僧高士游詠其中。朱全忠篡位。召爲禮部尙書。不起。哀帝被弒。圖不食卒。著有詩文集。又著詩品二十四首。以四言韻語寫其意境。平奇濃澹。無體不備。爲論詩之名著。

詩品

大用外腓。眞體內充。返虛入渾。積健爲雄。具備萬物。橫絕太空。荒荒油雲。寥寥長風。超以象外。得其環中。持之匪強。來之無窮。以上雄渾素處以默。妙機其微。飲之太和。獨鶴與飛。猶之惠風。荏苒在衣。閱音修篁。美曰載歸。遇之匪深。即之愈希。脫有形似。握手已違。以上沖澹

采采流水。蓬蓬遠春。窈窕深谷。時見美人。碧桃滿樹。風日水濱。柳陰路曲。流鶯比鄰。乘之愈往。識之愈眞。如將不盡。與古爲新。以上纖穠

綠杉野屋。落日氣清。脫巾獨步。時聞鳥聲。鴻雁不來。之子遠行。所思不遠。若爲平生。海風碧雲。夜渚月明。如有佳語。大河前橫。以上沈著

畸人乘眞。手把芙蓉。泛彼浩劫。窅然空蹤。月出東斗。好風相從。太華夜碧。人聞清鐘。虛佇神素。脫然畦封。黃唐在獨。落落元宗。以上高古

玉壺買春。賞雨茅屋。坐中佳士。左右修竹。白雲初晴。幽鳥相逐。眠琴綠陰。上有飛瀑。落花無言。人澹如菊。書之歲華。其曰可讀。以上典雅

猶鑛出金。如鉛出銀。超心煉冶。絕愛淄磷。空潭瀉春。古鏡照神。體素儲潔。乘月返眞。載瞻星辰。載歌幽人。流水今日。明月前身。以上洗鍊

行神如空。行氣如虹。巫峽千尋。走雲連風。飲眞茹強。蓄素守中。喻彼行健。是謂存雄。天地與立。神化攸同。期之以實。御之以終。以上勁健

神存富貴。始輕黃金。濃盡必枯。澹者屢深。露餘山青。紅杏在林。月明華屋。畫橋碧陰。金尊酒

滿。伴客彈琴。取之自足。良殫美襟。以上綺麗

俯拾卽是。不取諸鄰。俱道適往。著手成春。如逢花開。如瞻歲新。眞予不奪。强得易貧。幽人空山。過雨采蘋。薄言情晤。悠悠天鈞。以上自然

不著一字。盡得風流。語不涉難。已不堪憂。是有眞宰。與之沈浮。如淥滿酒。花時返秋。悠悠空塵。忽忽海漚。淺深聚散。萬取一收。以上含蓄

觀化匪禁。吞吐大荒。由道返氣。處得以狂。天風浪浪。海山蒼蒼。眞力彌滿。萬象在旁。前招三辰。後引鳳凰。曉策六鼇。濯足扶桑。以上豪放

欲返不盡。相期與來。明漪絕底。奇花初胎。青春鸚鵡。楊柳樓臺。碧山人來。清酒滿杯。生氣遠出。不著死灰。妙造自然。伊誰與裁。以上精神

是有眞跡。如不可知。意象欲生。造化已奇。水流花放。清露未晞。要路愈遠。幽行爲遲。語不欲犯。思不欲癡。猶春於綠。明月雪時。以上縝密

惟性所宅。眞取弗羈。拾物自富。與率爲期。築屋松下。脫帽看詩。但知旦暮。不辨何時。儻然適意。豈必有爲。若其天放。如是得之。以上疏野

娟娟羣松。下有漪流。晴雪滿汀。隔溪漁舟。可人如玉。步屧尋幽。載行載止。空碧悠悠。神出古異。澹不可收。如日之曙。如氣之秋。以上清奇

登彼太行。翠遶羊腸。杳靄流玉。悠悠花香。力之於時。聲之於羌。似往已回。如幽匪藏。水理漩洑。鵬風翱翔。道不自器。與之圓方。以上委曲

取語甚直。計思匪深。忽逢幽人。如見道心。清澗之曲。碧松之陰。一客荷樵。一客聽琴。情性所至。妙不可尋。遇之自天。冷然希音。以上實境

大風捲水。林木爲摧。意枯若死。招憩不來。百歲如流。富貴冷灰。大道日往。若爲雄才。壯士拂劍。浩然彌哀。蕭蕭落葉。漏雨蒼苔。以上悲慨

絕佇靈素。少迴清眞。如覓水影。如寫陽春。風雲變態。花草精神。海之波瀾。山之嶙峋。俱似大道。妙契同塵。離形得似。庶幾斯人。以上形容

匪神之靈。匪機之微。如將白雲。清風與歸。遠引若至。臨之已非。少有道契。終與俗違。亂山喬木。碧苔芳暉。誦之思之。其聲愈稀。以上超詣

落落欲往。矯矯不羣。緱山之鶴。華頂之雲。高人畫中。令色絪縕。御風蓬葉。泛彼無垠。如不可執。如將有聞。識者已領。期之愈分。以上飄逸

生者百歲。相去幾何。歡樂苦短。憂愁實多。何如尊酒。日往煙蘿。花覆茅簷。疏雨相過。倒酒既盡。杖藜行歌。孰不有古。南山峨峨。以上曠達

若納水輨。如轉丸珠。夫豈可道。假體遺愚。荒荒坤軸。悠悠天樞。載要其端。載同其符。超超神

明。泛泛冥無。來往千載。是之謂乎。（以上流動）

與李生論詩書

文之難。而詩之難尤難。古今之喻多矣。而愚以為辨於味。而后可以言詩也。江嶺之南。凡足資於適口者。若醯非不酸也。止於酸而已。若鹺非不鹹也。止於鹹而已。中華之人所以充飢而遽輟者。知其鹹酸之外。醇美者有所乏耳。彼江嶺之人。習之而不辨也宜哉。詩貫六義。則諷諭抑揚。渟蓄淵雅。皆在其間矣。然直致所得。以格自奇。前輩諸集。亦不專工於此。矧其下者邪。王右丞韋蘇州澄澹精緻。格在其中。豈妨於道舉哉。賈閬仙誠有警句。然視其全篇。意思殊餒。大抵務於寒澀。方可置才。亦為體之不備也。矧其下者哉。噫。近而不浮。遠而不盡。然后可以言韻外之致耳。愚幼嘗自負。既久而愈覺缺然。然得於早春。則有草嫩侵沙長。冰輕著雨消。又人家寒食月。花影午時天。（上句云。隔谷見鷄犬。山苗接楚田。）又雨微吟足思。花落夢無憀。得於山中。則有坡暖冬生筍。松涼夏健人。又川明虹照雨。樹密鳥衝人。得於江南。則有戍鼓和潮暗。船燈照島幽。又曲塘春盡雨。方響夜深船。又夜短猿悲減。風和鵲喜靈。得於塞上。則有馬色經寒慘。鵰聲帶晚飢。得於喪亂。則有驊騮思故策。鸚鵡失佳人。又鯨鯢人海涸。魑魅棘林幽。得於道宮。則有碁聲花院閉。幡影石壇高。得於夏景。則有地涼清鶴夢。林靜肅僧儀。得於佛寺。則有松日明金象。苔龕響木魚。又解吟僧亦俗。愛舞鶴終卑。得於郊原。則有遠坡春早滲猶有水禽飛。上句云。綠樹連村暗。黃花入麥稀。得於樂府則有晚粧留拜月。春睡更生香。得於寂寥。則有孤螢出荒池。落葉穿破屋。得於愜適則有來客當意。愜花發遇歌成。雖庶幾不濱於淺涸。亦未廢作者之譏訶也。七言云。逃難人多分隙地。放生鹿大出寒林。又得劍乍如添健僕。亡書久似憶良朋。又孤嶼池痕春漲滿。小欄花韻午晴初。又五更惆悵迴孤枕。猶自殘鐙照落花。上句云。故國春歸未有涯。小欄高檻別人家。又殷勤元日日欹午又明年。上句云。甲子今重數。生涯只自憐。皆不拘於一概也。蓋絕句之作本於詣極。此外千變萬狀。不知所以神而自神也。豈容易哉。足下之詩時輩固有難色。儻復以全美爲工。卽知味外之旨矣。勉旃。某再拜。

梅聖俞詩集序

歐陽修　小傳見前詞九家。

予聞世謂詩人少達而多窮。夫豈然哉。蓋世所傳詩者。多出於古窮人之辭也。凡士之蘊其所有。而不得施於世者。多喜自放於山巔水涯之外。見蟲魚草木風雲鳥獸之狀類。往往探其奇怪。內有憂思感憤之鬱積。其興於怨刺。以道羈臣寡婦之所歎。而寫人情之難言。蓋愈窮則愈工。然則非詩之能窮人。殆窮者而後工也。予友梅聖俞。少以蔭補爲吏。累舉進士。輒抑於有司。困於州縣凡十餘年。年今五十。猶從辟書。爲人之佐。鬱其所蓄。不得奮見於事業。其家宛陵。幼習於詩。自爲童子。出語已驚其長老。既長。學乎六經仁義之說。其爲文章。簡古純粹不求苟說於世。世之人徒知其詩而已。然時無賢愚語詩者必求之聖兪。聖兪亦自以其不得志者樂於詩而發之。故其平生所作於詩尤多。世既知之矣。而未有薦於上者。昔王文康公嘗見而歎曰。二百年無此作矣。雖知之深。亦不果薦也。若使其幸得用於朝廷。作爲雅頌以歌詠大宋之功德。薦之淸廟。而追商周魯頌之作者。豈不偉歟。奈何使其老不得志而爲窮者之詩。乃徒發於蟲魚物類羈愁感歎之言。世徒喜其工。不知其窮之久而將老也。可不惜哉。聖兪詩既多。不自收拾。其妻之兄子謝景初懼其多而易失也。取其自洛陽至於吳興已來所作。次爲十卷。予嘗嗜聖兪詩。而患不能盡得之。遽喜謝氏之能類次也。輒序而藏之。其後十五年。聖兪以疾卒於京師。余既哭而銘之。因索於其家。得其遺稿千餘篇。并舊所藏。掇其尤者六百七十七篇。爲一十五卷。嗚呼。吾於聖兪詩論之詳矣。故不復云。

書梅聖兪稿後

夫樂達天地之和。而與人之氣相接。故其疾徐奮動可以感於心。歡欣惻愴可以察於聲。五聲單出於金石。不能自和也。而工者和之。然抱其器知其聲。節其廉肉而調其律呂。如此者工之善也。今指其器以問於工曰。彼簨者虡者。堵而編。執而列者。何也。彼必曰。鼗鼓鐘磬絲管干戚也。又語其聲以問之曰。彼淸者濁者。剛而奮。柔而曼衍者。或在郊。或在廟堂之下。而羅者何也。彼必曰。八音五聲六代之曲。上者歌而下者舞也。其聲器名物皆可以數而對也。

然至於動盪血脈。流通精神。使人可以喜。可以悲。或歌。或泣。不知手足鼓舞之所然。問其何以感之者。則雖有善工。猶不知其所以然焉。蓋不可得而言也。樂之道深矣。故工之善者。必得於心。應於手。而不可述之言也。聽之善。亦必得於心。而會以意。不可得而言也。堯舜之時。夔得之。以和人神。舞百獸。三代春秋之際。師襄師曠州鳩之徒。得之爲樂官。理國家。知興亡。周衰官失。樂器淪亡。散之河海。逾千百歲間。未聞有得之者。其天地人之和氣相接者。既不得泄於金石。疑其遂獨鍾於人。故其人之得者。雖不可和於樂。尚能歌之爲詩。古者登歌清廟。太師掌之。而諸侯之國。亦各有詩。以道其風土性情。至於投壺饗射。必使工歌以達其意。而爲賓樂。蓋詩者樂之苗裔與。漢之蘇李。魏之曹劉。得其正始。宋齊而下。得其浮淫流泆。唐之時。子昂李杜沈宋王維之徒。或得其淳古淡泊之聲。或得其舒和高暢之節。而孟郊賈島之徒。又得其悲愁鬱堙之氣。由是而下。得者時有而不純焉。今聖俞亦得之。然其體長於本人情。狀風物。英華雅正。變態百出。哆兮其似春。淒兮其似秋。使人讀之可以喜。可以悲。陶暢酣適。不知手足之將鼓舞也。斯固得深者耶。其感人之至。所謂與樂同其苗裔者耶。余嘗問詩於聖俞。其聲律之高下。文語之疵病。可以指而告余也。至其心之得者。不可以言而告也。余亦將以心得意會。而未能至之者也。聖俞久在洛中。其詩亦往往人皆有之。今將告歸。余因求其稿而寫之。然夫前所謂心之所得者。如伯牙鼓琴。子期聽之。不相語而意相知也。余

今得聖俞之稿猶伯牙之琴絃乎

蘇軾　小傳見前詩十五家

書黃子思詩集後

予嘗論書以謂鍾王之迹蕭散簡遠妙在筆畫之外至唐顏柳始集古今筆法而盡發之極書之變天下翕然以爲宗師而鍾王之法益微至於詩亦然蘇李之天成曹劉之自得陶謝之超然蓋亦至矣而李太白杜子美以英瑋絕世之姿凌跨百代古今詩人盡廢然魏晉以來高風絕塵亦少衰矣李杜之後詩人繼作雖間有遠韻而才不逮意獨韋應物柳宗元發纖穠於簡古寄至味於澹泊非餘子所及也唐末司空圖崎嶇亂兵之間而詩文高雅猶有承平之遺風其論詩曰梅止於酸鹽止於鹹飲食不可無鹽梅而其美常在鹹酸之外蓋自列其詩之有得於文字之表也二十四韻恨當時不識其妙予三復其言而悲之閩人黃子思慶歷皇祐間號能文者予嘗聞前輩詩每得佳句妙語反復數四乃識其所謂信乎表聖之言美在鹹酸之外可以一唱而三歎也予既與其子幾道其孫師是游得窺其家集而子思篤行高志爲吏有異材見於墓誌詳矣予不復論評其詩如此

郭茂倩　宋須城人官侍讀學士著樂府詩集一百卷總括歷代歌詞上起陶唐下迄五代分爲十二類網羅賅博其題解序述源流尤爲詳備言樂府者以是集爲祖本猶漁獵之賁山海焉

樂府詩集序

宋書樂志曰。古者天子聽政。使公卿大夫獻詩。耆艾修之。而後王斟酌焉。然後被於聲。於是有採詩之官。周室下衰。官失其職。漢魏之世。歌詠雜興。而詩之流乃有八名。曰行。曰引。曰歌。曰謠。曰吟。曰詠。曰怨。曰歎。皆詩人六義之餘也。至其協聲律。播金石。而總謂之曲。若夫均奏之高下。音節之緩急。文辭之多少。則繫乎作者才思之淺深。與其風俗之薄厚。當是時如司馬相如曹植之徒。所爲文章。深厚爾雅。猶有古之遺風焉。自晉遷江左。下逮隋唐。德澤寖微。風化不競。去聖逾遠。繁音日滋。艶曲興於南朝。胡音生於北俗。哀淫靡曼之辭。迭作並起。流而忘反。以至陵夷。原其所由。蓋不能制雅樂以相變。大抵多溺於鄭衞。由是新聲熾而雅音廢矣。昔晉平公說新聲。而師曠知公室之將卑。李延年善爲新聲變曲。而聞者莫不感動。其後元帝自度曲。被聲歌。而漢業遂衰。曹妙達等改易新聲。而隋文不能救。嗚呼。新聲之感人如此。是以爲世所貴。雖沿情之作。或出一時。而聲辭淺迫。少復近古。故蕭齊之將亡也。有伴侶。高齊之將亡也。有無愁。陳之將亡也。有玉樹後庭花。隋之將亡也。有泛龍舟。所謂煩手淫聲。爭新怨衰。此又新聲之弊也。雜曲者。歷代有之。或心志之所存。或情思之所感。或宴游歡樂之所發。或憂愁憤怨之所興。或敍離別悲傷之懷。或言征戰行役之苦。或緣於佛老。或出自夷虜。兼收備載。故總謂之雜曲。自秦漢以來。數千百歲。文人才士作者非一。干戈之後。喪亂之餘。亡失既多。聲辭不具。故有名存義亡。不見所起。而有古辭可考者。則若傷歌行生別離長相思棗下何纂纂之類是也。復有不見古辭。而後人繼有擬述可以概見其義者。則若出自薊北門結客少年場秦王卷衣半渡溪空城雀齊謳吳趨會吟悲哉之類是也。又如漢阮瑀之駕出北郭門。曹植之惟漢苦思欲遊南山事君車已駕桂之樹等行。磐石驅車浮萍種葛吁嗟鰕鱔等篇。傅玄之雲中白子高前有一尊酒鴻雁生塞北行昔君飛塵車遙遙篇。陸機之置酒。謝惠連之晨風。鮑照之鴻雁。如此之類。其名甚多。或因意命題。或學古敘事。其辭具在。故不復備論。

新樂府辭序

樂府之名。起於漢魏。自孝惠帝時。夏侯寬爲樂府令。始以名官。至武帝乃立樂府。采詩夜誦。有趙代秦楚之謳。則採歌謠被聲樂。其來蓋亦遠矣。凡樂府歌辭。有因聲而作歌者。若魏之三調歌詩。因弦管金石造歌以被之是也。有因歌而造詩者。若淸商吳聲諸曲。始皆徒歌。旣而被之弦管是也。有有聲有辭者。若郊廟相和鐃歌橫吹等曲是也。有有辭無聲者。若後人之所述作。未必盡被於金石是也。新樂府者。皆唐世之新歌也。以其辭實樂府。而未常被於聲。故曰新樂府也。元微之病後人沿襲古題。唱和重複。謂不如寓意古題。刺美見事。猶有詩人引古以諷之義。近代唯杜甫悲陳陶哀江頭兵車麗人等歌行。率皆卽事名篇。無復倚傍。

乃與白樂天李公垂輩謂是爲當。遂不復更擬古題。因劉猛李餘賦樂府詩咸有新意。乃作出門等行十餘篇。其有雖用古題。全無古義。則出門行不言離別。將進酒特書列女。其或頗同古義。全創新詞。則田家止述軍輪。捉捕請先螻蟻。如此之類。皆名樂府。由是觀之。自風雅之作。以至於今。莫非諷興當時之是。以貽後之審音者。儻採歌謠以被聲樂。則新樂府其庶幾焉。

包恢　南城人。字宏父。父揚。與世父約。叔父遜。皆從朱熹陸九淵學。恢少受家學。嘉定中舉進士。歷仕郡縣。所至有聲。官至資政殿學士。封南城縣侯。卒諡文肅。有敝帚稿略。

答曾子華書

承近多作詩賦等。欲以示拙者。一觀。雖未及觀。然以子華平日之才華。決知其有可觀者。宏齋一詩。亦足以窺一斑矣。但竊嘗以爲此等文不可輕易嘗試爲之。蓋古人於詩不苟作。不多作。而或一詩之出。必極天下之至精。狀理則理趣渾然。狀事則事情昭然。狀物則物態宛然。有窮智極力之所不能到者。猶造化自然之聲也。蓋天機自動。天籟自鳴。鼓以雷霆。豫順以動。發自中節。聲自成文。此詩之至也。孰發揮是。帝出乎震。非虞之歌。周之正風雅頌。作樂殷薦上帝之盛。其孰能與於此哉。其次則所謂未嘗爲詩。而不能不爲詩。亦顧其所遇如何耳。或遇感觸。或遇扣擊。而後詩出焉。如詩之變風變雅與後世詩之高者是矣。此蓋如草木本無聲。因有所觸而後鳴。金石本無聲。因有所擊而後鳴。非自鳴也。如草木無所觸而自發聲。則爲草木之妖矣。金石無所擊而自發聲。則爲金石之妖矣。聞者或疑其爲鬼物。而掩耳奔避之不暇矣。世之爲詩者。鮮不類此。蓋本無情而牽強以起其情。本無意而妄想以立其意。初非彼有所觸而此乘之。彼有所擊而此應之者。故言愈多而愈浮。詞愈工而愈拙。無以異於草木金石之妖聲也。況在心爲志。發言爲詩。今日多不思詩自志出者也。不反求於志而徒外求於詩。猶表邪而求其影之正也。奚可得哉。志之所至。詩亦至焉。豈苟作者哉。後世詩之高者。若陶與李杜者。難矣。陶之沖澹閒靜。自謂是羲皇上人。此其志也。種豆南山之詩。其用志深矣。羲農去我久。一篇又直歎孔子之學不傳。而竊有志焉。惟其志如此。故其詩亦如之。今人讀其詩。不知如何而讀之哉。如李如杜。同此其選也。李之宴坐寂不動。湛然冥眞心。杜之願聞第一義。回向心地初。雖未免雜於異端。其志亦高於人幾等矣。宜其詩至於能泣鬼神。驅瘧癘。非他人之所敢望也。今之言詩者。不知其果何如哉。近世名公嘗有言曰。人心惟危。天命不易。學者於日用之間。如排浮萍。畫流水。隨止合。則見於紙上。山小水淺。無足疑者。此可以言志與詩矣。子華之詩。謂因居閒處獨。岑寂無聊而作。則亦不可謂無所擊觸而自鳴者。此亦後世騷人文士之常也。然揆之以詩。則有未然者。居閒處獨。不妨顏子陋巷之樂。何爲岑寂而無聊。若如曾子之七日不火食。果能歌聲若出金石乎。陶淵明少學琴書性愛閒靜。曰結廬在人境。而無車馬喧。曰閒居三十載。遂與塵事冥。彼方以居閒處獨爲樂。若有秋毫岑寂無聊之態。其能道此等語。作此等詩乎。曰心遠地自偏。曰此中有眞意。曰聞禽鳥變聲。復欣然忘食。此其志高矣。美矣。好詩者如進於此也。詩當自別矣。太白常有超世之志。固非世態之所得而籠絡。子美一生窮餓。固不掩於詩。而其志浩然。未始一日少變。故其詩之光燄不可磨滅。不可不考也。

嚴羽　宋邵武人。字儀卿。一字丹邱。自號滄浪逋客。與嚴仁嚴參齊名。號三嚴。其論詩以禪爲喻。大旨主於妙悟。著有滄浪詩集。滄浪詩話。

詩辨　滄浪詩話下同

禪家者流。乘有小大。家有南北。道有邪正。學者須從最上乘。具正法眼。悟第一義。若小乘禪。聲聞辟支果。皆非正法也。論詩如論禪。漢魏晉與盛唐之詩。則第一義也。大曆以還之詩。則小乘禪也。已落第二義矣。晚唐之詩。則聲聞辟支果也。學漢魏晉與盛唐詩者。臨濟下也。學大曆以還之詩者。曹洞下也。大抵禪道惟在妙悟。詩道亦在妙悟。且孟襄陽學力下韓退之遠甚。而其詩獨出退之之上者。一味妙悟而已。惟悟乃爲當行。乃爲本色。然悟有淺深。有分限。有透徹之悟。有但得一知半解之悟。漢魏高矣。不假悟也。謝靈運至盛唐諸公。透徹之悟也。他雖有悟者。皆非第一義也。吾評之非僭也。辨之非妄也。天下有可廢之人。無可廢之言。

詩道如是也。若以爲不然。則是見詩之不廣。參詩之不熟耳。試取漢魏之詩而熟參之。次取晉宋之詩而熟參之。次取南北之詩而熟參之。次取沈宋王楊盧駱陳拾遺之詩而熟參之。次取開元天寶諸家之詩而熟參之。次獨取李杜二公之詩而熟參之。又盡取晚唐諸家之詩而熟參之。又取本朝蘇黃以下諸家之詩而熟參之。其眞是非自有不能隱者。儻猶於此而無見焉。則是野狐外道。蒙蔽其眞識。不可救藥。終不悟也。夫學詩者以識爲主。入門須正。立志須高。以漢魏晉盛唐爲師。不作開元天寶以下人物。若自退屈。卽有下劣詩魔入其肺腑之間。由立志之不高也。行有未至。可加工力。路頭一差。愈騖愈遠。由入門之不正也。故曰。學其上。僅得其中。學其中。斯爲下矣。又曰。見過于師。僅堪傳授。見與師齊。減師半德也。工夫須從上做下。不可從下做上。先須熟讀楚辭。朝夕諷詠以爲之本。及讀古詩十九首。樂府四篇。李陵蘇武漢魏五言皆須熟讀。卽以李杜二集枕籍觀之。如今人之治經。然後博取盛唐名家。醞釀胸中。久之自然悟入。雖學之不至。亦不失正路。此乃是從頂額上做來。謂之向上一路。謂之直截根源。謂之頓門。謂之單刀直入也。詩之法有五。曰體製。曰格力。曰氣象。曰興趣。曰音節。詩之品有九。曰高。曰古。曰深。曰遠。曰長。曰雄渾。曰飄逸。曰悲壯。曰淒婉。其用工有三。曰起結。曰句法。曰字眼。其大槩有二。曰優游不迫。曰沈着痛快。詩之極致有一。曰入神。詩而入神。至矣。蔑以加矣。唯李杜得之。他人得之蓋寡也。夫詩有別材。非關書也。詩有別趣。非關理也。然非多讀書多窮理。則不能極其至。所謂不涉理路。不落言筌者。上也。詩者吟咏情性也。盛唐諸人惟在興趣。羚羊挂角。無跡可求。故其妙處。透徹玲瓏。不可湊泊。如空中之音。相中之色。水中之月。鏡中之象。言有盡而意無窮。近代諸公乃作奇特解會。遂以文字爲詩。以才學爲詩。以議論爲詩。夫豈不工。終非古人之詩也。蓋於一唱三歎之音。有所歉焉。且其作多務使事。不問興致。用字必有來歷。押韻必有出處。讀之反覆終篇。不知着到何在。其末流甚者。叫噪怒張。殊乖忠厚之風。殆以罵詈爲詩。詩而至此。可謂一厄也。然則近代之詩無取乎。曰有之。吾取其合于古人者而已。國初之詩。尚沿襲唐人。王黃州學白樂天。楊文公劉中山學李商隱。盛文肅學韋蘇州。歐陽公學韓退之古詩。梅聖俞學唐人平淡處。至東坡山谷始自出己意以爲詩。唐人之詩變矣。山谷用工尤爲深刻。其後法席盛行。海內稱爲江西宗派。近世趙紫芝翁靈舒輩。獨喜賈島姚合之詩。稍稍復就清苦之風。江湖詩人多效其體。一時自謂之唐家。不知止入聲聞辟支之果。豈盛唐諸公大乘正法眼者哉。嗟乎。正法眼之無傳久矣。唐詩之說未唱。唐詩之道。或有時而明也。今既倡其體曰唐詩矣。則學者謂唐詩誠止於是耳。得非詩道之重不幸耶。故予自不度量。輒定詩之宗旨。且借禪以爲喻。推原漢魏以來。而截然當以盛唐爲法。雖獲罪于世之君子。不辭也。後捨漢魏而獨言盛唐者。謂古律之體備也。

詩體

風雅頌既亡。一變而爲離騷。再變而爲西漢五言。三變而爲歌行雜體。四變而爲沈宋律詩。五言起于李陵蘇武。或云枚乘七言起于漢武柏梁。四言起於漢楚王傅韋孟。六言起於漢司農谷永。三言起于晉夏侯湛。九言起于高貴鄉公。以時而論。則有建安體。漢末年號。曹子建父子及鄴中七子之詩。黃初體。魏年號。與建安相接。其體一也。正始體。魏年號。嵇阮諸公之詩。太康體。晉年號。左思潘岳二張二陸諸公之詩。元嘉體。宋年號。顏鮑謝諸公永明體。齊年號。齊諸公之詩。齊梁體。通兩朝而言之。南北朝體。通魏周而言之。與齊梁體一也。唐初體。唐初猶襲陳隋之體。盛唐體。景元以後。開元天寶諸公之詩。大曆體。大曆十才子之詩。元和體。元白諸公之詩。晚唐體。本朝體。通前後而言。元祐體。蘇黃陳諸公。江西宗派體。山谷爲之宗。以人論詩。則有蘇李體。李陵蘇武也。曹劉體。子建公幹也。陶體。淵明也。謝體。靈運也。徐庾體。徐陵庾信也。沈宋體。佺期之問也。陳拾遺體。子昂也。王楊盧駱體。王勃楊炯盧照鄰駱賓王也。張曲江體。始興文獻公九齡也。少陵體。太白體。高達夫體。高常侍適也。孟浩然體。岑嘉州體。岑參也。王右丞體。王維也。韋蘇州體。韋應物也。韓昌黎體。柳子厚體。韋柳體。蘇州與儀曹合言之。李長吉體。李商隱體。卽西崑體也。盧仝體。白樂天體。元白體。微之樂天。其體一也。杜牧之體。張籍體。王建體。謂樂府之體同也。賈閬仙體。孟東野體。杜荀鶴體。東坡體。山谷體。后山體。后山本學唐。其語似之者。但數篇。他或似而不全。又其他則本其自體耳。王荊公體。公絕句最高。其得意處高出蘇黃陳之上。而與唐人尙隔一關。邵康節體。陳簡齋體。陳去非與義也。亦江西派而小異。〓楊誠齋體。其初學半山后山。最後亦學絕句於唐人。已而盡棄諸家之體。而別出機杼。蓋其自序如此也。又有所謂選體。選詩時代不同。體製隨異。今人例別五言古詩爲選體非也。柏梁體。漢武帝與羣臣共賦七言。每句用韻。後人謂此體爲柏梁。玉臺體。玉臺集乃徐陵所序。漢魏六朝之詩皆有之。或者但謂纖豔者爲玉臺體。其實則不然。西崑體。卽李商隱體。然兼溫庭筠及本朝楊劉諸公而名之也。香奩體。

韓偓之詩。皆裾裾脂粉之語。有香奩集。有宮體。梁簡文傷於輕靡。時號宮體。其他體製。尚或不一。然大槩不出此耳。有古詩。有近體。即律詩也。有絕句。有雜言。有三五七言。自三言而終以七言。隋鄭世翼有此詩。秋風清。秋月明。落葉聚還散。寒鴉棲復驚。相思相見知何日。此時此夜難爲情。有半五六言。晉傅玄鴻鴈生塞北之篇是也。有一字至七字。唐張南史雪月花草等篇是也。又隋人應詔有三十字。凡三句七言。一句九言。不足爲法。故不列於此也。有三句之歌。高祖大風歌是也。古華山畿二十五首。皆三句之詞。其他古人詩多如此者。有兩句之歌。荊卿易水歌是也。又古詩青驄白馬。共戲樂。女兒子之類。皆兩句之詞也。有一句之歌。漢書枹鼓不鳴董少平。一句之歌也。又漢童謠千乘萬騎上北邙。梁童謠青絲白馬壽陽來者。一句也。有口號。或四句。或八句。有歌行。古有鞠歌行。放歌行。長歌行。短歌行。又有單以歌名者。行名者。不可枚述。有樂府。漢武帝定郊祀。立樂府。采齊楚趙魏之聲以入樂府。以其音調可被於絃管也。樂府俱備衆體。兼總衆名也。有楚辭。屈原以下仿楚調者。皆謂之楚詞。有琴操。古有水仙操。辛德源所作。別鶴操。高陵牧子所作。有謠。沈炯有獨酌謠。王昌齡有箜篌謠。穆天子之傳有白雲謠也。曰吟。古詞有隴頭吟。孔明有梁父吟。文君有白頭吟。曰詞。選有漢武秋風詞。樂府有木蘭詞。曰引。古曲有霹靂引。走馬引。飛龍引。曰詠。選有五君詠。唐儲光羲有群鴟詠。曰曲。古有大隄曲。簡文有烏棲曲。曰篇。選有名都篇。京洛篇。白馬篇。曰唱。魏明帝有氣出唱。曰弄。古樂府有江南弄。曰長調。曰短調。有四聲。四聲周顒所設。有八病。八病沈休文所定。謂平頭。上尾。蜂腰。鶴膝。大韻。小韻。旁紐。正紐之辨。其八病惟上尾鶴膝最忌。餘病猶可。學者從事律韻。不可不知。又有以嘆名者。古詞有楚妃嘆。明君嘆。以怨名者。選有四怨。樂府有獨處怨。以哀名者。選有七哀。少陵有八哀。以愁名者。古詞有寒夜愁。玉階愁。以思名者。太白有靜夜思。以樂名者。齊武帝有估家樂。宋臧質有石城樂。以別名者。子美有無家別。垂老別。新婚別。有全篇雙聲疊韻者。東坡經字韻詩是也。有全篇字皆平聲者。天隨子夏日詩四十字皆是平。又有一句全平一句全仄者。有全篇字皆仄聲者。梅聖俞酌酒與婦飲之詩是也。有律詩上下句雙用韻者。第一句第三五七句押一仄韻。第二四六八句押一平韻。唐章碣有此體。不足爲法。漫列于此。以備其體耳。又有四句平入之體。四句仄入之體。無關詩道。今皆不取。有轆轤韻者。雙出雙入。有進退韻者。一進一退。有古詩一韻兩用者。文選曹子建美女篇有兩難字。後康樂述祖德詩有兩八字。其後多有之。有古詩一韻三用者。文選任彥昇哭范僕射詩三用情字也。有古詩三韻六七用者。古詩焦仲卿妻詩是也。有古詩重用二十許韻者。即前人詩也。有古詩旁取六七許韻者。韓退之此日足可惜篇是也。凡雜用東冬江陽庚青六韻。歐陽公謂退之遇寬韻。則故旁入他韻。非也。此乃用古韻耳。於集韻自見之。有古詩全不押韻者。古採蓮曲是也。有律詩至百五十韻者。少陵有古韻律詩。白樂天亦有之。而本朝王黃州有百五十韻五言律。有律詩止三韻者。唐人有六句五言律。如李益詩。漢家今上郡。秦塞古長城。有日雲長慘。無風沙自驚。當今天子聖。不戰四方平。有律詩徹首尾對者。少陵多此體。不可槩舉。有律詩徹首尾不對者。盛唐諸公有此體。如孟浩然詩。挂席東南望。青山水國遙。舳艫爭利涉。來往接風潮。問我今何適。天台訪石橋。坐看霞色晚。疑是石城標。又水國無邊際之篇。又太白牛渚西江夜之篇。皆文從字順。音韻鏗鏘。八句皆無對偶。有後章字接前章者。曹子建贈白馬王彪之詩是也。有四句通義者。如少陵。神女峰娟妙。昭君宅有無。曲留明怨惜。夢盡失歡娛。是也。有絕句折腰者。有八句折腰者。有擬古。有集句。有分題。古人分題。或各賦一物。如云送某人分題得某物也。或曰課題。有分韻。有和韻。有借韻。如押七之韻。可借八微或十二齊韻是也。有協韻。楚詞及選詩多用協韻。有今韻。有古韻。韓退之此日足可惜詩用古韻也。選詩蓋多用此。有古律。陳子昂及盛唐諸公多此體。有今律。有頷聯。有頸聯。有發端。有落句。結句也。有十字對。劉昚虛。滄浪千萬里。日夜一孤舟。是也。有十字句。常建。一徑通幽處。禪房花木深等是也。有十四字對。劉長卿。江客不堪頻北望。塞鴻何事又南飛。是也。有扇對。又謂之隔句對。如鄭都官。昔年共照松溪影。松折碑荒僧已無。今日還思錦城事。雪消花謝夢何如。是也。蓋以第一句對第三句。第二句對第四句。有借對。孟浩然。廚人具雞黍。稚子摘楊梅。太白。水春雲母碓。風掃石楠花。竹葉于人既無分。菊花從此不須開。是也。有就句對。又曰。當句有對。如少陵。小院回廊春寂寂。浴鳧飛鷺晚悠悠。李嘉祐。孤雲獨鳥川光暮。萬里千山海氣秋。是也。前輩於文亦多此體。如王勃。龍光射牛斗之墟。徐孺下陳蕃之楊。乃就句對也。論雜體則有風人。上句述其語。下句釋其文。如古子夜歌讀曲歌之類。則多用此體。槀砧。古樂府。槀砧今何在。山上復安山。何當大刀頭。破鏡飛上天。僻詞隱語也。五雜俎。見樂府。兩頭纖纖。亦見樂府。盤中。玉臺集有此詩。蘇伯玉妻作。寫之盤中屈曲成文也。迴文。起於竇滔之妻。織錦以寄其夫也。反覆。舉一字而誦皆成句。無不押韻。反覆成文也。李公詩格有此二十字詩。離合。字相折合成文。孔融漁父屈節之詩是也。雖不關詩之輕重。其體製亦古。建除。鮑明遠有建除詩。每句首冠以建除平滿等字。其詩甚佳。蓋鮑本工詩。非因建除之體而佳也。字謎。人名。卦名。數名。藥名。花名。以上諸詩。只成戲謔。不足爲法也。又有六甲十屬之類。及藏頭歇後等語。今皆削之。近世有李公詩格。泛而不備。惠洪天廚禁爩。最爲誤人。今此卷有旁參二書者。蓋其是處不可易也。

元好問　小傳見前詩十五家。

陶然集詩序

貞祐南渡後。詩學爲盛。洛西辛敬之。淄川楊叔能。太原李長源。龍坊雷伯威。北平王子正之等。不啻十數人。稱號專門。就諸人中。其死生於詩者。汝海楊飛卿一人而已。李內翰欽叔工篇翰。而飛卿從之游。初得樹古葉黃早。僧閑頭白遲之句。大爲欽叔所推激。從是游道日廣。而學亦大進。客居東平將二十年。有詩近二千首。號陶然集。所賦靑梅。瑞蓮。餅聲。雪意。或多至十餘首。其立之之卓。鑽之之堅。得之之難。積之之多。乃如此。此其所以爲貴也歟。歲庚戌。東平好事者求此集。刊布之。飛卿每作詩。必以示予。相去千餘里。亦以見寄。其所得予亦頗能知之。飛卿於海內詩人。獨以予爲知己。故以集引見託。或病吾飛卿追琢功夫太過者。予釋之曰。詩之極致。可以動天地。感鬼神。故傳之師。本之經。眞積之力久。而有不能復古者。自匪我愆期。子無良媒。自伯之東。首如飛蓬。愛而不見。搔首踟躕。既見復關。載笑載言之什。觀之。皆以小夫賤婦滿心而發。肆口而成。見取於采詩之官。而聖人刪詩。亦不敢盡廢。後世雖傳之師。本之經。眞積力久而不能止焉者。何古今難易不相侔之如是耶。蓋秦以前民俗醇厚。去先王之澤未遠。質勝則野。故肆口成文。不害爲合理。使今世小夫賤婦滿心而發。肆口而成。適足以汚簡牘。尚可辱采詩官之求取耶。故文字以來詩爲難。魏晉以來復古爲難。唐以來。合規矩準繩尤難。夫因事以陳辭。辭不迫切。而意獨至。初不爲難。後世以不得不難爲難耳。古律歌行篇章操引吟詠謳謠詞調怨嘆詩之目既廣。而詩評詩品詩說詩式。亦不可勝讀。大槩以脫棄凡近。澡雪塵翳。驅駕聲勢。破碎陣敵。囚鎖怪變。軒豁幽祕。籠絡今古。移奪造化爲工。鈍滯僻澀淺露浮躁狂縱淫靡詭誕瑣碎陳腐爲病。毫髮無遺恨。老去漸於詩律細。佳句法如何。新詩改罷自長吟。語不驚人死不休。杜少陵語也。好句似仙。堪換骨。陳言如賊。莫經心。薛許昌語也。乾坤有清氣。散入詩人脾。千人萬人中。一人兩人知。貫休師語也。看似尋常最奇崛。成如容易卻艱難。半山翁語也。詩律傷嚴近寡恩。唐子西語也。子西又言。吾於它文不至寒澀。惟作詩極艱苦。悲吟累日。僅自成篇。初讀時未見可羞處。姑置之。後數日取讀。便覺瑕纇百出。輒復悲吟累日。反復改定。比之前作。稍有加焉。後數日復取讀。疵病復出。凡如此數四。乃敢示人。然終不能工。李賀母謂賀必欲嘔出心乃已。非過論也。今就子美而下論之後世果以詩爲專門之學。求追配古人。欲不死生於詩。其可已乎。雖然。方外之學。有爲道日損之說。又有學至於無學之說。詩家亦有之。子美夔州以後。樂天香山以後。東坡海南以後。皆不煩繩削而自合。非技進於道者能之乎。詩家所以異於方外者。渠輩談道不在文字。不離文字。詩家聖處。不離文字。不在文字。唐賢所爲情性之外。不知有文字云耳。以吾飛卿立之之卓。鑽之之堅。得之之難。異時霜降水落。自有涯涘。吾見其溯石樓。歷雪堂。問津斜川之上。萬慮洗然。深入空寂。盪元氣於筆端。寄妙理於言外。彼悠悠者。可復以昔之隱几者見待耶。陶然後編請取此序。證之必有以予爲不妄許者。重九日遺山眞隱序。

論詩三十首

漢謠魏什久紛紜。正體無人與細論。誰是詩中疏鑿手。暫敎涇渭各淸渾。

曹劉坐嘯虎生風。四海無人角兩雄。可惜幷州劉越石。不敎橫槊建安中。

鄴下風流在晉多。壯懷猶見鐵壺歌。風雲最恨張華少。温李新聲奈爾何。鍾嶸評張華詩。恨其兒女情多。風雲氣少。

一語天然萬古新。豪華落盡見眞淳。南窗白日羲皇上。未害淵明是晉人。柳子厚。晉之謝靈運。陶淵明。唐之白樂天。

縱橫詩筆見高情。何物能澆塊磊平。老阮不狂誰會得。出門一笑大江橫。

心畫心聲總失眞。文章仍復見爲人。高情千古閑居賦。爭信安仁拜路塵。

慷慨歌謠絕不傳。穹廬一曲本天然。中州萬古英雄氣。也到陰山敕勒川。

沈宋橫馳翰墨場。風流初不廢齊梁。論功若準平吳例。合着黃金鑄子昂。

鬭靡誇多費覽觀。陸文猶恨冗於潘。心聲只要傳心了。布穀瀾翻可是難。陸蕪而潘靜。語見世說。

排比鋪張特一途。藩籬如此亦區區。少陵自有連城璧。爭奈微之識碔砆。事見元稹子美墓誌

眼處心生句自神。暗中摸索總非眞。畫圖臨出秦川景。親到長安有幾人。

望帝春心託杜鵑。佳人錦瑟怨華年。詩家總愛西崑好。只恨無人作鄭箋。

萬古文章有坦途。縱橫誰似玉川盧。眞書不入今人眼。兒輩從教鬼畫符。

出處殊途聽所安。山林何得賤衣冠。華歆一擲金隨重。大是渠儂被眼謾。

筆底銀河落九天。何曾顦顇飯山前。世間東抹西塗手。枉着書生待魯連。

切切秋蟲萬古情。燈前山鬼淚縱橫。鑑湖春好無人賦。岸夾桃花錦浪生。

切響浮聲發巧深。研摩雖苦果何心。浪翁水樂無宮徵。自是雲山韶濩音。水樂次山事。又其欸乃曲云。停橈靜聽曲中意。好是雲山韶濩音。

東野窮愁死不休。高天厚地一詩囚。江山萬古潮陽筆。合在元龍百尺樓。

萬古幽人在澗阿。百年孤憤竟如何。無人說與天隨子。春草輸贏校幾多。天隨子詩。無多藥草在南榮。合有新

苗次第生。稚子不知名品上。恐隨春草鬭輸贏。

謝客風容映古今。發源誰似柳州深。朱絃一拂遺音在。卻是當年寂寞心。

窘步相仍死不前。唱醻無復見前賢。縱橫正有淩雲筆。俯仰隨人亦可憐。

奇外無奇又出奇。一波纔動萬波隨。只知詩到蘇黃盡。滄海橫流卻是誰。

曲學虛荒小說欺。俳諧怒罵豈詩宜。今人合笑古人拙。除卻雅言都不知。

有情芍藥含春淚。無力薔薇臥晚枝。拈出退之山石句。始知渠是女郎詩。

亂後玄都失故基。看花詩在只堪悲。劉郎也是人間客。枉向春風怨兔葵。

金入洪鑪不厭頻。精真那計受纖塵。蘇門果有忠臣在。肯放坡詩百態新。

百年纔覺古風迴。元祐諸人次第來。諱學金陵猶有說。竟將何罪廢歐梅。

古雅難將子美親。精純全失義山真。論詩寧下涪翁拜。未作江西社裏人。

池塘春草謝家春。萬古千秋五字新。傳語閉門陳正字。可憐無補費精神。

撼樹蚍蜉自覺狂。書生技癢愛論量。老來留得詩千首。卻被何人校短長。

自題中州集後五首

鄴下曹劉氣儘豪。江東諸謝韻尤高。若從華實評詩品。未便吳儂得錦袍。

陶謝風流到百家。半山老眼淨無花。北人不拾江西唾。未要曾郎借齒牙。

萬古騷人嘔肺肝。乾坤清氣得來難。詩家亦有長沙帖。莫作宣和閣本看。

文章得失寸心知。千古朱絃屬子期。愛殺溪南辛老子。相從何止十年遲。

平世何曾有稗官。亂來史筆亦燒殘。百年遺藁天留在。抱向空山掩淚看。

宋濂　明浦江人。字景濂。元末隱居龍門山。著書歷十餘年。明初以書幣徵。除江南儒學提舉。命授太子經。修元史。累轉至翰林學士承旨知制誥。以老致仕。卒年七十二。諡文憲。濂博極羣書。其文醇深演迤。為有明一代之宗匠。有宋學士全集。

答章秀才論詩書

濂白。秀才足下。承書知學詩弗倦。且疑歷代詩人皆不相師。旁引曲證。亹亹數百言。自以為確乎弗拔之論。濂竊以謂世之善論詩者。其有出於足下乎。雖然。不敢從也。濂非能詩者。自漢魏以至於今。諸家之什。不可謂不攻習也。薦紳先生之前。亦不可謂不磨切也。揆於足下之論。容或有未盡者。請以所聞質之可乎。三百篇勿論矣。姑以漢言之。蘇子卿李少卿非作者之首乎。觀二子之所著。紆曲淒惋。實宗國風與楚人之詞。二子既沒。繼者絕少。下逮建安黃初。曹子建父子起而振之。劉公幹王仲宣力從而輔翼之。正始之間。嵇阮又疊作。詩道於是乎大盛。然皆師少卿而馳騁於風雅者也。自是厥後。正音衰微。至太康復中興。陸士衡兄弟則傚子建。潘安仁張茂先張景陽則學仲宣。左太沖張季鷹則法公幹。獨陶元亮天分之高其先雖出於太沖景陽。究其所自得。直超建安而上之。高情遠韻。殆猶大羹充鉶。不綴醢醯。而至味自存者也。元嘉以還。三謝顏鮑爲之首。三謝亦本子建。而雜參於郭景純。延之則祖士衡。明遠則效景陽。而氣骨淵然。駸駸有西漢風。餘或傷於刻鏤。而乏雄渾之氣。較之太康。則有間矣。永明而下。抑有甚焉。沈休文拘於聲韻。王元長局於褊迫。江文通過於摹擬。陰子堅涉於淺易。何仲言流於瑣碎。至於徐孝穆庾子山。一以婉麗爲宗。詩之變極矣。然而諸人雖或遠式子建越石。近宗靈運玄暉。方之元嘉。則又有不逮者焉。唐初承陳隋之弊。多尊徐庾。遂致頹靡不振。張子壽蘇廷碩張道濟相繼而興。各以風雅爲師。而盧昇之王子安務欲淩跨三謝。劉希夷王昌齡沈雲卿宋少連。亦欲蹴駕江薛。固無不可者。奈何溺於久習。終不能改其舊。甚至以律法相高。益有四聲八病之嫌矣。惟陳伯玉痛懲其弊。專師漢魏。而友景純淵明。可謂挺然不羣之士。復古之功。於是爲大。開元天寶中。杜子美復繼出。上薄風雅。下該沈宋。才奪蘇李。氣吞曹劉。掩顏謝之孤高。雜徐庾之流麗。眞所謂集大成者。而諸作皆廢矣。並時而作。有李太白。宗風騷及建安七子。其格極高。其變化若神龍之不可羈。有王摩詰。依倣淵明。雖運詞清雅。而萎弱少風骨。有韋應物。祖襲靈運。能一寄穠鮮於簡淡之中。淵明以來。蓋一人而已。他如岑參高達夫劉長卿孟浩然元次山之屬。咸以興寄相高。取法建安。至於大歷之際。錢郎遠師沈宋。而苗崔盧耿吉李諸家。亦皆本伯玉而宗黃初。詩道於是爲最盛。韓柳起於元和之間。韓初效建安。晚自成家。勢若掀雷抉電。撐決於天地之垠。柳斟酌陶謝之中。而措辭俊逸清妍。應物而下。亦一人而已。元白近於輕俗。王張過於浮麗。要皆同師於古樂府。賈浪仙獨變入僻。以矯豔於元白。劉夢得步驟少陵。而氣韻不足。杜牧之沈涵靈運。而句意尙奇。孟東野陰祖沈謝。而流於蹇澀。盧仝則又自出新意。而涉於怪詭。至於李長吉溫飛卿李商隱段成式。專誇靡蔓。雖人人各有所師。而詩之變又極矣。比之大曆。尙有所不逮。況廁之開元哉。過此以往。若朱慶餘項子遷李文山鄭守愚杜彥之吳子華輩。則又駁乎不足議也。宋初襲晚唐五季之弊。天聖以來。晏同叔錢希聖劉子儀楊大年數人。亦思有以革之。第皆師於義山。全乖古雅之風。迨王元之以邁世之豪。俯就繩尺。以樂天爲法。歐陽永叔痛矯西崑。以退之爲宗。蘇子美梅聖俞介乎其間。梅之覃思精微。學孟東野。蘇之筆力橫絕。宗杜子美。亦頗號爲詩道中興。至若王禹玉之踵微之。盛公量之祖應物。石延年之效牧之。王介甫之原三謝。雖不絕似。皆嘗得其髣髴者。元祐之間。蘇黃挺出。雖曰共師李杜。而競以己意相高。而諸作又廢矣。自此以後。詩人迭起。或波瀾富而句律疏。或煅煉精而情性遠。大抵不出於二家。觀於蘇門四學士及江西宗派諸詩。蓋可見矣。陳去非雖晚出。乃能因崔德符而歸宿於少陵。有不爲流俗之所移易。馴至隆興乾道之時。尤延之之清婉。楊廷秀之深刻。范致能之宏麗。陸務觀之敷腴。亦皆有可觀者。然終不離天聖元祐之故步。去盛唐爲益遠。下至蕭趙二氏。氣局荒頹。而音節促迫。則其變又極矣。由此觀之。詩之格力崇卑。固若隨世而變遷。然謂其皆不相師可乎。第所謂相師者。或有異焉。其上焉者。師其意。辭固不似。而氣象無不同。其下焉者。師其辭。辭則似矣。求其精神之所寓。固未嘗近也。然惟深於比興者。乃能察知之耳。雖然。爲詩當自名家。然後可傳於不朽。若體規畫圓。準方作矩。終爲人之臣僕。尙烏得謂之師哉。何者。詩乃吟詠性情之具。而所謂風雅頌者。皆出於吾之一心。特因事感觸而成。非智力之所能增損也。古之人其初雖有所沿襲。末復自成一家言。又豈規規然必於相師者哉。嗚呼。此未易爲初學道也。近來學者。類多自高。操觚未能成章。輒闊視前古爲無物。且揚言曰。曹劉李杜蘇黃諸作。雖佳。不必師。吾即師師吾心耳。故其所作。往往猖狂無倫。以揚沙走石爲豪。而不復知有純和沖粹之音。可勝歎哉。可勝歎哉。濂非能詩者。因足下之言。姑略誦所聞如此。惟足下裁擇焉。不宣。濂白。

胡翰　明金華人。字仲申。元末避地南華山著書。自適。以文章名。洪武初起爲衢州教授。聘修元史。書成受賚歸。居北山而卒。有春秋集義。胡仲子集。長山先生集。

古樂府詩類編序

太原郭茂倩裒次樂府詩一百卷。予采其可傳者。更定爲集若干卷。復論之曰。周衰。禮樂崩壞。而樂爲尤甚。自制氏爲時樂官。能紀其鏗鏘鼓舞。而不能言其意。則天下之知者鮮矣。況先王之聲音度數。不止其所謂鏗鏘鼓舞。其人固不能盡紀也。以是言之。豈不難哉。若聲詩者。古之樂章也。雅鄭得失。存乎其詞。辨其詞而意可見。非若聲音度數之難知。而國家之制作。民俗之歌謠。詩人之諷詠。至於後世。遂無復雅頌之音。雖用之郊廟朝廷。被之鄉人邦國者。猶世俗之樂耳。何也。蓋詩之爲用。猶史也。史言一代之事。直而無隱。詩繫一代之政。婉而有章。辭義不同。由世而異。中古之盛。政善民安。化成俗美。人情舒而不迫。風氣淳而不散。其言莊以簡。和以平。用而不匱。廣而不宣。直而有曲。體順成而和動。是謂德音。及其衰也。列國之言各殊。儉者多嗇。強者多悍。淫亂者忘反。憂深者思蹙。其或好樂而無主。困敝而思治。亦隨其俗之所尚。政之所本。人情風氣之所感。故古詩之體。有美有刺。有正有變。聖人並存而不廢。惟所以用之郊廟朝廷。非淸廟我將之頌。不得奏於升歌宗祀。非鹿鳴四牡、大明文王之雅。不得陳於會朝燕享。內之爲閨門。外之爲鄉黨。非關雎麟趾。則鵲巢騶虞之風。情深而文明。氣盛而化神。故可以感鬼神。和上下。美教化。移風俗。今茂倩之所次。有是哉。以其所謂郊祀安世、黃門、鼓吹鐃歌橫吹相和琴操雜曲。考之漢。辭質而近古。其降也爲魏。魏辭溫厚。而益趨於文。其降也爲晉。晉之東。其辭麗。遂變而爲南北。南音多豔曲。北俗雜胡戎。而隋唐受之。其唐初之辭。婉麗詳整。其中宏偉精奇。其末纖巧而不振。雖人竭其才。家尚其學。追琢襞積。曾不能希列國之風。而況欲反乎雅頌之正。滋不易矣。是以郊廟祭祀。則非有祖宗之事美盛德告成功之實。會朝燕享君臣之間。則非有齋莊和悅之意。以發先王之德。盡羣下之情。哇聲俚曲。若秦楚之謳。巴渝之舞。涼伊之技。莫不雜出。以爲中國朝廷之用。慆心盈耳。不復知其爲敎化風俗之蠹。夫民不幸不見先王之禮樂。考其聲詩。蓋有足言者。然以唐虞之盛。不能無憾焉。吾於此見其風氣之淳。人情之泰。政治俗尚之美。皆非古矣。其治亂得失是非邪正。雖去之千數百載。不待其言之著。而今皆可見者。則詩之爲用。豈不猶史之事哉。故合而論之。以寓吾去取之意。將望於後之作者焉。

高棅

明長樂人。字彥恢。更名廷禮。永樂初。以布衣召入翰林。爲待詔。遷典籍。性善飲。工書。尤專於詩。與林鴻鄭定王褒唐泰王恭陳亮王偁及鴻弟子周元黃元。稱爲閩中十才子。其所選唐詩品彙九十卷。標舉唐音。以救元末纖仄之弊。終明之世。館閣言詩者。皆以其詩爲宗。

唐詩品彙序

有唐三百年詩。衆體備矣。故有近體往體長短篇五七言律絕句等製。莫不興於始。成於中。流於變。而陊之於終。至於聲律興象文詞理致。各有品格高下之不同。略而言之。則有初唐盛唐晚唐之殊。詳而分之。貞觀永徽之時。虞魏諸公。稍離舊習。王楊盧駱。因加美麗。劉希夷有閨帷之作。上官儀有婉媚之體。此初唐之始製也。神龍以還。洎開元初。陳子昂古風雅正。李巨山文章宿老。沈宋之新聲。蘇張之大手筆。此初唐之漸盛也。開元天寶間。則有李翰林之飄逸。杜工部之沈鬱。孟襄陽之淸雅。王右丞之精緻。儲光羲之眞率。王昌齡之聲俊。高適岑參之悲壯。李頎常建之超凡。此盛唐之盛者也。大歷貞元中。則有韋蘇州之雅澹。劉隨州之閑曠。錢郎之淸贍。皇甫之沖秀。秦公緒之山林。李從一之臺閣。此中唐之再盛也。下暨元和之際。則有柳愚溪之超然復古。韓昌黎之博大其詞。張王樂府得其故實。元白序事務在分明。與夫李賀盧仝之鬼怪。孟郊賈島之飢寒。此晚唐之變也。降而開成以後。則有杜牧之之豪縱。溫飛卿之綺靡。李義山之隱僻。許用晦之偶對。他若劉滄馬戴李羣玉李頻輩。尙能黽勉氣格。埒邁時流。此晚唐變態之極。而遺風餘韻。猶有存者焉。是皆名家擅場馳騁當世。或稱才子。或推詩豪。或謂五言長城。或爲律詩龜鑑。或號詩人冠冕。或尊海內文宗。靡不有精粗邪正長短高下之不同。觀者苟非窮精闡微。超神人化。玲瓏透徹之悟。則莫能得其門而臻其壼奧也。今試以數十百篇之詩。隱其姓名。以示學者。必能識得何者爲王楊盧駱。又何者爲沈宋。又何者爲陳拾遺。又何者爲李杜。又何者爲孟爲儲。爲二王。爲高岑。爲常劉韋柳。爲韓李張王元白郊島之製。辨盡諸家。剖析毫芒。斯可以言詩矣。予夙耽於詩。恆欲窺唐人之藩籬。首踵其域。如墮終南萬疊間。茫然弗知其所往。然後左攀右涉。晨躋夕覽。下上陟頓。進退周旋。歷十數年。厥中僻蹊通莊。高門邃室。歷歷可指數。故不自揆。竊願偶心前喆。採摭羣英。芟夷繁蕪。裒成一集。以爲學唐詩者之門徑。載觀諸家選本。詳略不侔。英華以類見拘。樂府爲題所界。是皆略於盛唐。而詳於晚唐。他如朝英國秀篋中丹陽英靈閒氣極玄又玄詩府詩統三體衆妙等集。立意造論。各該一端。惟近代襄城楊伯謙氏唐音集。頗能別體製之始終。審音律之正變。可謂得唐人之徑路矣。然而李杜大家不錄。岑劉古調無存。張籍王建許渾李商隱律詩載諸正音。渤海高適江寧王昌齡五言稍見遺響。每一披讀。未嘗不歎息於斯也。繇是遠覽窮搜。審詳取捨。以一二大家十數名家與夫善鳴者。殆將數百。校其體裁。分體從類。隨類定其品目。因目別其上下。始終正變。各立序論。以弁其端。爰自貞觀至天祐。通得六百二十人。共詩五千七百六十九首。分爲九十卷。總題曰唐詩品彙。嗚呼。唐詩之倡。弗傳久矣。唐詩之道。或時以明。誠使吟詠性情之士。觀詩以求其人。因人以知其時。因時以辨其文章之高下。詞氣之盛衰。本乎始以達其終。審其變而歸於正。則溫柔敦厚之敎。未必無小補云。

何景明　明信陽人。字仲默。弘治進士。正德間歷官陝西提學副使。志操耿介。與李夢陽並有國士風。兩人所爲詩文。初相得甚歡。名成後互相詆諆。然天下語詩文。必並稱何李。又與邊貢徐禎卿並稱四傑。卒年三十九。有何大復集。

與李空同論詩書

敬奉華牘。省誦連日。初憮然若遺。既渙渙然若有釋也。發迷徹蔽。愛助激成。空同子功德我者厚矣。僕自念離析以來。單處寡類。格人逖德。程缺元龜。去道符爽。是故述作靡式。而進退失步也。空同子曰。子必有謬謬之評。夫空同子何有於僕謬謬也。然僕有所自志者。何可弗一質之。追昔爲詩。空同子刻意古範。鑄形宿鏌。而獨守尺寸。僕則欲富於材積。領會神情。臨景構結。不倣形迹。詩曰。惟其有之。是以似之。以有求似。僕之愚也。近詩以盛唐爲尙。宋人似蒼老而實疏鹵。元人似秀峻而實淺俗。今僕詩不免元習。而空同近作間入於宋。僕固蹇拙薄劣。何敢自列於古人。空同方雄視數代。立振古之作。乃亦至此。何也。凡物有則弗及者。及而退者與過焉者。均謂之不至。譬之爲詩。僕則可謂弗及者。若空同求之則過矣。夫意象應曰合。意象乖曰離。是故乾坤之卦。體天地之撰。意象盡矣。空同丙寅間詩爲合。江西以後詩爲離。譬之樂。衆響赴會。條理乃貫。一音獨奏。成章則難。故絲竹之音要眇。木革之音殺直。若獨取殺直而幷棄要眇之聲。何以窮極至妙。感精飾聽也。試取丙寅間作。叩其音。尙中金石。而江西以後之作。辭艱者意反近。意苦者辭反常。色澹黯而中理披慢。讀之若搖鞞鐸耳。空同貶清俊響亮。而明柔澹沈著含蓄典厚之義。此詩家要旨大體也。然究之作者命意敷辭。兼於諸義。不設自具。若閒緩寂寞以爲柔澹。重濁剜切以爲沈著。艱詰晦塞以爲含蓄。野俚輳積以爲典厚。豈惟繆於諸義。亦併其俊語亮節悉失之矣。鴻荒邈矣。書契以來。人文漸朗。孔子斯爲折中之聖。自餘諸子。悉成一家之言。體物雜撰。言辭各殊。君子不例而同之也。取其善焉已爾。故曹劉阮陸。下及李杜。異曲同工。各擅其時。並稱能言。何也。詞有高下。皆能擬議以成變化也。若必例其同曲。夫然後取。則既主曹劉阮陸矣。李杜即不得更登詩壇。何以謂千載獨步也。僕嘗謂詩文有不可易之法者。辭斷而意屬。聯類而比物也。上考古聖立言。中徵秦漢緒論。下采魏晉聲詩。莫之有易也。夫文靡於隋。韓力振之。然古文之法亡於韓。詩溺於陶。謝力振之。然古詩之法亦亡於謝。比空同嘗稱陸謝。僕參詳其作。陸詩語俳。體不俳也。謝則體語俱俳矣。未可以其語似。遂得並例也。故法同則語不必同矣。僕觀堯舜周孔子思孟氏之書。皆不相沿襲。而相發明。是故德日新而道廣。此實聖聖傳授之心也。後世俗儒專守訓詁。執其一端。終身弗解。相傳之意背矣。今為詩不推類極變。開其未發。泯其擬議之迹。以成神聖之功。徒敍其已陳。修飾成文。稍離舊本。便自杌楻。如小兒倚物能行。獨趨顛仆。雖由此即曹劉。即阮陸。即李杜。且何以益於道化也。佛有筏喩。言舍筏則達岸矣。達岸則舍筏矣。今空同之才。足以命世。其志金石可斷。又有超代軼俗之見。自僕遊從。獲覩作述。今且十餘年矣。其高者不能外前人也。下焉者已踐近代矣。自創一堂室。開一戶牖。成一家之言。以傳不朽者。非空同撰焉誰也。易大傳曰。神而明之。存乎德行。成性存存。道義之門。是故可以通古今。可以攝衆妙。可以出萬有。是故殊途百慮。而一致同歸。夫聲以竅生。色以質麗。虛其竅。不假聲矣。實其質。不假色矣。苟實其竅。虛其質。而求之聲色之末。則終於無有矣。北風便冀反復鄙說。幸甚。

李夢陽　明慶陽人。徙開封。字獻吉。弘治進士。授戶部主事。武宗時代尚書韓文屬章劾劉瑾。下獄免歸。瑾誅起官江西提學副使。以事奪職。家居跅弛負氣。自號空同子。卒年五十九。夢陽才思雄傑。工詩古文。弘治時宰相李東陽主文柄。天下翕然宗之。夢陽獨譏其萎弱。倡言文必秦漢。詩必盛唐。非是者弗道。與何景明徐禎卿邊貢朱應登顧璘陳沂鄭善夫康海王九思等號十才子。又與景明禎卿貢海九思王廷相號七才子。皆卑視一世。而夢陽尤甚。迨嘉靖朝。李攀龍王世貞復奉以為宗。天下推李何王李為四大家。無不爭效其體。然後有識夢陽詩文者。則謂其摹擬剽竊。得史遷少陵之似。而失其眞焉。有空同子集。

駁何氏論文書

某再拜大復先生足下。前屢覽君作。頗疑有乖於先法。於是為書。敢再拜獻足下。冀足下改玉趨也。乃足下不改玉趨也。而即摘僕文之乖者以復我。其言辯以肆。其氣傲以豪。其旨軒翥而崪嵺。僕始而讀之。謂君我諍也。已而思之。我規也。猶我君規也。夫規人者。非謂其人卑也。人之見有同不同。僕之才不高於君。天下所共聞也。乃一旦不量而慮子乖於先法。茲其情無他也。子摘我文曰。子高處是古人影子耳。其下者已落近代之口。又曰。未見子自築一堂奧。突開一戶牖。而何以急於不朽。此非仲默之言短僕。而諛仲默之言也。短僕者必曰。李某豈善文者。但能守古而尺尺寸寸之耳。必如仲默。出入由己。乃為舍筏而登岸。斯言也。禍子者也。古之工。如倕如班。堂非不殊。戶非同也。至其爲方也圓也。弗能舍規矩。何也。規矩者，法也。僕之尺。尺而寸寸之者。固法也。假令僕竊古之意。盜古之形。翦截古辭以爲文。謂之影子誠可。若以我之情。述今之事。尺寸古法。罔襲其辭。猶班圓倕之圓。倕方班之方。而倕之木非班之木也。此奚不可也。夫筏我二也。猶兔之蹄。魚之筌。舍之可也。規矩者。方圓之自也。即欲舍之。烏乎舍。子試築一堂。開一戶。措規矩而能之乎。措規矩而能之。必并方圓而遺之可矣。何有於法。何有於規矩。故爲斯言者。禍子者也。禍子者。禍文之道也。不知其言。禍已與禍文之道。而反規之於法者。是攻子。亦可謂操戈入室者矣。子又曰。孔曾思孟。不同言而同至。誠如尺寸古人。則詩主曹劉阮陸足矣。李杜即不得更登於詩壇。詩云。人知其一。莫知其他。予之同法也。堯舜之道。不以仁政。不能平治天下者也。子以我之尺寸者言也。覽子之作。於法焉蔑矣。宜其惑之靡解也。阿房之巨。靈光之巋。臨春結綺之侈麗。揚亭葛廬之幽之寂。未必皆倕與班爲之也。乃其爲之也。大小鮮不中方圓也。何也。有必同者也。獲所必同。寂可也。幽可也。侈以麗可也。巋可也。巨可也。守之不易。久而推移。因質順勢。融鎔而不自知。於是爲曹爲劉。爲阮爲陸。爲李爲杜。即令爲何大復。何不可哉。此變化之要也。故不泥法而法嘗由不求異而其言人人殊。易曰。同歸而殊途。一致而百慮。謂此也。非自築一堂奧。自開一戶牖。而後爲道也。故予嘗曰。作文如作字。歐虞顏柳。字不同而同筆。筆不同非字矣。不同者何也。

肥也。瘦也。長也。短也。疏也。密也。故六者勢也。字之體也。非筆之精也。精者何也。應諸心而本諸法者也。不窺其精。不足以爲字。而矧文之能爲。文猶不能爲。而矧能道之。爲仲默曰。夫爲文有不可易之法。辭斷而意屬。聯物而比類。以茲爲法。宜其惑之難解。而訣之者易搖也。假令僕卽今爲文一通。能辭不屬意不斷。物聯而類比矣。然於中情思澀促。語嶮而硬。音生節拗。質直而麗淺。讖露骨。爰癡爰枯。則子取之乎。故辭斷而意屬者。其體也。文之勢也。聯而比之者事也。柔澹者思也。含蓄者意也。典厚者義也。高古者格也。宛亮者調也。沈著雄麗淸峻閒雅者。才之類也。而發於辭。辭之暢者其氣也。中和者氣之最也。夫然又華之以色。永之以味。溢之以音。是以古之文者。一揮而衆善具也。然其翕闢頓挫。尺尺而寸寸之。未始無法也。所謂圓規而方矩者也。且士之文也。猶醫之脈。脈濡弱緊數遲緩。相似而實不同。前予以柔澹沈著含蓄典厚諸義。進規於子。而救俊亮之偏。而子則曰。必閒寂以爲柔澹。濁切以爲沈著。艱窒以爲含蓄。俚褻以爲典厚。豈惟謬於諸義。并俊語亮節悉失之矣。吾子於是乎失言矣。子以爲濡可爲弱。緊可爲數。遲可爲緩邪。濡弱緊數遲緩不可相爲。則閒寂獨可爲柔澹。濁切可爲沈著。艱窒可爲含蓄。俚褻可爲典厚邪。吁。吾子於是乎失言矣。以是而論文。子於文乎病矣。蓋子徒以僕規子者過言靡量。而遂肆爲峭嵺之談。擿僕之乖。以攻我而不知僕之心無他也。僕之文千瘡百孔者。何敢以加於子也。誠使僕妄自以閒寂濁切艱窒俚褻爲柔澹沈著含蓄典厚而爲言黯慘有如搖鞞擊鐸子何不求柔澹沈著含蓄典厚之眞爲之而遽以俊語亮節自安邪此尤惑之甚者也僕聰明衰矣恆念子負振世之才而僕叨通家肉骨之烈於是規之以進其極而後極論以冀其自反實非自高以加於子傳曰改玉改行子誠持堅白不相下願再書以復我

再與何氏書

前書與子論文備矣然僕猶謂不證諸事則空言不切不切不信夫子近作乖於先法者何也蓋其詩讀之若摶沙弄泥散而不瑩又麤者弗雅也如月蝕詩妖遮赤道行是耳然闊大者鮮把持又無鍼線古人之作其法雖多端大抵前疏者後必密半闊者半必細一實者必一虛疊景者意必二此予之所謂法圓規而方矩者也沈約亦云若前有浮聲則後須切響一簡之內音韻盡殊兩句之中輕重悉異卽如人身以魄載魂生有此體卽有此法也詩云有物有則故曹劉阮陸李杜能用之而不能異能異之而不能不同今人止見其異而不見其同宜其謂守法者爲影子而支離失眞者以舍筏登岸自寬也夫文與字一也今人摹臨古帖卽太似不嫌反曰能書何獨至於文而欲自立一門戶邪自立一門戶必如陶之不冶冶之不匠如孔之不墨墨之不楊邪此亦足以類推矣且仲默神女賦帝妃篇南游日北上年四句接用古有此法乎水亭菡萏風殿薜蘿意不一乎蓋君詩徒知神情會處下筆成章

為高而不知高而不法。其勢如搏巨蛇駕風螭。步驟卽奇。不足訓也。君詩結語太咄易。七言律與絕句等。更不成篇。亦寡音節。百年萬里。何其層見而疊出也。七言若翦得上二字。言何必七也。僕非知詩者。劇談偏見。幸君自裁之耳。君必苦讀子昂。必簡詩。庶獲不遠之。復亦知予言之不佞。不然。終身野狐外道耳。狂悖弗自覺。縷縷至此。悚懼悚懼。

錢謙益

清常熟人。字受之。號牧齋。明萬歷進士。官至禮部侍郎。坐事削籍。歸福王時。召為禮部尚書。多鐸定江南。謙益迎降。授禮部右侍郎。旋歸鄉里。以文章標榜江南後進。奉為壇坫。嘗輯明人詩為列朝詩集。於李夢陽王世貞輩所作。詆其務為詰詘之辭。以相高。仿古而無實。排斥最力。著有初學有學二集。乾隆時以其語涉誹謗。版被禁燬。清末始有印行者。

徐元歎詩序

自古論詩者。莫精於少陵別裁偽體之一言。當少陵之時。其所謂偽體者。吾不得而知之矣。宋之學者。祖述少陵。立魯直為宗子。遂有江西宗派之說。嚴羽卿辭而闢之。而以盛唐為宗。信羽卿之有功於詩也。自羽卿之說行。本朝奉以為律令。談詩者必學杜。必漢魏盛唐。而詩道之榛蕪彌甚。羽卿之言。二百年來。遂若塗鼓之毒藥。甚矣偽體之多。而別裁之不可以易也。嗚呼。詩難言也。不識古學之從來。不知古人之用心。徇人封己。而矜其所知。此所謂以大海內於牛跡者也。王楊盧駱。見哂於輕薄者。今猶是也。亦知其所以劣漢魏而近風騷者乎。

鉤剔抉摘。人自以爲長吉。亦知其所以爲騷之苗裔者乎。低頭東野。慬而師其寒餓。亦知其所謂橫空盤硬。妥帖排奡者乎。敷跨代之才力。則李杜之外。誰可當鯨魚碧海之目。論詩人之體製。則溫李之類。咸不免風雲兒女之譏。先河後海。窮源遡流。而後僞體始窮。別裁之能事始畢。雖然。此益未易言也。其必有所以導之。導之之法。維何。亦反其所以爲詩者而已。書不云乎。詩言志。歌永言。詩不本於言志。非詩也。歌不足以永言。非歌也。宣己諭物。言志之方也。文從字順。永言之則也。寧質而無佻。寧正而無傾。寧貧而無僦。寧弱而無剽。寧爲長天晴日。無爲盲風澀雨。寧爲清渠細流。無爲濁沙惡潦。寧爲鶉衣短褐之蕭條。無爲天吳紫鳳之補坼。寧爲麤糲之果腹。無爲荼堇之螫脣。寧爲書生之步趨。無爲巫師之鼓舞。寧爲老生之莊語。無爲酒徒之狂詈。寧病而呻吟。無夢而厭寱。寧人而寢貌。無鬼而假面。寧木客而宵吟。無幽獨君而晝語。導之於晦蒙狂易之日。而徐反諸言志詠言之故。詩之道其庶幾乎。徐元歎少工爲詩。隱長城藝香山中。築室奉母數年。而其詩益進。元歎之爲人。淡於榮利。篤於交友。苦心於讀書。而感憤於世道。皆用以資爲詩者也。元歎之詩爲一世之所宗。則夫別裁僞體。使學者志於古學。而不昧其所從。元歎之責也。余故於元歎之刻其詩。而舉以告之。且以爲學元歎之詩者告焉。嗟乎。江西之宗。不百年。而羽卿闢之。本朝之學詩者。三變。而榛蕪彌甚。元歎之不辭而闢之者何也。

顧炎武　清崑山人。字寧人。號亭林。明諸生。康熙間薦舉鴻博。修明史。皆不就。晚年卜居華陰。著述甚富。而日知錄尤有名。爲清代樸學之宗。論詩文之語。皆根本經史。切中肯要。卒年七十。

論詩五則　日知錄

五經中多有用韻　古人之文。化工也。自然而合於音。則雖無韻之文。而往往有韻。苟其不然。則雖有韻之文。而時亦不用韻。終不以韻而害意也。三百篇之詩。有韻之文也。乃一章之中。有二三句不用韻者。如瞻彼洛矣。維水泱泱之類。是矣。一篇之中。有全章不用韻者。如思齊之四章五章。召旻之四章。是矣。又有全篇無韻者。周頌清廟維天之命昊天有成命時邁武諸篇。是矣。說者以爲當有餘聲。然以餘聲相協。而不入正文。此則所謂不以韻而害意者也。孔子贊易十篇。其彖象傳雜卦五篇用韻。然其中無韻者亦十之一。文言繫辭說卦序卦五篇不用韻。然亦間有一二。如鼓之以雷霆。潤之以風雨。日月運行。一寒一暑。乾道成男。坤道成女。君子知微知彰。知柔知剛。萬夫之望。此所謂化工之文。自然而合者。固未嘗有心於用韻也。尚書之體本不用韻。而大禹謨帝德廣運。乃聖乃神。乃武乃文。皇天眷命。奄有四海。爲天下君。伊訓聖謨洋洋。嘉言孔彰。惟上帝不常。作善降之百祥。作不善降之百殃。爾惟德罔小。萬邦惟慶。爾惟不德罔大。墜厥宗。太誓我武惟揚。侵于之疆。取彼凶殘。我伐用張。于湯有光。洪範無偏無陂。遵王之義。無有作好。遵王之道。無有作惡。遵王之路。無偏無黨。王道蕩蕩。無黨無偏。王道平平。無反無側。王道正直。皆用韻。又如曲禮。行前朱鳥而後元武。左青龍而右白虎。招搖在上。急繕其怒。禮運。元酒在室。醴泉在戶。粢醍在堂。澄酒在下。陳其犧牲。備其鼎俎。列其琴瑟管磬鐘鼓。修其祝嘏。以降上神。與其先祖。以正君臣。以篤父子。以睦兄弟。以齊上下。夫婦有所。所謂承天之祜。樂記。夫古者天地順而四時當。民有德而五穀昌。疾疢不作而無妖祥。此之謂大當。然後聖人作爲父子君臣。以爲紀綱。中庸。故君子不可以不修身。思修身不可以不事親。思事親不可以不知人。思知人不可以不知天。孟子。師行而糧食。饑者弗食。勞者弗息。睊睊胥讒。民乃作慝。方命虐民。飲食若流。流連荒亡。爲諸侯憂。凡此之類。在秦漢以前諸子書並有之。太史公作贊。亦時一用韻。而漢人樂府詩。反有不用韻者。

古詩用韻之法　古詩用韻之法。大約有三。首句次句連用韻。隔第三句而於第四句用韻者。關雎之首章是也。凡漢以下詩。及唐人律詩之首句用韻者。源於此。一起卽隔句用韻者。卷耳之首章是也。凡漢以下詩。及唐人律詩之首句不用韻者。源於此。自首至末。句句用韻者。若考槃。清人。還。著。十畝之間。月出。冠素。諸篇。又如卷耳之二章三章四章。車攻之一章二章。三章。七章。長發之一章二章三章四章五章是也。凡漢以下詩。若魏文帝燕歌行之類。源於此。自是而變。則轉韻矣。轉韻之始。亦有連用隔用之別。而錯綜變化。不可以一體拘。於是有上下各自爲韻。若兎罝及采薇之首章。魚麗之前三章。卷阿之首章者。有首末自爲一韻。

中間自爲一韻。若車攻之五章者。有隔半章自爲韻。若生命之卒章者。有首提二韻。下分二節承之。若有瞽之篇者。此皆詩之變格。然亦莫非出於自然。非有意爲之也。

詩有無韻之句　詩以義爲主。音從之。必盡一韻無可用之字。然後旁通他韻。又不得於他韻。則寧無韻。苟其義之至當。而不可以他字易。則無韻不害。漢以上往往有之。暮投石壕村。有吏夜捉人。兩韻也。至當不可易。下句云。老翁踰牆走。老婦出門看。則無韻矣。亦至當不可易。古辭紫騮馬歌中有舂穀持作飯。採葵持作羹。二句無韻。李太白天馬歌中有白雲在青天。丘陵遠崔嵬。二句無韻。野田黃雀行首二句。游莫逐炎洲翠。棲莫近吳宮燕。無韻。行行且游獵篇首二句。邊城兒。生年不讀一字書。無韻。

古人不用長句成篇　古人有八言者。胡瞻爾庭有縣貆兮是也。有九言者。凜乎若朽索之馭六馬是也。然無用爲全章者。不特以其不便於歌也。長則意多冗。字多懈。七言排律所以從來少作。作亦不工者。何也。意多冗也。字多懈也。爲七言者。必使其不可裁而後工也。此漢人所以難之也。

詩體代降　三百篇之不能不降而楚辭。楚辭之不能不降而漢魏。漢魏之不能不降而六朝。六朝之不能不降而唐也。勢也。用一代之體。則必似一代之文。而後爲合格。詩文之所以代變。有不得不變者。一代之文。沿襲已久。不容人人皆道此語。今且千數百年矣。而猶取古人之陳言，一一而摹倣之，以是爲詩可乎？故不似則失其所以爲詩，似則失其所以爲吾。李杜之詩所以獨高於唐人者，以其未嘗不似，而未嘗似也。知此者可與言詩也已矣。

侯方域　清商邱人，字朝宗。性豪爽，多大略。明末隨父居京師，與桐城方以智、如皋冒襄、宜興陳貞慧稱四公子，以東都清議自持。入清中順治副榜，初放意聲伎，已而悔之，發憤爲古文，才氣橫溢。與長洲汪琬、寧都魏禧稱三大家。卒年三十七，有壯悔堂文集。

陳其年詩序

陳其年有著述材，尤工詩。往余居梁園，去義興千餘里，其年再以書來，屬余爲論序。余報之曰：風雅之道，於今絕矣，得子誠未易。此非可卒卒筆墨盡也，行當渡江爲吾子言之。後三年，而余至，其年之詩已成數百篇，典則高華，風致特勝。余歎絕，謂其年：子知明詩之所以盛與所以衰乎？當其盛也，北地、信陽爲之宗，而郎邪、歷下之輩相與鼓吹而羽翼之，夫人之所知也。其衰也，則公安、竟陵無所逃罪。吳趨諸君，卽數十年來更變迭出，而猶存乎蓬艾之間。余家中原，稍稍解此者，蓋中原風氣僕遬，人多逡巡不敢爲詩，惟其不爲詩，詩之所以存也。其年乃獨於揚波導沸之中，傑然以古作者自命，豈不異哉！往雲間有陳黃門、李舍人，皆起櫜鞬，以才情橫絕一世，得其年而三，然則風雅之道，又未嘗不在吳趨也。丁丑，余與黃門論詩燕邸；己卯，與舍人論詩金陵，自以爲盡意，無復遺恨。由今思之，歎有不得起二君於九原者。

幸其年獨在是天以鼓吹羽翼之功私其年也夫詩之爲道格調欲雄放意思欲含蓄神韻欲閒遠骨采欲蒼堅波瀾欲頓挫境界欲如深山大澤章法欲清空一氣杜少陵云讀書破萬卷下筆有如神不讀萬卷豈易言清不破萬卷豈易言空哉僕子言未畢其年改容起曰二公固讀萬卷者也然則吾子所謂歎不得起之於九原者吾知之矣吾知之矣因憶余與二君談時秋浦吳次尾在坐默不語心甚怪之次尾雅能詩其年爲收藏其遺集急取讀一過乃知次尾詩與三君雖互有得失而了了見大意顧蚤於余者十年此昔所以默不語也余與其年別八載而良友如三君者皆已死其年幸各爲識之以續八哀夫少陵一集而古今天下之治亂興亡離合存沒莫不畢具豈僅僅一詠一吟足以盡風雅也嗚呼非其年其又誰知之

王士禛　小傳見前詩十五家

戲倣元遺山論詩絕句三十二首

巾角彈棋妙五官搔頭傅粉對邯鄲風流濁世佳公子復有才名壓建安
五字清晨登隴首羌無故實耐人思定知妙不關文字已是千秋幼婦詞
青蓮才筆九州橫六代淫哇總廢聲白紵青山魂魄在一生低首謝宣城
挂席名山都未逢潯陽喜見香爐峯高情合受維摩詰浣筆爲圖寫孟公

杜家箋傳太紛拏。虞趙諸賢盡守株。苦爲南華求向郭。前惟山谷後錢盧。
漫郎生及開元日。與世聱牙古性情。誰嗣篋中冰雪句。谷音一卷獨錚錚。
風懷澄澹推韋柳。佳處多從五字求。解識無聲弦指妙。柳州那得並蘇州。
中興高步屬錢郎。拈得維摩一瓣香。不解雌黃高仲武。長城何意貶文房。
草堂樂府擅驚奇。杜老哀時託興微。元白張王皆古意。不曾辛苦學妃豨。
廣大居然太傅宜。沙中金屑苦難披。詩名流播雞林遠。獨媿文章替左司。
獺祭曾驚博奧殫。一篇錦瑟解人難。千年毛鄭功臣在。猶有彌天釋道安。
涪翁掉臂自清新。未許傳衣躡後塵。卻笑兒孫媚初祖。强將配饗杜陵人。
詩人一字苦冥搜。論古應從象罔求。不是臨川王介甫。誰知暝色赴春愁。
苦學昌黎未賞音。偶思螺蛤見公心。平生自負廬山作。才盡禪房花木深。
林際春申語太顛。園林半樹景幽偏。豫章孤詣誰能解。不昰曉人休浪傳。
鐵厓樂府氣淋漓。淵穎歌行格儘奇。耳食紛紛說開寶。幾人眼見宋元詩。
藐姑神人何大復。致兼南雅更王風。論交獨直江西獄。不獨文場角兩雄。
三代而還盡好名。文人從古善相輕。君看少谷山人死。獨有平生王子衡。
正德何如天寶年。寇侵三輔血成川。鄭公變雅非關杜。聽直應須辨古賢。

十載鈐山冰雪情。青詞自媚可憐生。彥回不作中書死。更遣匆匆唱渭城。

接跡風人明月篇。何郎妙悟本從天。王楊盧駱當時體。莫逐刀圭誤後賢。

翩翩安定四瓊枝。司直司勳絕妙詞。底事濟南高月旦。僅存水部數篇詩。

中州何李並登壇。弘治文流竟並肩。詎識蘇門高吏部。嘯臺鸞鳳獨翛然。

文章烟月語原卑。一見空同迴自奇。天馬行空脫羈靮。更憐譚藝是吾師。

濟南文獻百年稀。白雪樓空宿草菲。未及尚書有邊習。猶傳林雨忽沾衣。

楓落吳江妙入神。思君流水是天眞。何因點竄澄江練。笑殺談詩謝茂秦。

來禽夫子本神清。香茗才華未讓兄。徐庾文章建安作。悔教書法掩詩名。

海雪畸人死抱琴。朱弦疏越有遺音。九疑淚竹娥皇廟。字字離騷屈宋心。

澹雲微雨小姑祠。菊秀蘭衰八月時。記得朝鮮使臣語。果然東國解聲詩。

溪水碧於前渡日。桃花紅是去年時。江南腸斷何人會。只有崔郎七字詩。自注。太倉崔華字不雕。

曾聽巴渝里社詞。三閭哀怨此中遺。詩情合在空舲峽。冷雁哀猿和竹枝。

九歲詩名銅雀臺。三年留滯楚江隈。不如解唱黃𪄠者。新自王戎墓下來。

朱彝尊　浙秀水人。字竹垞。博極羣書。考據詩文無不工。勝康熙間以布衣舉鴻博授檢討與修明史。體例多從其議。卒年八十一。有經義考明詩綜詞綜曝書亭集。

與高念祖論詩書

京師苦寒。念祖無恙。伏承手教。再四諄諄以詩律下問。念祖年齊於僕。而謙以自牧若此。又處客途窮乏之時。飢寒奔走。無一足以動其心。維風雅之是務。是豈當世之士所能冀及者。故輒陳萬一之得於左右。維高明擇之。僕之於詩。非有良師執友爲之指誨也。蓋嘗反覆求之。其始若瞽之無相。倀倀乎墜於淵谷而不知。如是者十年。不敢自逸。然後古人若引我於周行。而作者之意。庶幾其遇之矣。書曰。詩言志。記曰。志之所至。詩亦至焉。古之君子。其懽愉悲憤之思。感於中。發之爲詩。今所存三百五篇。有美有刺。皆詩之不可已者也。夫惟出於不可已。故好色而不淫。怨悱而不亂。言之者無罪。聞之者足以戒。後之君子誦之。世事之汙隆。政治之得失。皆可考見。故不學者比之牆面。學者斯授之以政。使於四方。蓋詩之爲教如此。魏晉而下。指詩爲緣情之作。專以綺靡爲事。一出乎閨房兒女子之思。而無恭儉好禮廉靜疏達之遺。惡在其爲詩也。唐之世二百年。詩稱極盛。然其間作者類多長於賦景而略於言志。其狀草木鳥獸甚工。顧於事父事君之際。或闕焉不講。惟杜子美之詩。其出之也有本。無一不關乎綱常倫紀之目。而寫時狀景之妙。自有不期工而工者。然則善學詩者。舍子美其誰師也與。明詩之盛。無過正德。而李獻吉鄭繼之二子。深得子美之旨。論者或詆其時非天寶。事異唐代。而強效子美之憂時。嗟乎。武宗之時何時哉。使二子安於耽樂而不知憂患。則其詩雖不作可也。今世之爲詩者。或漫無所感於中。惟用之往來酬酢之際。僕嘗病之。以爲有賦而無比興。有頌而無風雅。其長篇排律聲愈高而曲愈下。辭未終而意已盡。四始六義闕焉。而猶謂之詩。此則僕之所不識也。而念祖以未能工此爲慮。是何足道哉。比得念祖所爲述祖德詩諷詠數過。深有合乎古人恭儉好禮廉靜疏達之義。此非有本者不能爲也。而又謙以自牧。無一足以動其心。其進於古也不難耳。

陳祖范　清常熟人。字亦韓。號見復。雍正舉人。乾隆中薦經學。授國子監司業銜。卒於家。有經咫學錄司業集。

詩集自序

古無詩人。三百篇可知誰作者。十止得一二。蓋夫人而能爲詩。夫詩而皆有係於時也。古之制田功既畢。男女同巷夜績。有所怨恨。相從而歌。飢者歌其食。勞者歌其事。男女老而無子者。官衣食之。使之民間求詩。以備太史之采。是故王者不出戶牖。盡知天下所苦樂。此風詩之所由興也。大抵詩之作。出於無心。則其情眞。又必各有所爲。故其義實。情眞義實。故一國之事。係一人之本。而匹夫匹婦之歌吟。可以察治忽也。後之詩人則異。是彼既以詩自命。人亦以詩相屬。於是外物爲主。而詩役焉。詩爲主。而心役焉。以詩役心。則心非其心。特牽於詩耳。詩於是無眞性情。以外物役詩。則作如不作。特緣於外耳。詩於是無眞比興。然而情實彌隱。詞采彌工。義理彌消。波瀾彌富。而又格律以繩之。派別以嚴之。時代以區分之。回視詩教之本來。其然乎。其不然乎。古之詩。男女自言其傷。而關盛衰。後之詩。文人學士。弊精勞神。期以鼓吹風雅。反或無與於得失。其故何哉。誠僞之分。醇醨之判也。予於斯事。不求甚解。而竊好反尋其本。收拾舊稿。其無爲而作者去之。其爲人而作者又去之。止存其自吟自止。用適己事者。工拙所不計也。

沈德潛

清長洲人。字確士。號歸愚。乾隆間成進士。年已將七十。高宗稱爲老名士。召對論歷代詩學源流升降。大賞之。命值南書房。擢爲禮部侍郎。以年力就衰。許告歸。原衘食俸。高宗賜書極多。入都祝嘏。與錢陳羣並與香山九老會。稱大老。年九十七卒。謚文愨。著有歸愚詩文鈔。評選有唐宋八家文讀本。古詩源。唐詩別裁。明詩別裁國朝詩別裁。（坊刻有五朝詩別裁。則以德潛所選之唐明淸三種。而益以張景星所選之宋元二朝詩也。）

重訂唐詩別裁集序 幷凡例六則附國朝詩凡例四則

新城王阮亭尚書選唐賢三昧集。取司空表聖不著一字。盡得風流。嚴滄浪羚羊挂角。無迹可求之意。蓋味在鹹酸外也。而於杜少陵所云鯨魚碧海。韓昌黎所云巨刃摩天者。或未之及。余因取杜韓語意。定唐詩別裁。而新城所取。亦兼及焉。鐫版問世。已四十餘年矣。第當時采錄未竟。同學陳子樹滋。攜至廣南鐫就。體格有遺。倘學詩者性情所喜。欲奉爲步趨。而選中偏未之及。恐不免如望洋而返也。因而增入諸家。如王楊盧駱。唐初一體。老杜亦云不廢江河萬古流也。白傅諷諭。有補世道人心。本傳所云箴時之病。補政之缺也。張王樂府。委折深婉。曲道人情。李青蓮後之變體也。長吉嘔心。荒陊古奧。怨懟愁悲。杜牧之許爲楚騷之苗裔也。又五言試帖。前選略見。今爲制科所需。檢擇佳篇。垂示準則。爲入春秋闈者導夫先路也。他如任華盧仝之粗野。和凝香奩詩之褻嫚。與夫一切生梗僻澀。及貢媚獻諛之辭。概排斥焉。且前此詩人未立小傳。未錄詩話。今爲補入。前此評釋亦從簡略。今較詳明。俾學者讀其詩。知其爲人。抑因評釋而窺作者之用心。今人與古人之心。可如相告語矣。成詩二十卷。得詩一千九百二十八章。詩雖未備。要藉以扶掖雅正。使人知唐詩中有鯨魚碧海巨刃摩天之觀。未必不由乎此。至於詩教之尊。可以和性情。厚人倫。匡政治。感神明。以及作詩之先審宗指。繼論體裁。繼論音節。繼論神韻。而一歸於中正和平。前序與凡例中論之已詳。不復更述。乾隆癸未秋七月。長洲沈德潛題於魣水之清曠樓。

凡例

讀詩者心平氣和。涵泳浸漬。則意味自出。不宜自立意見。勉强求合也。況古人之言。包含無盡。後人讀之。隨其性情淺深高下。各有會心。如好晨風而慈父感悟。講鹿鳴而兄弟同食。斯爲得之。董子云。詩無達詁。此物此志也。評點箋釋。皆後人方隅之見。此本不廢評點。間存箋釋。略示軌途。俾讀者知所從入。耳識者諒諸。

朱子云。楚辭不皆是怨君。被後人多說成怨君。此言最中病痛。如唐人中。少陵固多忠愛之詞。義山間作風刺之語。然必動輒牽入。即小小賦物。對境詠懷。亦必云某詩指某事。某詩刺某人。水月鏡花。多成粘皮帶骨。亦何取耶。鈔中槩爲删卻。

詩不可無法。亂雜而無章。非詩也。然所謂法者。行所不得不行。止所不得不止。而起伏照應。承接轉換。自神明變化於其中。若泥定此處應如何。彼處應如何。則死法矣。茲於評釋中。偶示紀律。要不以一定之法繩之。試看天地間水流自行。雲生自起。何處更著得死法。

詩貴渾渾灝灝。元氣結成。乍讀之不見其佳。久而味之。骨幹開張。意趣洋溢。斯爲上乘。若但工於琢句。巧於著詞。全局必多不振。故有不著圈點而氣味渾成者。收之。有佳句可傳。而中多敗闕者。汰之。領略此意。便可讀漢魏人詩。

詩本六籍之一。王者以之觀民風。考得失。非爲豔情發也。雖三百以後。離騷興美人之思。平子有定情之詠。然詞則託之男女。義實關乎君臣友朋。自子夜讀曲。專詠豔情。而唐末香匳體。抑又甚焉。去風人遠矣。集中所載。間及夫婦男女之詞。要得好色不淫之旨。而淫哇私褻。槩從闕如。

唐人詩雖各出機杼。實憲章八代。如李陵錄別。開陽關三疊之先聲。王粲七哀。爲垂老別無家別之祖。武子昂原本於阮公。左司嗣音夫彭澤。揆厥由來。精神符合。讀唐詩而不更求其所從出。猶登山不造五嶽。觀水不窮崑崙也。選唐人詩外。舊有古詩源選本。更當尋味焉。

詩之道。不外孔子教小子教伯魚數言。而其立言。一歸於温柔敦厚。無古今一也。

詩必原本性情。關乎人倫日用。及古今成敗興壞之故者。方爲可存。所謂其言有物也。若一無關係。徒辨浮華。又或叫號撞搪。以出之。非風人之指矣。尤有甚者。動作温柔鄉語。如王次回疑雨集之類。最足壞人心術。一概不存。

詩不能離理。然貴有理趣。不貴下理語。陶淵明汲汲魯中叟。彌縫使其淳。聖人表章六經。二語足以盡之。杜少陵江山如有待。花柳自無私。天地化育萬物。二語足以形之。邵康節詩直頭說盡。有何興會。至明儒太極圈兒大先生帽子高。眞使人笑來也。選中近此類者。俱從芟薙。

唐詩蘊蓄。宋詩發露。蘊蓄則韻流言外。發露則意盡言中。愚未嘗貶斥宋詩。而趣向舊在唐詩。故所選風調音節。俱近唐賢。從所尙也。若樂府及四言。有越唐人而竊攀六代漢魏者。所云雖不能至。心嚮往之。以上四則。係節錄國朝詩別裁凡例。并附於此。

袁枚　淸錢塘人。字子才。號簡齋。乾隆進士。出知溧水。浦江。沭陽。江寧。四縣。年四十。卽告歸。築隨園於江寧小倉山下。賓客四集。以吟詠倡和爲樂。其詩主性靈。務縱其才力所至。與武進趙翼。鉛山蔣士銓。稱三大家。而枚之負盛名最久。卒年八十二。有隨園全集數十種。

與沈大宗伯論詩書

先生誚浙詩。謂沿宋習敗唐風者。自樊榭爲厲階。枚浙人也。亦雅憎浙詩。樊榭短於七古。凡集中此體數典而已。索索然寡眞氣。先生非之。甚當。然其近體清妙。於近今少偶。先生持論粹然。尙復何說。然鄙意有未盡同者。敢質之左右。嘗謂詩有工拙。而無今古。自葛天氏之歌至今日。皆有工有拙。未必古人皆工。今人皆拙。卽三百篇中。頗有未工不必學者。不徒漢晉唐宋也。今人詩有極工極宜學者。亦不徒漢晉唐宋也。然格律莫備於古。學者宗師。自有淵源。至於性情遭際。人人有我在焉。不可貌古人而襲之。畏古人而拘之也。今之鶯花。豈古之鶯花乎。然而不得謂今無鶯花也。今之絲竹。豈古之絲竹乎。然而不得謂今無絲竹也。天籟一日不斷。則人籟一日不絕。孟子曰。今之樂猶古之樂。樂卽詩也。唐人學漢魏變漢魏。宋學唐變唐。其變也非有心於變也。乃不得不變也。使不變。則不足以爲唐。不足以爲宋也。子孫之貌。莫不本於祖父。然變而美者有之。變而醜者有之。若必禁其不變。則雖造物有所不能。先生許唐人之變漢魏。而獨不許宋人之變唐。惑也。且先生亦知唐人之自變其詩與宋人無與乎。初盛一變。中晚再變。至皮陸二家。已浸淫乎宋氏矣。風會所趨。聰明所極。有不期其然而然者。故枚嘗謂變堯舜者湯武也。然學堯舜者莫善於湯武。莫不善於燕噲。變唐詩者宋元也。然學唐詩者莫善於宋元。莫不善於明七子。何也。當變而變。其相傳者心也。當變而不變。其拘守者迹也。鸚鵡能言而不能得其所以言。夫非以迹乎哉。大抵古之人先讀書而後作詩。後之人先立門戶而後作詩。唐宋分界之說。宋元無有。明初亦無有。成宏後始有之。其時議禮講學。皆立門戶以爲名高。七子狃於此習。遂皮傅盛唐。掐擗自矜。殊爲寡識。然而牧齋之排之則又已甚。何也。七子未嘗無佳詩。卽公安竟陵亦然。使掩姓氏。偶舉其詞。未必牧齋不嘉與。又或使七子湮沈無名。則牧齋必搜訪而存之無疑也。惟其有意於摩壘奪幟。乃不暇平心公論。此亦門戶之見。先生不喜樊榭詩而選則存之。所見過牧齋遠矣。至所云詩貴溫柔。不可說盡。又必關係人倫日用。此數語有褒衣大袑氣象。僕口不敢非先生。而心不敢是先生。何也。孔子之言。戴經不足據也。惟論語爲足據。子曰可以興。可以羣。此指含蓄者言之。如柏舟中谷是也。曰可以觀。可以怨。此指說盡者言之。如豔妻煽方處。投畀豺虎之類是也。曰邇之事父。遠之事君。此詩之有關係者也。曰多識於鳥獸草木之名。此詩之無關係者也。僕讀詩常折衷於孔子。故持論不得不小異於先生。計必不以爲僭。

再與沈大宗伯書

聞別裁中獨不選王次回詩。以爲豔體不足垂教。僕又疑焉。夫關雎卽豔詩也。以求淑女之故。至於展轉反側。使文王生於今。遇先生危矣哉。易曰。一陰一陽之謂道。又曰。有夫婦然後有父子。陰陽夫婦。豔詩之祖也。傅鶉觚善言兒女之情。而臺閣生風。其人君子也。沈約事兩朝佞佛。有綺語之懺。其人小人也。次回才藻豔絕。阮亭集中時時竊之。先生最尊阮亭。不容都不考也。選詩之道與作史同。一代人才。其應傳者皆宜列傳。無庸拘見而狹取之。宋人謂蔡琰失節。范史不當置列女中。此陋說也。夫列女者。猶云女之列傳云爾。非必貞烈之謂。或賢或才。或關係國家。皆可列傳。猶之傳公卿不必盡死難也。詩之奇平豔樸。皆可采取。亦不必盡莊語也。杜少陵聖於詩者也。豈屑爲王楊盧駱哉。然尊四子以爲萬古江河矣。黃山谷奧於詩者也。豈屑爲楊劉哉。然尊西崑以爲一朝郛郭矣。宣尼至聖。而亦取滄浪童子之詩。所以然者。非古人心虛。往往舍己從人。亦非古人愛博。故意濫收之。蓋實見夫詩之道大而遠。如地之有八音。天之有萬竅。擇其善鳴者而賞其鳴足矣。不必尊宮商而賤角羽。進金石而棄絃匏也。且夫古人成名。各就其詣之所極。原不必兼眾體。而論詩者則不可不兼收之。以相題之所宜。卽以唐論。廟堂典重。沈宋所宜也。使郊島爲之則陋矣。山水閒適。王孟所宜也。使溫李爲之則靡矣。邊風塞雲。名山古蹟。李杜所宜也。使王孟爲之則薄矣。撞萬石之鐘。鬭百韻之險。韓孟所宜也。使韋柳爲之則弱矣。傷往悼來。感時記事。張王元白所宜也。使錢劉爲之則仄矣。題香襟。當舞所。絃工吹師。低徊容與。溫李冬郎所宜也。使韓孟爲之則亢矣。天地間不能一日無諸題。則古今來不可一日無諸詩。人學焉而各得其性之所近。要在用其所長而藏己之所短則可。護其所短而毀人之所長則不可。豔詩宮體。自是詩家一格。孔予不删鄭衞之詩。而先生獨删次回之詩。不已過乎。至於盧仝李賀險怪一流。似亦不必擯斥。兩家所祖。從大招天問來。與易之龍戰。詩之天妹。同波異瀾。非臆撰也。一集中不特豔體宜收。卽險體亦宜收。然後詩之體備。而選之道全。謹以鄙意私於先生。願與門下諸賢共詳之也。

紀昀　清河間人。字曉嵐。乾隆進士。官至協辦大學士。貫徹儒籍。旁通百家。其學在辨漢宋儒學之是非。析詩文流派之正僞。主持風會。爲世所宗。任四庫全書總纂官。作總目提要二百卷。又詔撰簡明目錄二十卷。校訂評隲。皆稱精審。卒年八十二。謚文達。所著有遺集閱微草堂筆記。評點有文心雕龍史通削繁瀛奎律髓刊誤

瀛奎律髓刊誤序

文人無行。至方虛谷而極矣。周草窗之所記。不忍卒讀之。而所選瀛奎律髓。乃至今猶傳。其書非盡無可取。而騁其私意。率臆成篇。其選詩之大弊有三。一曰矯語古淡。一曰標題句眼。一曰好尚生新。夫古質無如漢氏。沖淡莫過陶公。然而抒寫性情。取裁風雅。樸而實綺。清而實腴。下逮王孟儲韋。典型具在。虛谷乃以生硬爲高格。以枯槁爲老境。以鄙俚粗率爲雅音。名爲遵奉工部。而工部之精神面目。迥相左也。是可以爲古淡乎。朱華冒綠池。始見子建。悠然見南山。亦曰淵明。響字之說。古人不廢。暨乎唐代。煆煉彌工。然其興象之深微。寄託之高遠。則固別有在也。虛谷置其本原。而拈其末節。每篇標舉一聯。每句標舉一字。將舉天下之

人而致力於是。所謂溫柔敦厚之旨蔑如也。所謂文外曲致思表纖旨亦茫如也。後人纖巧之學。非虛谷階之厲也耶。贊皇論文謂譬如日月終古常見而光景常新。人生境遇不同。寄託各異。心靈濬發。其變無窮。初不必刻鏤瑣事以爲巧。捃摭僻字以爲異也。虛谷以長江武功一派標爲寫景之宗。一蟲一魚一草一木。規規然摹其性情寫其形狀。務求爲前人所未道。而按以作詩之意。則不必相涉也。騷雅之本意果若是耶。是皆江西一派先入爲主。變本加厲。遂偏駁而不知返也。至其論詩之弊。一曰黨援。堅持一祖三宗之說。一字一句莫敢異議。雖茶山之粗野居仁之淺滑誠齋之頹唐宗派苟同無不袒庇。而晚唐崑體江湖四靈之屬則吹索不遺餘力。是門戶之見。非是非之公也。一曰攀附元祐之正人洛閩之道學不論其詩之工拙。一槩引之以自重。本爲詩品。置而論人。是依附名譽之私。非別裁僞體之道也。一曰矯激。鐘鼎山林各隨所遇。亦各行所安。巢由之遁。不必定賢於臯夔。沮溺之耕。不必果高於洙泗。論人且爾。況於論詩。乃詞涉富貴則排斥立加。語類幽棲則吹噓備至。不問其人之賢否。併不計其語之眞僞。是直詭託清高以自掩其穢行耳。又豈論詩之道耶。凡此數端。皆足以疑誤後生。瞀亂詩學。不可不亟加刊正。然其書行世有年。村塾既奉爲典型。莫敢訾議。而知詩法者。又往往不屑論之。謬種蔓延而不已。惟海虞馮氏嘗有批本。曾於門人姚考功左垣家借閱。顧虛谷左袒江西。二馮又左袒晚唐。冰炭相激。負氣詬爭。遂併其精確之論無不深文以詆之矯枉過正亦未免轉惑後人因於暇日細爲點勘別白是非各於句下箋之命曰瀛奎律髓刊誤雖一知半解未必遽窺作者之本源且卷帙浩繁牴牾亦難自保而平心以論無所愛憎於其間方氏之僻馮氏之激或庶乎其免耳乾隆辛卯十二月二十一日觀弈道人紀昀記

姚鼐　清桐城人字姬傳乾隆進士散館主事遷郎中告歸主講鍾山書院工書尤長於古文弟子知名者甚衆世目爲桐城派嘉慶朝重宴鹿鳴卒年八十五有惜抱軒文集古文辭類纂今體詩選等

答翁學士書

昨相見承勉以爲文之法蚤起又得手書勸掖益至非相愛深欲增進所不逮曷爲若此鼐誠感荷不敢忘雖然鼐聞今天下之善射者其法曰平肩臂正脰腰以上直腰以下反句磬折支左詘右其釋矢也身如槁木苟非是不可以射師弟子相授受皆若此而已及至索倫蒙古人之射傾首欹肩僂背發則口目皆動見者莫不笑之然而索倫蒙古之射遠貫深而命中世之射者常不逮也然則射非有定法亦明矣夫道有是非而技有美惡詩文皆技也技之精者必近道故詩文美者命意必善文字者猶人之言語也有氣以充之則觀其文也雖百世而後如立其人而與言於此無氣則積字焉而已意與氣相御而爲辭然後有聲音節奏高下抗墜之度反復進退之態采色之華故聲色之美因乎意與氣而時變者也是安

得有定法哉。自漢魏晉宋齊梁陳隋唐趙宋元明及今日。能爲詩者殆數千。而最工者數十人。此數十人。其體製固不同。所同者意與氣足主乎辭而已。人情執其學所從入者爲是。而以人之學皆非也。及易人而觀之。則亦然。譬之知擊棹者欲廢車。知操轡者欲廢舟。不知其不可也。鼐誠不工於詩。然爲之數十年矣。至京師見諸才賢之作。不同夫亦各有所善也。就其常相見者五六人。皆鼐所欲取其善以爲師。雖然。使鼐舍其平生而惟一人之法。則鼐尙未知所適從也。承先生吐胸臆相教。而鼐深蓄所懷而不以陳。是欺也。竊所不敢。故卒布其愚。伏惟諒察。

潘德輿

清山陽人。字彥輔。一字四農。道光舉人。博學工文章。其學以克己有恥爲歸。尤喜言治術。客遊京師。名甚著。以大挑補安徽知縣。未赴卒。有養一齋詩文集詩話。

論詩二則　養一齋詩話

詩言志。思無邪。詩之能事畢矣。人人知之而不肯述之者。懼人笑其迂。而不便於己之私也。雖然。漢魏六朝唐宋元明之詩。物之不齊也。言志無邪之旨。權度也。權度立而物之輕重長短不得遁矣。言志無邪之旨立。而詩之美惡不得遁矣。不肯述者。私心。不得遁者。定理。夫詩亦簡而易明者矣。言志者必自得。無邪者不爲人。是故古人之詩。本之於性天。養之以經籍。內無怵迫苟且之心。外無夸張淺露之狀。天地之間。風雨日月。人情物態。無往非吾詩之所自出。與之貫輸於無窮。此卽深造自得。居安資深。左右逢源之說也。不爲人故也。後世之士。若不爲人。則不復學詩。搦管之先。祇求勝人。多作之後。遂思傳世。雖久而成集。閱之幾無一言之可存。何也。彼原未嘗學詩也。分曹詠物之作。酬和疊韻之體。諛頌悅人之篇。餖飣考古之製。窮工極巧。瀰漫浩汗。何益於身心。何裨於政教。作者詡能手。誦者稱國工。名家不能埽除。餘子倚爲活計。紛紛籍籍。皆孔子所謂爲人者也。此烏得有自得之一時使人一唱三歎諷尋不置哉。難者曰。爲己自得。聖學也。學詩必要諸聖。不迂則僭。曰予知詩宜辨雅俗乎。曰知之。曰知之則無疑予言之迂且僭也。夫所謂雅者。非第詞之雅馴而已。其作此詩之由。必脫棄勢利。而後謂之雅也。今種種鬬靡騁妍之詩。皆趨勢弋利之心所流露也。詞縱雅而心不雅矣。心不雅則詞亦不能掩矣。不雅由於爲人而不自得。然則予欲畫雅俗之界。舍爲己自得之說。又何從辨之。三百篇漢人之詩。委巷婦孺。亦厠其中。彼豈嘗探得聖學者。特其詩不爲人而自得。故足傳誦耳。子於此求之。則知予非好作頭巾語矣。不審乎此而震驚時俗之同然。依傍他人之門戶。無志無識。終於苟焉耳。何詩之可言。

仕而不知爲人學。而不知爲己。本是通病。何責於詩。卽以詩論。此病亦不起於一時。西晉以降。陸機謝靈運顏延年輩。業已鬬靡騁妍。求悅人而無眞氣。一千五百年來。相沿相襲。雖有超世復古之士。不能盡滌悅人之念。則亦不能盡洗鬬靡騁妍之詩。而又何慨焉。雖然。傳之愈久。則正之愈難。正之愈難。則挽回之心愈不可已。此吾所以不量其力。發憤抒詞。甘受人之笑罵而不顧也。阿諛誹謗戲謔淫蕩夸詐邪誕之詩作而詩教熄。故理語不必入詩中。詩境不可出理外。謂詩有別趣。非關理也。如禪宗之餘唾。非風雅之正傳。

附論詞

朱彝尊 見前

羣雅集序

用長短句製樂府歌辭。由漢迄南北朝皆然。唐初以詩被樂。塡詞入調。則自開元天寶始。逮五代十國。作者漸多。遂有花間尊前家宴等集。宋之初。太宗洞曉音律。製大小曲及因舊曲造新聲。施之教坊舞隊。曲凡三百九十。又琵琶一器有八十四調。仁宗於禁中度曲。時則有若柳永。徽宗以大晟名樂。時則有若周邦彥曹組辛次膺万俟雅言。皆明於宮調。無相奪倫者也。洎乎南渡。家各有詞。雖道學如朱仲晦眞希元。亦能倚聲中律呂。而姜夔審音尤精。終宋之世。樂章大備。四聲二十八調。多至千餘曲。有引。有序。有令。有慢。有近。有犯。有賺。有歌頭。有促拍。有攤破。有摘遍。有大遍。有小遍。有轉踏。有轉調。有增減字。有偸聲。惟因劉昺所編宴樂新書失傳。而八十四調圖譜不見於世。雖有歌師板師。無從知當日之琴趣簫笛譜矣。姚江樓上舍儼若工於詞。曩留京師。輯詞鵠一書。業開雕揚行。既而悔之。告於予曰。詩變而爲詞。詞變而爲曲。歷世久遠。聲律之分合。均奏之高下。音節之緩急過度。既不得盡知。至若作者才思之淺深。初不係文字之多寡。顧世之作譜者。類從歸字諧銖累寸積。及於鶯啼序而止。中有調名則一。而字之長短分殊。安能各得其所。莫如論宮調之可知者。敘於前。餘以時代先後爲次序。斯世運之升降。可以觀焉。予曰。旨哉。子之言。詞乎上舍。請易書名。予名之曰羣雅集。蓋昔賢論詞。必出於雅正。是故曾慥錄雅詞。鮦陽居士輯復雅也。譜既成。以段安節樂府雜錄。王灼碧雞漫志。及宋元高麗諸史所載。調存詞佚者。具載之。幷以張炎沈伯時樂府指迷冠於卷首。學者覩此。何異過涉大水之獲舟梁焉。是爲序。

張惠言　清武進人。字皐文。嘉慶進士。官編修。深易禮之學。工古文辭。與同邑惲敬齊名。世稱陽湖派。又工詞。與敬錢季重丁履恒陸繼輅左輔李兆洛黃景仁鄭善長等相倡和。世稱常州詞派。有茗柯文集。詞選七十家賦鈔。

詞選序

凡詞四十四家。一百十六首。敘曰。詞者。蓋出於唐之詩人。採樂府之音。以制新律。因繫其詞。故曰詞。傳曰。意內而言外。謂之詞。其緣情造端。興於微言。以相感動。極命風謠里巷男女哀樂。以道賢人君子幽約怨悱不能自言之情。低徊要眇。以喻其致。蓋詩之比興。變風之義。騷人之歌。則近之矣。然以其文小。其聲哀。放者爲之。或淫蕩靡曼。雜以昌狂俳優。然要其至者。莫不惻隱盱愉。感物而發。觸類條鬯。各有所歸。不徒爲雕琢曼飾而已。自唐之詞人李白爲首。其後韋應物王建韓翃白居易劉禹錫皇甫淞司空圖韓偓。並有述造。而溫庭筠最高。其言深美閎約。五代之際。孟氏李氏君臣爲謔。競作新調。詞之雜流。由此起矣。至其工者。往往絕倫。亦如齊梁五言。依託魏晉。近古然也。宋之詞家。號爲極盛。然張先蘇軾秦觀周邦彥辛棄疾姜夔王沂孫張炎。淵淵乎文有其質焉。其盪而不反。傲而不理。枝而不物。柳永黃庭堅劉過吳文英之倫。亦各引一端。以取重於當世。而前數子者。又不免有一時放浪通脫之言出於其間。後進彌以馳逐。不務原其指意。破析乖刺。壞亂而不可紀。故自宋之亡而正聲絕。元之末而規矩隳。以至於今。四百餘年。作者十數。諒其所是。互有繁變。皆可謂安蔽乖方。迷不知門戶者也。今第錄此篇。都爲二卷。義有幽隱。並爲指發。幾以塞其下流。導其淵源。無使風雅之士。懲於鄙俗之音。不敢與詩賦之流同類而諷誦之也。嘉慶二年八月武進張惠言。

金應珪　清歙人。張惠言弟子。

詞選後序

詞選二卷。吾師張皋文翰風兩先生之所錄也。夫楚謠漢賦。既殊風雅。齊歌唐律。亦乖蘇李。何者。古愈遠則愈殺。聲彌近則彌悲。此由音調所成。故亦淵源莫二。譬之纂繡異製。而合度於鑷。蛾眉各盼。而同美於魂。故知法不虛采。神不虛豔。其揆一也。樂府既衰。塡詞斯作。三唐引其緒。五季暢其支。兩宋名公。尤工此體。莫不飛聲尊俎之上。引節絲管之間。然乃璚樓玉宇。天子識其忠言。斜陽煙柳。壽皇指爲怨曲。造口之壁。比之詩史。太學之詠。傳其主文。舉此一隅。合諸四始。途歸所會。斷可識矣。近世爲詞。厥有三蔽。義非宋玉。而獨賦蓬髮。諫謝淳于。而唯陳履舄。揣摩床第。汚穢中冓。是謂淫詞。其蔽一也。猛起奮末。分言析字。詼嘲則俳優之末流。叫嘯則市儈之盛氣。此猶巴人振喉以和陽春。黽蜮怒嗌以調疏越。是謂鄙詞。其蔽二也。規模物類。依託歌舞。哀樂不衷其性。慮歎無與乎情。連章累篇。義不出乎花鳥。感物指事。理不外乎酬應。雖既雅而不豔。斯有句而無章。是謂游詞。其蔽三也。原其所昧。厥亦有由。童蒙擷其粗而失其精。達士小其文而忽其義。故論詩則古近有祖禰。談詞則風騷若河漢。非其感歎。昔之選詞者。蜀則花間。宋有草堂。下降元明。種別十數。推其好尚。亦有優劣。然皆雅鄭無別。朱紫同貫。是以乖方之士。罔識別裁。蓋折楊皇荂。概而同悅。申椒蕭艾。雜而不芳。今欲塞其歧途。必且嚴其科律。此詞選之所以止於一百十六首也。先生以所託既未知音。蓋希。雖復闢彼窔宧。且擬棄諸巾篋。珪竊不敏。以爲先路有覺。來哲難誣。昭明之選不興。則六代文賦宗風蓋息乎。乃校而刻之。序其後云爾。嘉慶二年八月日。歙金應珪。

中華經典套書—語文類
國學治要 第六編 詩詞治要

作　　者／張文治　編
主　　編／劉郁君
美術編輯／中華書局編輯部

出 版 者／中華書局
發 行 人／張敏君
行銷經理／王新君
地　　址／11494 台北市內湖區舊宗路二段181巷8號5樓
客服專線／02-8797-8396　　傳　　真／02-8797-8909
網　　址／www.chunghwabook.com.tw
匯款帳號／華南商業銀行　西湖分行
179-10-002693-1　中華書局股份有限公司

法律顧問／安侯法律事務所
製版印刷／維中科技有限公司　海瑞印刷品有限公司
出版日期／2015年11月三版一刷
版本備註／據1971年12月二版復刻重製
定　　價／NTD 400（平裝）

國家圖書館出版品預行編目（CIP）資料

國學治要：第六編　詩詞治要 / 張文治編. --
三版. -- 臺北市 : 中華書局, 2015.11
冊 ; 公分. -- (中華語文叢書)
ISBN 978-957-43-2891-8(第6冊 : 平裝)

1.漢學

030　　104020474

NO.H1004-6
ISBN 978-957-43-2891-8（平裝）